교육의 아름다운 위험

교육의 아름다운 위험

The Beautiful Risk of Education

Gert J. J. Biesta 저

곽덕주 · 박은주 · 최진 공역

교육과학사

The Beautiful Risk of Education

Authorised Translation from the English language edition published by
Routledge, a member of the Taylor & Francis Group
Korean translation copyright © 2024 by KYOYOOKKWAHAKSA
Korean translation rights arranged with Taylor & Francis
Group through EYA Co., Ltd

역자 서문

거트 비에스타(Gert Biesta)는 자신의 교육 저술 3부작으로 『학습을 넘어(*Beyond Learning*)』(2006), 『측정의 시대, 좋은 교육이란 무엇인가(*Good Education in the Age of Measurement*)』(2010), 『교육의 아름다운 위험(*The Beautiful Risk of Education*)』(2014)을 꼽고 있다. 이 책은 이 3부작의 마지막 책이다.

『학습을 넘어(*Beyond Learning*)』에서는 우리 시대 교육의 언어가 어떻게 학습의 언어로 대체되어 가는지에 대한 문제의식에서 출발하여, 근대 계몽주의적 교육관을 극복하는 교육, 후기-근대 시대 '교육이란 무엇인가'라는 질문을 탐색한다. 이 책은 학생들의 '주체화(subjectification)', 특히 그들이 주체가 된다는 것이 무슨 뜻인가보다는, 그들은 '언제' 주체가 되는가에 초점을 맞추어 이 질문에 답하고자 하였다. 『측정의 시대, 좋은 교육이란 무엇인가(*Good Education in the Age of Measurement*)』에서는 오늘날 교육을 지배하고 있는 교사 책무성과 증거 기반의 교육에 대한 비판에서 출발하여, '좋은 교육'이란 무엇인가에 관한 질문을 탐색한다. 이 책에서 '좋은 교육'이란 교육 목적과의 관련 속에서 실행되는 교육으로서, 학교교육의 세 가지 차원의 목적으로 "자격화(qualification)", "사회화(socialization)", "주체화(subjectification)" 개념이 소개된다.

3부작의 마지막 저작인 『교육의 아름다운 위험(*The Beautiful Risk of Education*)』에서는 위 두 저작에서 제기한 질문에 대하여 하나의 좀 더 포괄적인 교육 비전을 제시하는 것으로 보인다. 후기-근대 교육을 '학습'이라는 개념보다는 '가르침'이라는 개념을 중심으로 정식화하는 한편, 그 교육은 근대 계몽주의 교육이 지닌 강한 형이상학적 힘의 교육이 아니라 약한 실존적 힘의 교육으로 이해될 필요가 있다고 주장한다. 교육은 '약함(weakness)'의 차원을 안고 갈 수 밖에 없고 또 그래야만 하는 실천적 과업이라는 것이다. 왜냐하면 그 '약함'은 우리에 의해 극복되거나 해결될 수 있는 종류의 문제가 아니라 오히려 교육을 **교육답게** 만드는 바로 그 차원이기 때문이다.

강한 형이상학적 힘의 교육은 투입과 산출의 인과적 논리에 기반한 교육 효과성 중심의 교육과정이나 교육실천을 옹호하고 주로 경제적 관점에 의해 장악된 교육이다. 그리고 이것은 교육실천을 안전하고 예측 가능하며 위험이 없는 지대에 놓으려는 정책적 시도들에 의해 추동된다. 이는 교사나 학생을 증거나 점수에 기반한 '관리'와 '통제'의 질서 속에 가두려는 것으로서, 인간의 자유라는 관점에서 보자면 치러야 할 대가가 너무 큰 교육적 접근이다. 비에스타에 따르면, 우리가 '위험(risk)'이라고 생각한 그 차원을 제거하고자 하면 할수록 교육은 그 본래적 과업과 정신에서 벗어나고, 그리하여 미래 세대를 '자유로운 주체'로 성장시키고자 하는 교육의 본래 과업과 정신까지 제거할 수 있다. 교육에서 위험은 우리가 최소화하거나 제거해야 할 차원이 아니라 교육을 교육답게 하는 본질적인 차원임을 자각하고 인정할 필요가 있다는 것이다. 교육이 미래에 초래될 성과에 대한 강한 통제와 관리의 틀 속에서 이루어질 때 그것은 주체화라는 실존적 차원의 교육 목적을 추구하는 바로 그 조건을 망가뜨리게 되기 때문이다.

그리하여 이 책은 교육의 약한 차원에 대해 7개의 주제를 중심으로 7개의 장에 걸쳐 조망한다. 그 주제는 각각 창조성, 의사소통, 가르침, 학습, 해방, 민주주의, 그리고 교육적 감식력이다. 이 조망에서 가장 눈에 띄는 것은 다음 두 가지이다. 한 가지는 교육의 새로운 언어로서 학습 개념을 중심으로 한 '교육 학습화'와 '학습의 정치학'에 맞선 가르침의 철학의 제안이다. 다른 한 가지는 합리주의적인 근대 교육에서 전통적으로 교육의 과업으로 여겨져 온 '해방' 개념에 대한 비판적 재해석이다.

평생교육 담론에서 시작된 '교육의 학습화'와 '학습의 정치학'에 맞서서 비에스타는 가르침의 철학을 제안하는데, 이것은 먼저 학습을 '자연적' 과정으로 보는 관점에 반대한다. 보다 구체적으로 말하면, 학습을 발달론적 심리학의 관점에서 보는 것에 반대하는 것이다. 왜냐하면 실제 학습은 사회적 맥락과 정치적 관점에 따라 다양하게 정의될 수 있을 뿐만 아니라 다양한 양태의 현상으로 출현할 수도 있기 때문이다. 이러한 비판에서 출발하여 비에스타는 학습의 **내재성**을 강조하는 심리학적 관점의 구성주의 학습관이 교수론으로까지 연장될 때, 교육이 어떻게 통제로서의 학습에 종속되는지를 명쾌하게 설명한다. 그리고 통제로서의 학습인 "~로부터 학습하는 경험(learning from)"이 초월로서의 가르침, 바깥으로부터 오는 것인 가르침, "~에 의해 가르쳐지는 경험(being taught by)"과 어떻게 다른지를 개념적으로 구분하고, 학습자 스스로가 자신이 무엇을 배울 것인지를 스스로 통제하는 전자 경험에 대한 강조가 어떻게 교사를 단순히 이러한 학습의 자원이자 촉진자에만 머물게 되는지를 비판적으로 검토한다.

사실 이 책의 3장, 즉 "가르침"의 장에서 전개되는 논의는 역자들에게 너무도 인상적이어서 아직도 그 장을 처음으로 대면하며 읽어나갈 때의 감동이 새삼 기억난다. 교육 분야에서 그동안 예리하게 구분되지 않고 뭉뚱그려 사용되던 개념들(예, 교육과 학습) 간의 중요한 구분도 그렇지만, 무엇보다도 교사임을 자처하는 이들이라면 너무나 중요해서 가슴 속 깊이 묻어두었던 교육에 대한 근원적인 욕망을 일깨우며, 가르침이라는 것이 왜 현재 전 세계적으로 급속도로 퍼져나가고 있는 '교육의 학습화' 현상에 의해 묻히면 안되는지를 명확한 언어와 논리로 풀어낸다. 이것은 요즈음 젊은이들의 언어로 표현하자면, 교육 담론에서 답답하던 '고구마'를 시원한 '사이다'로 전환시키는 논의로 묘사될 수 있을지 모른다.

한편, 이 책에서 두 번째로 눈에 띄는 주제는 전통적으로 근대 교육의 과업으로 여겨져 온 '해방'이라는 개념에 대한 비판적 재해석이다. 서구 교육의 가장 오래된 전통인 자유교육(liberal education)의 이념은 '인간의 세속적 욕망으로부터의 (마음의) 해방'이라는 정신적이고 영적인 진리 추구를 통한 도덕적이고 존재론적인 의미의 자유를 지향했다. 그러나 칸트 이래 근대 계몽주의 전통하에서 이 자유교육의 이념은 자연이나 전통, 국가나 사회, 어른의 권위 등 인간 개인 외부로부터의 자연적, 사회적 압력에서 자유로워지는 (마음의) 해방, 즉 인식적 자유와 더불어 정치적 자유의 추구에 더 방점을 둔다. 즉 인간다운 인간이 된다는 것은 스스로 사유할 줄 아는 능력(the ability to think for themselves)에 의해 규정되는 것이었다.

비에스타는 이러한 합리주의적 근대 자유교육의 이념에 기반한 해방 개념이 가정하는 인식적 위계성이라는 한계를 프레이리를 필두로 한 비판이론 및 비판교육학 담론을 경유하여 비판한다. 그리고 "지능의 평등"에서 출발하는 랑시에르의 해방교육 담론 속에서 그 대안을 모색한다. "무지한 스승" 개념을 옹호하는 랑시에르의 논의에 의지하여 해방자-해방될 자라는 인식적 종속 관계로 환원되지 않는 교사-학생 관계에 기반한 새로운 해방교육 담론을 모색하는 것이다. 이것은 교사의 고유한 역할을 희생하지 않은 채, 혹은 오히려 그것에 힘입어, 미래 세대를 정치적 해방의 길인 동시에 지적 해방의 길로 이끄는 "중단의 교육학(pedagogy of interruption)"으로 표현되는 가르침의 가능성을 여는 논의로 이어진다. 이에 대한 보다 상세한 논의는 작년 한국어로 번역되어 나온 비에스타의 『가르침의 재발견(*The Recovery of Teaching*)』(2017)을 참조할 필요가 있다. 그리고 이것은 도덕적이고 존재론적인 자유를 지향한 서구의 전통적인 자유교육의 이념을, 평등에 기반한 근대적인 의미의 정치적 해방의 개념을 경유하여 현대적으로 재해석한 것이라고 할 만하다.

마지막 장에서 비에스타는 미래 세대의 '주체화' 사건에 개방되어 있는 '가르침'을 위해 요청되는 교사들의 '소양'에 대해 논의한다. 그간 지식, 기술, 성향으로 구성된 특정 역량을 키우기 위한 '강한 교사 만들기'의 관점에서 교직 전문성에 대한 시도들이 다양하게 있어왔다. 이와 달리, 비에스타는 교사의 교육실천을 **교육적으로** 만드는 것은 약한 실존적 힘으로서 교사의 덕성, 판단력, 실천적 지혜라고 주장한다. 즉 무엇을 할 줄 아는 능력으로서 '역량'의 양태가 아니라, 특정 맥락에서 교육의 목적을 위해 그 역량을 어떻게 발휘해야 하는지를 아는 '판단력' 혹은 '감식력'의 양태라는 것이다. "교육의 약함"에 대한 믿음에서 나오는 덕성, 감식력, 실천적 지혜의 차원에서, 후기-근대 사회에서 요청되는 교사의 소양을 새롭게 논의한다.

이런 논의가 교육 현장에서 일하는 교사들의 일상적 실천에 관심을 갖는 교사교육자에게 주는 시사점은 무엇일까? 거칠게 말하자면, 교사 개인의 약한 실존적 힘에 기반한 덕성 기반의 교사교육 접근은 결과적으로 교육을 둘러싼 많은 정치·경제학적, 사회구조적 문제로부터의 어려움과 도전을 교사 개인의 어깨에 짐 지우는 것은 아닐까? 그러나 돌이켜 다시 생각해 보면 이것 이외의 다른 대안으로 광범위하게 모색되었던 기술공학적인 교사교육 모델이나 접근은 결국 이러한 전통적인 덕 기반 교사교육 모델을 완전히 대체할 수 없는 것으로 판명되고 있지 않은가? 기술공학적 모델의 극단인 AI 튜터도 결국 지식 획득으로서의 학습 개념에 머무르고 있기 때문이다. 교육은 근본적으로 인간의 성장 과정에 관여하는 것이고, 이 성장에서 인간의 자유는 필수 불가결하다. 그리고 이때 자유는 정의상 누군가 미리 예단하거나 통제할 수 없는 것이기에, 교사든 학생이든 교육적 관계 속에서는 상호 예측할 수 없는 방식으로 서로의 행위에 반응하고 그것에 의해 좌절하며 좀더 나은 길이라고 믿는 곳으로 나아가려는 지적, 정서적 지향에 기댈 수 밖에 없지 않을까? 그리고 비에스타는 여기서, 다른 누구도 대신할 수 있는 특정 교사 자신만이 기꺼이 책임질 수 있는 1인칭적인 실존적 지향이라는 것은 가르침에 결정적이라고 결론 짓는다.

그간 '비에스타 읽기'에 함께 참여하며 상호 많은 영감을 자극하고 또 공유해준 서울대학교 교육학과 대학원 교육철학전공 학생들에게 특별히 고마운 마음을 전한다. 공부하는 일에서 왜 특별히 '공동체'가 필요한지 늘 깨닫게 해주는 이들의 적극적이고 진지한 참여가 교육에서 '타자의 현전'을 강조하는 비에스타의 교육철학과 맞닿으며 새삼 그 소중함을 느끼게 한다. 그의 텍스트를 계속 번역할 수 있도록 허락해 준 교육과학사의 정경식 부장님과 이정호 편집실장님께도 이 자리를 빌려 감사의 인사를 드린다.

역자 일동

차례

5장 해방*Emancipation* / 177

6장 민주주의*Democracy* / 221

7장 교육적 감식력*Virtuosity* / 259

감사의 말

『학습을 넘어: 인간의 미래를 위한 민주 교육(*Beyond Learning: Democratic Education for a Human Future*)』이라는 나의 책이 2006년에 발간되었을 때 나는 그것을 긴 여정의 끝으로 느꼈다. 그 책은 내가 1990년 후반 이래로 작업해 온 아이디어를 담고 있었고, 그것을 책의 형태로 출판하기 위해 함께 묶은 첫 시도였기 때문이다. 그 작업은 무엇보다도 나 자신에게 도움이 되었다. 이전에 내가 진짜로 음미하지 못했던 주제들과의 관련성들을 볼 수 있게 되었기 때문이다. 이것이 바로 내가 그 책의 아이디어들은 아마도 교육에 대한 하나의 이론에 이른 것이 아닐까 조심스럽게 제안하는 이유이다. 다른 이들도 비슷하게 인식한 것같이 보인다. 비평가나 동료, 여러 학교 현장으로부터의 반응, 그리고 아마도 가장 눈에 띄게는, 전 세계 광범위한 영역의 상이한 맥락과 배경 하의 교사와 교사교육자들로부터의 반응이다. 그 책의 아이디어는 분명히 그들의 심금을 건드렸다. 독자들은 "중단의 교육학"이라는 아이디어의 다면적 유용성, 그리고 내가 교육적 어휘로 명확히 표현하기 위해 매개로 삼았던 "세계로 옴"과 "유일성"의 개념적 결합의 가치를 알아챘다. 그러한 교육적 어휘들은 인간 주체가 무엇인지 혹은 무엇이 되어야만 하는지에 대한 진리를 내포하지 않아도 교육을 사유하고 또 "실행하는(doing)" 일의 어려움에 응하는 것을 가능하게 했다. 독자들은 또한 교육과 민주주의 간의 보다 본질적인 관련성을 탐색하는 나의 시도, 그리고 '새로운 학습 언어'가 교육에 끼친 영향에 대한 나의 비판에 긍정적으로 반응했다.

2010년에 발간된『측정의 시대, 좋은 교육이란 무엇인가(*Good Education in an Age of Measurement*)』라는 그 다음 저서에서 나는 그 첫 논의에 몇 가지를 더했다. 아마 가장 중요한 것은『학습을 넘어』에서 발전시킨 아이디어를 교육의 기능과 목적에 대한 보다 광범위한 논의 속에 위치시키는 하나의 틀을 소개한 것이었다.『측정의 시대, 좋은 교육이란 무엇인가』에서 나는 교육과정과 교육실천은 항상 **자격화**, **사회화**, **주체화**라고 부를 수 있는 세 가지 중층적인 차원 속에서 작동한다고 제안했다. 한편 이 차원들 사이의 구분을 통해 좋은 교육에 대한 질문은 항상 우리가 성취하려고 하는 것과의 관계 속에서 다루어질 필요가 있다고 주장했다. 교육과정과 교육실천 그 자체는 좋거나 바람직한 어떤 것이 아니기 때문이다. 그 차원들은 또한 교육이 의도나 야심에서 결코 일차원적이지 않으며, 그리하여 항상 올바른 균형을 잡는 방법이란 무엇인가라는 어려운 질문이 따라다닌다는 것을 부각시켰다. 다른 한편 그 틀로 인하여 나는 『학습을 넘어』가 교육의 주체화 차원에 주로 초점을 맞추고 있었다는 것을 보다 분명하게 보일 수 있었다. 다시 말하면, 교육은 『학습을 넘어』의 언어로 말하자면, "새로 오는 이들"이 고유하고 단수적 존재들로서 세계로 오는 방법에 기여하는 것이다. 그리하여 나는 주체화가 교육의 모든 것이자 종착점이 아니라는 것을 분명히 할 수 있었다. 비록 이 차원에 대한 관심이 없다면 교육은 사회적 재생산의 또 다른 도구가 되는 위험을 무릅쓰지 않을 수 없다고 분명히 지적하면서 말이다. 『측정의 시대, 좋은 교육이란 무엇인가』에서 각 장들은 부분적으로 목적에 대한 질문, 즉 교육이 무엇을 **위한** 것인지에 대한 질문이 왜 교육적 담론에서 거의 사라졌는지를 설명하였다. 나는 이것을 교육 및 보다 광범위한 "학습화" 맥락의 교육 담론을 지배해온 증거와 책무성에 대한 논쟁과 연결시켰다. 그리고 그것은 또한 부분적으로, 보다 넓은 의미의 좋은 교육에 관심을 가진 이들에게 보다 명시적이고 의도적인 방식으로 교육의 목적에 대한 질문에 참여할 수 있는 언어를 제공하였다. 이는 "중단의 교육학"이라는 개념, 민주 교육의 개념, 그리고 교육적 포용성의 아이디어를 더욱 발전시킬 수 있게 했다.

현재의 이 책은 어떤 의미에서 『학습을 넘어』에서 내가 시작한 궤적을 마무리 짓는 책이다. 다른 두 책에 이미 암묵적으로 제시되어 있었지만 내 생각에 보다 명시적으로 다루어질 가치가 있는 주제들에 초점을 둔다. 이 주제들은 학교나 대학교와 같은 교육현장의 맥락이나 성인교육 혹은 공동체교육과 같은 비형식 교육 맥락에서의 논의에 내 아이디어가 기여할 수 있는 방식에 중요한 함의를 가진다. 그러나 이뿐만이 아니라 이 책은 내가 "교육의 약함"이라고 부르는 것의 상이한 차원을 탐색하는 것에 목적이 있다. 교육의 약함은 교육과정이나 교육실천이 기계처럼 작동하지 않는다는 사실을 지시한다. 이 책에서 내가 발전시킬 논변은 교육의 약함은 극복될 필요가 있는 문제로 간주되어서는 안 되고, 교육과정과 교육실천을 교육적으로 만드는 바로 그 '차원'으로 이해되어야 한다는 것이다. 이것이 바로 교육의 약함을 근절하려는 모든 시도들, 즉 교육을 완벽하게 작동하는 기계로 만들려는 모든 시도들이 궁극적으로 교육을 교육이 아닌 것으로 만들게 되는 이유이다. 사실 교육을 기계로 만드는 것은 전적으로 불가능하며, 대부분의 경우 이를 위해 지불해야 할 비용은 너무나 크다. 그리하여 교육의 약함은 교육에의 어떤 참여도, 교육자에게든 교육받는 자에게든, 항상 **위험**이 수반된다는 신호를 보낸다. 이 책의 주요 전제는 우리가 이 위험을 끌어안아야 한다는 것이며, 그것은 교육이라는 이름에 값하는 모든 실천에 적절하게 속하는 긍정적인 어떤 것으로 볼 필요가 있다는 것이다.

비록 『학습을 넘어』 원고를 쓸 때 3부작을 쓰려고 미리 기획한 것은 아니었지만, 결국 내가 쓰게 된 이 세 권의 책은 서로 연결되어 있다. 그것들은 서로 함께 하나의 교육이론을 구성한다고 좀 더 자신감을 가지고 이제는 말할 수 있다. 이 책의 부록에는 2011년에 행해진 인터뷰 내용이 포함되어 있다. 그것은 내 교육 이론의 핵심 아이디어를 간략하게 개괄한다. 그러나 이 책들에 담긴 아이디어는 아렌트의 표현으로 "시작"에 불과하다. 그것들이 진짜가 되기 위해서는 나의 통제와 의도를 넘어설 수밖에 없는 방식으로 타인들이 그것을 계속 이어갈 필요가 있다. 다시 말하면 그것들이 진짜가 되기 위해서는 "위험을 무릅쓸" 필요가 있다. 이런 의미에서 이 책과 이전의 두 책에 제시된 것은 무엇보다도 그 다음에 이어질 이론적, 실천적 작업에로의 초청으로 간주되어야 한다. 나는 그러한 작업들이 내가 썼던 용어들에 얼마나 충실하게 이루어질 것인가에 관심이 있다기보다는, 그것이 서로 유사한 정신으로 실행되기를 희망할 뿐이다.

이 책을 쓰는 과정은 흥미로운 경험이었다. 그것은 내가 예견했던 것보다 더 어려웠고, 나의 이전 글쓰기 프로젝트보다도 더 어려웠다. 강한 통일성과 일관성, 그리고 강한 '논리'를 갖춘 책을 만들고 싶은 야심이 내게 있었다는 것을 깨닫는 한편, 글을 쓰는 것, 내가 작업하고 있는 그 제재, 즉 아이디어, 텍스트, 어구, 언어는 항상 내가 원했던 곳으로 가도록 나를 내버려두지 않았다는 것도 깨달았다. 이런 점에서 이 책의 창작 과정 자체를 통해 나는 그것이 하고자 하는 바로 그 교육에 대해 배웠다. 교육을 포함하여 모든 창작 행위는 기껏해야 저자의 의도와 그 저자가 함께 작업하는 제재 사이의 대화라는 것이다. 그리하여 나와 제재는 그 과정에서 하나의 목소리를 가지고 둘이서 해내야 할 하나의 역할을 가진다는 것이다. 이 책에 제시된 논변의 '논리'는 내가 프롤로그에서 표현할 것이지만, 선형적이기보다는 만화경적이다. 만화경적이라고 함은 하나의 노선으로 펼쳐지는 논변으로 진행되기보다는, 이 책의 주요 주제에 대한 일련의 시각들을 제공한다는 뜻이다. 그럼에도 불구하고 이어지는 텍스트에서 내가 소개하는 것들이 독자에게 유용한 "시작"이 될 수 있기를 희망한다.

한편 나는 상이한 수많은 맥락과 배경 속에서 이 책에 나오는 아이디어를 실험할 기회를 가졌다. 이 책의 전체적인 논변을 처음으로 '시도'해 볼 기회를 주었고, 나의 아이디어의 실존적 요지를 보다 명시적으로 표현하도록 독려했던 새베로트(Herner Saeverot)에게 감사하고 싶다. 또한 교육의 약함에 대한 논변을 제시하도록 영감과 격려를 준 카푸토(John D. Caputo)에게도 고마움을 전한다. 그는 또한 이 책의 제목에 대해서도 영감을 주었다. 내가 에게아쿠에네(Denis Egéa-Kuehne)와 함께 데리다와 교육에 대하여 했던 작업은 나의 사유에 지속적인 영향을 끼쳤다. 나는 또한 그녀가 레비나스와 교육에 대하여 성찰할 기회를 준 것에 대해서도 감사한다. 프래그머티즘의 한계와 제한점을 볼 수 있도록 도움을 준 이들을 포함하여 그것에 대해 대화할 기회를 준 개리슨(Jim Garrison)에게도 감사한다. 그리고 가르침과 초월에 대한 나의 성찰에 중요한 피드백을 준 로차(Sam Rocha)에게도 고마운 마음을 전한다. 빙엄(Charles Bingham)과 함께 일한 경험은 랑시에르(Jacques Rancière)에 대한 작업, 특히 해방의 질문이 지니는 교육적 중요성에 대하여 나의 견해를 심화시키는 데에 실질적으로 기여하였다. 또한 나에게 아렌트의 작업을 보다 심도 깊게 탐색할 기회를 준 히긴스(Chris Higgins)에게도 감사하고 싶다. 폴스(Wouter Pols)와 버딩(Joop Berding)에게도 감사하고 싶은데, 그들의 비평은 교육과 정치적 존재에 대한 나의 심화된 아이디어의 발전을 도왔다. 폴스, 윌만(Carlo Willman), 오처드(Janet Orchard)에게도 가르침 및 교사교육에 대한 아이디어를 발전시킬 기회를 준 것에 감사한다. 이 책의 많은 아이디어는 또한 스털링(Stirling) 대학교, 외레브로(Örebro) 대학교, 멜라르달렌(Mälardalen) 대학교에서 만난 학생들 및 동료들과의 토론에 힘입었다. 엥글룬트(Tomas Englund)는 외레브로 대학교에 내가 방문교수로 있을 수 있도록 도와 준 멋진 호스트였고, 세프스트룀(Carl Anders Säfström)은 멜라르달렌 대학교 방문교수 시절, 나에게 지적으로 매우 자극적인 환경을 제공해주었다. 마지막으로 이 프로젝트를 믿어주고 지속적인 지원을 아끼지 않은 패러다임 출판사의 배리(Jason Barry)와 버컨캠프(Dean Birkenkamp) 주임에게도 감사의 인사를 전하고 싶다.

나는 나를 가르쳐왔던 모든 이들에게 이 책을 헌정하고 싶다.

교육의 약함에 관하여

이 책은 많은 교사들이 이미 알고는 있지만 차마 입 밖으로 꺼내지 못했던 사실, 즉 교육에는 항상 **위험**이 따른다는 사실에 관한 이야기이다. 이것은 교사들이 자격이 모자라서 실패할 수 있다는 의미에서 위험을 말하는 것이 아니다. 교육이 과학적 증거에 충분히 기반하고 있지 않아서 실패할 수 있다는 의미에서의 위험도 아니다. 그리고 학생이 열심히 공부하지 않아서, 혹은 동기가 부족해서 실패할 수 있다는 의미에서의 위험은 더더욱 아니다. 이것은, 예이츠(W. B. Yeats)가 지적했던 것처럼, 교육이라는 것이 빈 그릇을 채우는 일이 아니라 불을 지피는 일이기 때문에 수반되는 위험이다. 이것은 교육이 로봇들의 상호작용이 아니라 인간들의 마주침에서 이루어지기 때문에 수반되는 위험이다. 이것은 학생들이 조형되거나 훈련받아야 할 대상이 아니라 행위와 책임의 주체이기 때문에 수반되는 위험이다. 우리는 진심으로 교육을 통해 어떤 결과를 원하고 또 학생들이 배우고 성취하기를 원한다. 그렇다고 하여 이것이 곧 '투입'과 '산출'이 완벽하게 맞아떨어지는 식의 교육 공학이 가능하거나 바람직하다는 것을 의미하는 것은 아니다. 그 이유는 교육으로부터 위험을 제거할 때, 교육도 함께 제거되는 일이 현실적으로 가능하게 될 수도 있다는 단순한 사실에 있다.

그러나 교육에서 위험을 제거하는 일은 정확히는 교사들이 점점 더 요청받고 있는 것이기도 하다. 그것은 교육으로부터의 요구가 아니더라도 정책 입안자들, 정치인들, 대중 매체, '공중', OECD(the Organization for Economic Co-operation and Development), 세계은행(the World Bank) 등이 점점 더 기대하는 바처럼 보인다. 그들은 교육이 강하고 안전하고 모든 수준에서 위험이 없기를 바란다. 바로 이것이 학교교육의 과업이 좋은 시민, 효과적인 평생학습자 같은 일련의 제한된 정체성의 관점에서, 그리고 미리 규정된 '학습 결과'를 소수의 교과목에서 효과적으로 생산하는 것으로 점점 더 구성되고 있는 이유이다. 또한 교육을 안전하고 위험이 없는 공간으로 만들려는 보다 전반적인 움직임이 일고 있는 이유이기도 하다(Stengel & Weems 2010 참조). 결국 문제는 교육이 무언가를 성취해야 할지 말지, 교육적 공간이 안전해야 할지 말지라기보다는, **어떤** 교육을 성취해야 하는지, **어느 정도로** 이것이 미리 규정될 수 있는지, **어떤 종류의** 안전이 바람직한지, 안전에 대한 욕망은 **어느 지점에서** 비교육적으로 되는지 하는 것이다. 결국, 정도의 문제였어야만 했던 질문들이 사실상 교사들의 판단 기회를 박탈하는 '이것 아니면 저것'의 선택상황으로 변질된 것이다.

요즘 교육에 만연한, 위험에 대한 거부감은 교사들을 매우 어려운 입장으로 내몰고 있다. 정책 입안자들과 정치인들은 교육을 멀리서 추상적으로 보거나, 주로 조작하기 쉽고 의견 내기 쉬운 통계나 성과 자료를 통해 이해한다. 반면에, 교사들은 살아 있는 실제 인간들을 대하면서 교육은 그렇게 간단히 '고정'시킬 수 있는 문제가 아니며, 혹은 그러한 고정에는 매우 값비싼 대가가 따른다는 것을 즉각적으로 깨닫는다. 교육을 강하고 안전하고 예측 가능하며 위험 없이 만들고 싶은 욕망은, 어떤 면에서 이 현실을 외면해버리고 싶은 시도라고 할 수 있다. 그것은 교육이 죽은 사물이 아니라 살아있는 '재료'인 인간 주체를 다룬다는 사실을 부정하려는 시도이다. 교육을 강하고 안전하고 예측 가능하고 위험이 없게 만들려는 욕망은, 교육이 종국에는 교육 자체가 불필요한 상태를 목표로 한다는 것을 망각하려는 시도이다. 어느 선생도 그들의 학생이 영원히 학생으로 남기를 원하지 않는다. 이것은 교육이 **필연적으로** 피교육자들의 자유와 독립을 지향할 필요가 있다는 것을 의미한다.

교육이 작동하게끔 만들 수 있다는 것은 분명하다. 인간학습의 복잡함과 개방성을 줄이는 것도 가능하며, 이는 수 세기에 걸쳐 발전해 온 교육실천과 제도들이 정확히 그렇게 하고 있다고까지 말할 수 있다(Biesta 2010a 참조). 그러나 그 복잡함의 감소는 항상 대가를 요구한다. 여기서 우리가 제기할 수 있는 도덕적 · 정치적 · 교육적 질문은, 교육을 '작동'하도록 만들기 위해 우리가 기꺼이 치러야 할 대가는 어느 정도인가 하는 것이다. 이것은 부분적으로는 현실적인(pragmatic) 질문이라 할 수 있는데, 교육은 무엇을 **위해** 작동하기 원하는가라는 질문과 관련해서 대답되어야 하기 때문이다(Biesta 2010b 참조). 그러나 복잡함의 감소가 어느 지점에서 더 이상 정당화될 수 없고 비교육적인 압박으로 변하는지, 이 압박이 어느 지점에서 억압으로 변하는지, 이는 언제나 주의 깊은 판단을 요한다. 그리하여 교육이 단지 강하고 안전하고 예측 가능하고 위험이 없기만을 요구하는 것, 이로부터 이탈하는 것을 해결해야 할 문젯거리로 보는 것은 여러 면에서 교육의 핵심을 놓치게 된다.

이것은 교육을 강하고 안전하고 예측 가능하며 위험이 없게 만들고자 하는 욕망에 표현된 **태도**와 관계있다. 프랑스 교육학자 메이리외(Philippe Meirieu)는 이러한 태도를 **유아기적**이라 특징지은 바 있다(Meirieu 2008, p. 12). 그는 교육을 완전히 통제할 수 있다고 생각하는 것은 세계를 우리 마음대로 할 수 없다는 사실을 부정하는 것이라고 주장한다. 그것은 다른 인간들이 자신만의 방식으로 존재하고 사고하며, 그들의 이유와 동기는 우리와 다를 수도 있다는 사실을 부정하는 것이다. 이 모든 것을 없애기를 바라는 것은 우리와 다른 것과 다른 사람, 즉 **타자**를 부정하는 것이다. 이것은 세계가 우리 자신의 마음과 욕망의 투사로서만 존재한다는 마술적인 사고방식을 예시적으로 보여주는 것이다. 교육은 정확히 이 '원초적 이기주의'를 극복하는 것과 관련되는데, 아이와 학생의 원천을 짓밟거나 제거하는 방식으로가 **아니라**, 타인과 타자와 **대화**할 수 있는 기회를 세워가는 방식으로 그렇게 한다(Meirieu 2008, p. 13). 경쟁과 달리 대화는 이기고 지는 문제가 아니라 참여하는 모든 사람들이 정당하게 관계 맺는 방식에 관한 것이다.

또한 교육이 강하고 안전하고 예측 가능하고 위험이 없기를 요구하는 것은 교육에 다음 두 가지 선택지밖에 없다고 가정한다는 점에서 교육의 핵심을 놓치는 것이다. 그 선택지란, 아이의 욕망에 굴복하거나 아이를 사회의 욕망에 복종시키는 것의 양자택일, 혹은 전적인 자유이거나 전적인 통제의 양자택일이다. 하지만 이것은 교육에서 단지 진보주의와 보수주의 간의 오래된 대립을 반영할 뿐, 교육적 관심사는 이 중에서 양자택일을 하는 것이 아니며, 혹은 양자 사이의 기분 좋은 매개점이나 타협점을 찾는 것도 아니다. 그보다 교육적 관심사는 **바라는 것을 바람직한 것으로 변형시키는** 것에 관한 것이다(Biesta 2010b 참조). 그것은 우리가 **사실상** 바라고 욕망하는 것을 **정당하게** 바라고 욕망할 수 있는 것으로 변화시키는 과업에 대한 것이다. 이 변형은 결코 자아와 욕망의 관점에서 시작될 수 없고, 언제나 타인과 타자에의 참여를 요청한다. 또한 이것이 교육적 질문을 민주주의에 관한 질문으로 만든다(Biesta 2011b 참조). 다시 말하여, 이것은 대화의 과정인 것이다. 이는 교육의 방식을 느리고 어렵고 좌절하게 만들 뿐만 아니라, 그 결과를 보장할 수도 확보할 수도 없게 만든다. 이 때문에 우리는 그것을 약한 방식이라고 말할 수 있을지도 모르겠다.

그러나 우리는 자신의 욕망이 좋고 즉각적으로 충족 가능하다는 메시지를 끊임없이 전달받는 조급한 시대를 살고 있다. 교육을 강하고 안전하고 예측 가능하며 위험 부재로 만들라는 요청은 바로 이 조급함의 표현이다. 그러나 이는 교육이 무엇에 관한 것인지, 그리고 무엇이 교육을 '작동'하게 만드는지에 대한 근본적 오해에 기반하고 있다. 이와 같은 사고는 교육의 '투입'과 '산출' 간에 결코 완벽한 일치는 있을 수 없다는 교육의 약함을 **오직** 결함으로만, **오직** 공표되고 극복될 필요가 있는 것으로만 볼 뿐, 바로 그것이 교육을 가능하게 만드는 조건 **또한** 된다는 것을 보지는 못한다(Vanderstraeten & Biesta 2006 참조). 이러한 오도된 조급함 때문에, 교사들의 월급이나 그들의 직업까지도 학생의 시험점수를 올릴 수 있는 능력의 문제인 것처럼 그런 방향으로 교육을 몰아붙이게 된다. 또한 이러한 오도된 조급함 때문에 교육의 의료화도 초래되었다고 할 수 있다. 이 속에서는 잘못의 원인이 어디에 있는지, 아이와 사회중 누가 더 치료가 필요한지를 묻기보다는 주어진 교육시스템 속에 아이들을 끼워맞추게 된다. 이렇게 조급한 사회에서 느리고 어려우며 좌절되고 약한 교육적 방식은 아마도 가장 인기 있는 방식은 아닐 것이다. 하지만 종국에는 그것이 유일하게 **지속 가능한** 방식임이 드러날 것이다. 왜냐하면 인간 존재의 행위와 사고를 완전히 통제하는 것을 목표로 하는 시스템은 이전에 내부에서의 균열이 발생하지 않았더라도, 종국에는 그 자체의 무게로 인하여 무너질 수밖에 없다는 것을 우리는 잘 알고 있기 때문이다.

따라서 이 책의 각 장들은 약함의 관점에서 교육에 접근한다. 교육은 하나의 메커니즘이 아니고 그렇게 되어서도 안 된다는 것을 인정한다면, 이 책의 각 장에서는 어떤 이유로 어떤 상황에서 교육의 약함이 중요한지를 보이고자 한다. 그렇다고 해서 약한 모든 것에 대하여 무조건 찬사를 보내고자 하는 것은 아니다. 다만, 한편으로 교육은 의사소통과 해석 사이, 중단과 응답 사이의 약한 연결고리를 통해 가능하다는 것을 보이고자 할 따름이다. 다른 한편으로, 우리의 교육적 노력의 관심사가 학생들이 자기행위의 주체가 되는 것에 관한 것이라면, 즉 행위의 시작자이며 저자인 동시에, 행위의 결과에 책임을 진다는 의미에서 주체에 관한 것이라면, 이 교육의 약함은 중요한 문제라는 것을 보이고자 한다.

물론 아이와 학생을 그 자체로 주체로 지향하는 것은 교육에서 중요한 전부는 아니다. 내가 다른 곳에서 보다 상세히 주장하였듯이(Biesta 2010b 참조), 교육의 기능에 최소한 세 가지 영역이 있고, 이 세 영역에 따라 교육의 목적이 다르게 진술될 수 있다. 첫째는 **자격화**(qualification)의 영역으로서, 지식, 기술, 가치, 성향의 습득과 관련된다. 둘째는 **사회화**(socialization)의 영역으로서, 교육을 통해 기존의 전통과 실천과 존재 양식의 일부가 되는 것과 관련된다. 셋째는 **주체화**(subjectification)의 영역으로서, 교육받는 이의 "주체성", "주체됨"에 관심을 둔다. 이것은 해방과 자유와 관련 있으며, 그러한 자유에 뒤따르는 책임과 관련된다. 교육의 약함은 세 영역 모두에서 위태롭다. 하지만, 우리가 이 약함을 얼마나 가치롭게 여기는가는, 교육이 이미 알고 있는 것이나 이미 존재하는 것을 재생산하는 문제가 아니라, 새로운 시작과 새로 시작하는 자가 이 세계에 출현할 수 있도록 하는 방식에 진정으로 관심을 둔다는 사실을 어느 정도로 믿느냐에 결정적으로 달려있다(Biesta 2006a; Winter 2011 참조). 따라서 그러한 지향성은, 단지 우리가 이 세계를 아이들과 학생들에게 어떻게 물려주느냐에 관한 것만이 아니다. 그것은 또한, 아마도 최우선으로, 우리 아이들과 학생들이 세계에 참여할 수 있도록, 그리하여 세계에 출현할 수 있도록 어떻게 도울 것인가에 관한 것이기도 하다.

이어지는 7개의 장에서 나는 교육과정과 교육실천의 약함을 다루되, 보다 다른 각도에서, 그리고 많은 핵심적 교육주제와 관련해서 탐색하고자 한다. 내가 선택한 주제는 창조성, 의사소통, 가르침, 배움, 해방, 민주주의, 교육적 감식력(virtuosity)이다. 1장에서는 **창조성**이라는 주제로 시작한다. 창의성에 관한 많은 작업들은 교육이 학생의 창의성을 신장시킬 수 있는 방식에 초점을 둔다. 그러나 나는 교육적 창의성의 질문을 이와 다른 각도에서 접근한다. 한편으로 나는 교육이 그 자체로 창조하는 과정이라는 의미에서 창조적(creative) 과정이라는 데 관심을 두고 있다. 다른 한편으로 교육에서 창조한다는 것의 의미, 보다 세부적으로 인간 주체성의 창조에 기여하는 과정으로서 교육의 의미를 어떻게 가장 잘 이해할 수 있을지에 관심이 있다. 카푸토(John Caputo)의 연구에서 영감을 받아 나는 창조에 관한 두 가지 의미, 즉 강한 형이상학적 창조와 약한 실존적 창조라는 두 가지 이해 방식을 구분한다. 전자는 창조의 의미에 있어서 서구 사상의 세속적 담론이나 종교적 담론 모두에 지배적인 영향을 미쳤다. 그러나 카푸토는 성경 창세기의 창조 이야기에 관한 독해를 통해 창조 행위는 전능, 힘, 형이상학 영역의 바깥에서 이해될 수 있고, 어떤 점에서는 그렇게 이해되어야 한다는 것을 보여주고 있다. 나는 이 창조의 약한 의미에 기대어, 레비나스의 작업과 더불어 인간 주체성에 관한 질문을 다루고자 한다. 여기서 주체성은 본질이 아니라 사건으로 이해되며, 따라서 실존적이고 약한 관점에서만 포착될 수 있다. 그렇게 이해할 때, 내가 보기에 인간 주체성의 출현이라는 교육적 노력의 가장 핵심에 놓여있는 것으로서 교육의 약함이 얼마나 중요한지 설명할 수 있다.

교육의 핵심이 대화적 과정이기 때문에 2장에서 나는 **의사소통**의 주제에 주목한다. 이 장의 첫 부분에서는 듀이의 작업에서 의사소통이 어떻게 이해되고 이론화되었는지를 일반적 수준에서, 그리고 교육의 과정 및 실천의 측면 둘 다에서 논의한다. 송신자-수신자 모델은 교육뿐만 아니라 그 외 영역에서 여전히 의사소통에 관한 상식적 사고의 많은 부분을 차지하고 있다. 그러나 이 모델과 달리, 듀이는 의사소통의 개념을 의미생성의 과정으로 제시한다. 여기에서 사물들은 상호작용과 참여를 통해 문자 그대로 '공통의 것'으로 만들어진다. 참여로서 의사소통이라는 듀이의 이해는 교육에 중요한 함의를 준다. 그 함의는 미시적 차원에서는 교실과 학교에서 이루어지는 의미의 의사소통, 그리고 거시적 차원에서는 문화와 전통 간의 상호작용(일반적 표현으로는 '차이를 가로지르는 상호작용') 모두를 아우른다. 그러나 바로 여기에 듀이의 의사소통 철학에 문제점이 있는데, 그것이 무엇인지를 드러내기 위해 데리다의 작업으로 돌아갈 것이다. 데리다를 통해 나는, 듀이가 의식 중심 철학에서 의사소통 중심 철학으로 전환했지만, 이것은 여전히 의사소통이라는 '틀' 안에 갇혀 있으며, 이 점에서 그 자체의 의사소통의 의도를 전적으로 진지하게 다룰 수 없는 위험에 빠질 수 있음을 보일 것이다. 의사소통의 철학이 교육적 · 정치적으로 '작동할' 수 있기 위해서는 그 자체가 의사소통 **안**에 머무를 위험을 감수할 필요가 있는데, 그것은 내가 해체된(deconstructed) 프래그머티즘이 아니라 **해체적**(deconstructive) 프래그머티즘으로 부르는 것이다.

교육이 본질적으로 대화의 과정이라는 아이디어는 상호작용과 참여로서 의사소통이라는 아이디어로 더욱 확대되어, 내가 교육을 상호작용과 대화를 통해 함께 학습하는 과정으로 보는 관점을 옹호한다는 인상을 줄 수도 있다. 이것은 '실천공동체'나 '학습공동체'와 같은 개념에서 볼 수 있듯이, 요즘 교육 담론과 실천에서 매우 인기 있고 매력적인 관점이 되었다. 그러나 이러한 관점은 내가 교육에서 본질적이라고 보는 것을 제거할 위험이 있다. 여기서 본질적인 것이란 바로 교사의 존재에 관한 것으로서, 교사를 동료학습자나 학습의 촉진자로서가 아니라 가장 일반적 용어로는 교육의 상황에 기존에 없던 중요한 무언가를 가지고 오는 자로 보는 관점이다. 따라서 3장에서는 **가르침**의 주제를 다루면서, 가르침이 무엇에 '관한' 것인지를 이해하기 위해서는 그것이 급진적으로 '바깥에서' 오는 무엇으로 이해하는 '초월'의 아이디어와 연결될 필요가 있다고 주장한다. 가르침과 초월의 논의는 부분적으로는 교육에서 구성주의의 부상과의 관련, 또 부분적으로는 가르침을 산파 행위로 보는 '산파술'과의 관련 속에서 이루어진다. 이 논의 속에서 두 논점 모두 교육의 과정에서 얼마나 교사를 제거할 위험이 있는지를 보일 것이다. 그러나 주의할 점은, 가르칠 수 있는 '권력'은 교사의 소유로 이해되어서는 안 된다는 것이다. 나는 "~로부터 학습하는 경험"과 "~에 의해 가르쳐지는 경험"을 구분함으로써, 가르침의 선물은 어떤 의미에서 불가능한 선물이라는 것을 강조할 것이다. 즉 그것을 받을 수는 있지만 교사에 의해 주어질 수 있다는 의미에서 적극적이고 강한 의미의 선물은 아니라는 것이다.

4장에서는 **학습**이라는 주제를 다룬다. 나는 학습이 이론화, 연구, 교육적 개입에 활용할 수 있는 일종의 자연적 현상이라는 아이디어에 반대한다. 나는 학습이라는 현상은 구성되는 것으로서, 어떤 것을 '학습'이라 부를 때 우리는 자연적으로 발생하는 현상을 기술하는 것이 아니라 실질적으로 변화에 관한 판단을 내린다고 주장한다. 그러한 판단들은 교육적 맥락에서 중요한데, 불가피한 자연적 과정의 기술로서가 아니라 그것이 무엇인지, 즉 바람직한 변화에 대한 규범적 판단인지를 본다는 점에서 중요하다. 학습이라는 현상을 구성되고 인위적인 것으로 보는 나의 관점은 내가 '학습의 정치학'이라는 용어로 논의했던바, '학습'이라는 아이디어를 통해 수행되는 정치적 '작동'을 폭로하는 것을 가능하게 한다. 현대의 평생학습 논의에서 작동하고 있는 학습의 정치학에 대한 분석에 반대하여, 나는 학습을 자연적인 것으로 보는 아이디어가 어떻게 사람들을 자기 안에 머물러 둘 위험이 있는지를 보이고자 한다. 이것이 내가 이 장의 후반부에서 해방의 주제로 돌아가, 특정 학습의 정치학의 테두리 바깥에서 해방을 생각하는 것이 가능한지를 탐색하는 이유이다. 학습자 정체성을 자연적이고 필연적인 정체성으로 보는 관념에 저항하고, 학습에 관한 현재의 '상식'을 중단해야 할 필요가 있다는 것을 강조하기 위하여, 나는 푸코에 기대어 저항, 중단, 위반이라는 아이디어의 해방적 잠재성을 탐색한다.

가르침과 배움에 관한 보다 근본적 질문으로부터 돌아와, 5장에서는 아마도 교육의 가장 어려운 질문 중 하나일 수 있는 문제, 즉 교육은 인간 주체의 자유에 기여할 수 있는지, 그렇다면 어떻게 기여할 수 있는지를 다룬다. 이것이 바로 **해방**의 주제이다. 누군가를 자유롭게 해주기 위한 외부로부터의 '강력한 개입'으로 해방을 이해하는 근대적 관점의 공통지점을 부각하기 위해, 나는 해방 개념의 교육적, 철학적 역사의 제 측면을 논의한다. 이 장에서 나는 이와 같이 해방을 이해하는 관점과 관련하여, 해방의 근대적 '논리'에 깔려 있는 '식민주의적' 사고방식을 드러내는 질문들을 제기할 뿐만 아니라, 해방에 관한 상이한 이해방식도 개관할 것이다. 이 개념은 랑시에르의 작업에서 알려진 것으로, 평등은 미래의 어느 시점에서 성취되어야 할 '종착지'가 아니라 입증을 요청하는 가정으로 기능한다. 즉 그것은 지금 여기 우리의 행위를 통해 '참으로 되는' 것을 요청한다. 이와 같은 해방은 더 이상 외부로부터의 '강력한 개입'(혹은 그 가능성)에 기대지 않고, 개인들이 기존의 정체성과 정체성-지위에 저항하고 자신의 용어로 발언할 수 있는 주체화의 사건에서 일어난다.

해방을 이렇게 상정할 때 제기되는 질문은 교육적 질문일 뿐만 아니라 동시에 정치적 질문이기도 하다. 이것이 6장에서 **민주주의**의 주제와 관련짓는 이유이기도 하다. 이 장에서 주로 기대어 논의할 학자는 한나 아렌트이다. 아렌트의 작업은 교육과 민주주의의 관계에 관심이 있는 누구에게나 진짜 도전이 된다. 아렌트는 교육과 정치가 서로 관련 있을 수도 있다는 생각을 가장 노골적으로 비판하는 사람들 중의 한 명이기 때문이다. 아렌트의 관점은 교육의 영역은 다른 영역들, 그중에서도 특히 정치적 영역과 '분리되어야' 한다는 것이다. 이 장에서 나는 이러한 입장을 취하는 아렌트의 주장이 교육의 심리학적 이해에 기반하고 있다는 것을 보일 것이다. 이 입장에서는 교육에 적합한 언어는 오직 발달, 준비, 정체성, 통제 등으로, 행위, 복수성, 주체성, 자유와 같은 개념은 아이들이 민주 정치에 준비되도록 만들어주는 특정 발달 단계를 통과해야만 중요하게 된다고 가정한다. 아렌트의 주장을 활용하여, 나는 그러한 교육의 심리학적 관점을 극복하면 교육과 민주 정치의 긴밀한 관련을 드러내는 것이 가능하게 된다는 것을 보일 것이다. "복수성 속에서 함께하기"라는 아렌트의 자유에 대한 이해를 사용하여, 나는 그와 같은 자유는 교육적으로 '생산될 수' 없고 오직 정치적으로만 성취될 수 있다고 주장하고자 한다. 이것은 민주 교육에 관하여, 심리학적이지도 도덕적이지도 않고, 전적으로 교육적인 이해의 출발점을 제시한다.

마지막 7장에서 나는 가르침과 교사로 돌아와 **교육적 감식력**(virtuosity)이라는 주제를 논의한다. 가르침을 과학 기반 혹은 증거 기반의 직업으로 보는 관념에 반대하고, 또한 가르침을 역량(들)의 문제로 보는 관념에도 반대하면서, 나는 가르침을 덕 기반으로 보는 아이디어를 전개한다. 최근 교사교육의 정책과 이론의 비판적 분석을 배경 삼아, 나는 교직이 예술로 이해되어야 하는가 혹은 과학으로 이해되어야 하는가라는 질문을 제기한다. 나는 윌리엄 제임스의 도움을 입어 교육을 과학으로 보는 관념의 문제점을 간략히 개관할 것이다. 그 다음, 아리스토텔레스의 **포이에시스**(행위를 만드는 것)와 **프락시스**(행위를 하는 것)의 구분을 통해 우리에게 더 중요한 질문은 가르침이 예술인가 혹은 과학인가가 아니라 그것이 **실제로 어떤 종류의 예술인가**라는 질문이라고 주장한다. 어느 정도는, 그리고 어느 측면에서는 가르침에 생산의 차원이 있겠지만, 교사는 절대로 학생을 생산할 수 없기 때문에 나는 가르침이 결코 생산의 아이디어에 잠식되어서는 안 된다고 주장한다. 그들은 언제나 그 자체로 인간 주체로서 거기 존재하는 것이다. 그러므로 교육적 질문은 결코 어떻게 할 것인가에 관한 것이 아니라 **무엇이 행해져야 하는가**라는 교육적 바람직함에 관한 질문을 수반하며, 이것이 교육을 프락시스의 영역에 견고하게 위치시킨다. 포이에시스와 프락시스의 구분은 교사들이 단지 어떻게 할 것인가에 관한 지식(**테크네**)이 필요한 것이 아니라, 무엇이 행해져야 하는지를 판단하기 위해서 무엇보다 실천적 지혜(**프로네시스**)가 필요하다는 것을 깨닫게 해준다. 따라서 교사들은 단지 유능하기만 하면 되는 것이 아니라 교육적으로 지혜로울 필요가 있다. 그러한 지혜는 그 사람의 '자질(quality)'로 이해될 수 있다. 아리스토텔레스는 이 자질을 아레테(arete)라고 불렀는데 그 사람을 특징짓는 존재와 행위 방식이라는 면에서 '성품(character)'으로 번역될 수도 있고, 혹은 '덕(virtue)'으로 번역될 수도 있다. 후자의 덕이라는 단어를 활용하여 나는 교사들에게 교육적으로 바람직한 것에 관한 상황적 판단을 할 수 있는 능력으로서 교육적 판단력/덕성/감식력(virtuosity)이 필요하다고 제안한다.

에필로그에서 나는 이 책의 주요 논의들을 종합하여 사건의 교육학을 제안한다. 이는 본질보다 존재를, 강함보다 약함을, 포이에시스보다 프락시스를 중시하는 교육학으로서, 그 이름에 걸맞는 모든 교육에 내재한 아름다운 위험에 기꺼이 동참하는 교육학이라고 할 수 있다.

1장
창조성
Creativity

한 처음에 하느님이 하늘과 땅을 창조하셨다.

최근 몇 년간 교육에서 창의성의 역할에 관한 책과 보고서들이 쏟아져 나왔다. 이 출판물들은 일반적으로 창의성이 학교, 전문대학, 대학 등에서 활성화될 만한 좋은 것이라는 논조로 말한다. 특히 창의성이 아이들을 '숨 막히게 하는' 것으로 간주되는 교육 형식들의 해독제로서 증진될 필요가 있다는 것이다. 그런데 이들 논의에서 강조점은 거의 전적으로 아이들과 젊은 세대의 창의성에 집중되고 있다. 이 장에서 나는 다소 다른 각도에서 창의성에 대한 질문에 접근할 것이다. 내가 관심을 두는 부분은 교육 자체가 창조적 '행위'라는 것인데, 더 정확히 말하자면 무언가 만들어내는 창조적 행위로서의 교육, 즉 이전에는 존재하지 않았던 새로운 것을 세상에 가져오는 행위로서의 교육이다. 나는 교육을 인간 주체성(subjectivity)의 창조에 어떤 방식으로든 기여하는 과정으로서 간주하는 것에 특별히 관심이 있다. 그리하여 이하에서는 내가 왜 이러한 용어들로 교육을 사유하는 것이 적절하다고 보는지에 대해 살펴볼 것이다.

창조의 작업으로서 교육을 생각하는 것은 이 책의 중요한 테마와 곧바로 연결된다. 그것은 우리가 창조라는 말을 강한 (의미의) 용어로서 생각할 수밖에 없는지, 즉 말 그대로 어떤 것의 생산으로만 생각할 수 있는지, 아니면 다소 약한 방식으로 그것의 의미를 다르게 생각하는 것이 가능하며 또 그렇게 하는 것이 바람직한지에 관한 것이다. '창의성(creativity)'은 '좋게 느껴지는' 요인을 지닌 개념으로서 아이들을 자연스럽게 창의적인 존재로 생각하는 낭만주의 개념으로까지 거슬러 올라간다. 그런 의미에서 상대적으로 논쟁의 여지가 없는 개념이기도 하다. 그러나 '창조(creation)'라는 개념은 훨씬 더 논쟁적이다. 이것은 일정 부분 모든 문화에서 서사가 수행하는 창조의 역할과 관련되며(Leeming 2010 참조), 어느 정도는 창세기의 창조 서사에 대한 지배적인 해석과 관련된다. 이 해석에 따르면 창조는 신이 실재(reality)를 존재(existence)하게 하는 강력한 행위로 묘사된다.

이 특수한 해석은 오늘날까지 세속적이고 종교적인 담론 모두를 사로잡아왔다. 그것은 아무것도 없는 상태에서 창조하는 강력한 신성 행위인 '*creatio ex nihilo*' 개념을 종교적 신념으로 삼는 사람들과, 우주의 기원을 자연과학적으로 설명하길 선호하면서 그러한 창조론을 거부하는 사람들 간의 대립을 야기해 왔다. 그러나 아이러니한 점은 두 입장 모두 어떤 의미에서는 같은 것을 전제로 하는데, 그것은 모든 것이 출현되어 나오는 최초의 근원적 사건으로 (창조를) 식별한다는 것이다. 아무것도 없는 상태에서 무언가 창조하는 신의 행위는, 이러한 관점에서 볼 때 빅뱅 이론이나 종종 '신의 입자'라고 불리는 지구 생성의 가장 근본적인 입자를 찾는 것과 구조적으로 유사하다. 이러한 전략이 지니는 문제는 기원을 알아내기 위해 노력함으로써 항상 그 이전에 온 것은 무엇인지와 같은, 원천의 원천(the origin of origin)에 대한 질문을 제기한다는 것이다. 우리가 창조를 인과적인 용어로 생각하는 한, 결국에 무한 퇴행이나 임의적인 중단에 봉착하게 되는데, 그것은 마치 아리스토텔레스가 운동 세계의 첫 번째 원인으로 (최초의 움직이지 않는) '부동자(unmoved mover)'에 대한 개념을 제기했을 때 깨달은 것과 같다.

내가 이 장에서 제기하는 질문은 창조에 대해 이와 달리 생각하는 것이 가능한지, 즉 원인과 결과의 관점인 강한 형이상학적 용어가 아니라 마주침과 사건의 관점으로서, 즉 약한 존재론적 용어로서 생각할 수 있는지에 관한 것이다. 이 질문을 다루기 위해 나는 두 단계를 밟을 것이다. 우선 카푸토(John D. Caputo)가 창세기를 해체적으로 읽은 것을 따르고자 한다. 왜냐하면, 그는 우리가 창조 '행위'에 대해 이해하는 지배적인 방식이 이야기의 전부가 아니라, 창조가 수반할 수 있는 것에 대해 완전히 다르게 이해하는 것이 실제로 가능하다는 것을 보여주었기 때문이다. 바로 거기서 위험이 중심적인 역할을 한다. 다음으로 나는 이것을 교육적 관점에서 인간 주체성에 대해 제기할 수 있는 질문과 연결하고자 한다. 그리고 여기서 레비나스(Emmanuel Levinas)의 저서와 그의 '주체성의 윤리'에 주목할 것이다. 이로부터 도움을 받아 나는 인간의 주체성이 자연적인 용어, 즉 우리 본질의 일부로서 이해되어서는 안 되며 오히려 실존적인 용어로서, 즉 우리가 사물이나 다른 사람들과 맺는 관계에서의 '질성(quality)'으로서 이해되어야 한다고 주장할 것이다. 다시 말해 주체성은 우리가 가질 수 있거나 소유할 수 있는 것이 아니라, 항상 새로워질 수 있고 개방되어 있으며, 예측할 수 없는 만남의 상황에서 때때로 실현될 수 있는 어떤 것이다. 주체성을 윤리적 사건으로 이해하는 것은 어떤 의미에서 교육자를 빈손으로 만들 것이다. 그러나 나는 바로 그 빈손의 경험이 주체성의 사건에서 교육의 역할에 대한 약한 이해가 무엇을 수반할 수 있는지 이해하는 데 도움이 된다고 논증할 것이다.

창조의 아름다운 위험

카푸토(2006)는 자신의 저서 『신의 연약함(*The Weakness of God*)』에서 창조의 '과정'에 대한 다른 이해를 제공할 뿐만 아니라 창조가 일반적으로 이해되어온 방식, 즉 전지전능한 신의 행위로서 창조를 이해한 방식은 실로 헬레니즘의 발명품이라고 주장한다. 카푸토에 의하면, 하느님의 "행위는 형이상학에 의해 정제되어 순수한 행위가 되었고… 성경의 시와 플라톤 및 아리스토텔레스의 형이상학으로부터 혼합된 하느님"이었다(ibid., p. 73 & p. 59 참조). 이것이 바로 킹 제임스 성경 번역본에 의하면 "태초에" 거기에 계셨고, 그 위치에서 "하늘과 땅을 창조하셨"(KJV, 창세기 1장 1절)던 하느님이다. 카푸토가 말한 것처럼, 이 정식화는 "순수하고 깨끗하며, 간결하고 완벽한, 그리고 놀랍고도 아무런 제약도 받지 않는 힘"(2006, p. 56)을 표현한다. 그러나 창세기를 여는 첫 문장을 헬레니즘적으로 읽는 것은 히브리어로 쓰인 것을 번역한 것과 상당히 다르다. 히브리어는 그리스의 형이상학을 거치지 않았고, 하느님을 원천의 원천으로, 즉 아리스토텔레스의 '부동자'로 묘사하려는 것이 아니었기 때문이다.

킹 제임스 버전의 성경에서 우리는 다음처럼 읽을 수 있다. "태초에 하느님이 하늘과 땅을 창조하셨다. 땅은 혼돈하고 공허하며, 어둠이 깊음 위에 있고 하느님의 영이 물 위를 움직이셨다"(KJV, 창세기 1장 1절). 그러나 다른 번역본에서 우리는 다음과 같이 이 구절을 읽게 된다. "하느님이 창조를 시작하실 때, 땅은 형체가 없고 공허하며, 어둠은 깊은 곳의 표면을 덮었고, 하느님의 바람은 물 위를 휩쓸었다."[1] 이 버전과 앞의 버전의 차이는 아주 작은 차이임에도 불구하고 매우 중요하다. 후자의 번역에서 하느님이 창조하기 시작했을 때 "사물들(things)은 이미 시작되었다"(Caputo 2006, p. 57). 카푸토가 말하듯, 하느님(Elohim)은 "영원하지만 침묵하는 동반자, 즉 불모의 땅, 생명이 없는 물, 강력한 바람과 함께 있는 자신을 발견하는 그곳에서" 시작한다. 하

1) http://en.wikipedia.org/wiki/Bereishit_(parsha) (accessed December 29, 2011)에서 가져옴. Caputo (2006), p. 57을 참조할 것.

느님[2]은 거기서 무엇을 하고 계시는 것일까? 카푸토는 하느님이 땅(*tohu wa-bohu*), 물(*tehom*), 바람(*ruach*)을 존재(being)하도록 한 것이 아니라, 오히려 **생명으로 그것들을 부르고 있다**고 주장한다(ibid., p. 58). 여기서 그 "놀라운 것"은 하느님이 아무것도 없는 데서 무언가를 창조한 것이 **아니라**, "하느님이 **존재에 생명을 불어넣은 것**이다"(ibid., p. 58; 강조는 본래의 것). 카푸토는 계속해서 말한다. "그것은 경이로운 것이다", 그리고 "하느님이 그들에게 불어넣은 생명은 하느님이 '선(good)'이라고 부르는 것이며, 그것은 존재를 한 단계 뛰어넘는 것이다"(ibid., p. 58). 그러므로 하느님은 "모든 것을 일어나게 하는 힘의 공급자"가 아니라 "선과 그 권한(권능)의 원천"이다(ibid., p. 73).

그러나 창세기에는 에덴동산의 아담과 이브라는 두 번째 창조 이야기가 있다. 여기서 주역은 엘로힘으로서의 하느님이 아니라 야훼로서의 하느님이다. 첫 번째 창조 이야기에서 지배적인 표징은 카푸토가 밀란 쿤데라(Milan Kundera)를 인용하며 말한 "우리의 '존재에 대한 범주적 동의'라고 부르는 것이다"(ibid., p. 66). 이 이야기의 "리드미컬한 후렴구"는 "원초의 강복, '그리고 하느님이 보시니 그것이 좋았다'"(ibid.)이다. 카푸토는 이 이야기에서 "엘로힘은 그의 입에서 나오는 말로써 창조한다"고 설명한다

2) 창세기에서 '신'을 가리키는 두 가지 이름이 등장한다. 하나는 엘로힘(Elohim)이고, 하나는 야훼(YHWH/Yahweh)이다. 야훼는 이따금 '주님(Lord)' 혹은 킹 제임스 버전에서는 '여호와 하느님(Lord God)'으로 번역되기도 한다.

(ibid.). 이것이 의미하는 바는 엘로힘은 "그 요소들이 **거기에** 있다는 사실에 책임이 있는 것이 아니라 그것들이 형성되고 **선하다고 불린** 사실에 책임이 있다는 것이다"(ibid., pp. 66-67; 강조는 저자의 것). 그것은 또한 창조가 "존재하지 않는 것에서 존재하는 것으로 이동하는 것이 아니라 존재하는 것에서 선으로 이동하는 것"을 의미한다(ibid., p. 67). 그러나 주 여호와 하느님이 그 장면[3]에 등장했을 때, 우리는 다른 판결을 받는다. 더 이상 "선"이 아니고 "악"도 아니며, 카푸토가 말하듯이, "죄"이다(ibid.).

카푸토는 그 차이를 다음과 같이 묘사한다. "만일 엘로힘이 차분하고 아득한, 관여하지 않는 천상의 창조자라면, 야훼는 자신이 어떤 일에 휘말리고 있는지에 대해 매우 긴장하며 훨씬 더 직접적으로 미세한 것까지 다루는 관리자다"(ibid., p. 67). 카푸토가 지적하는 중요한 점은, 엘로힘과 달리 야훼는 "**창조의 위험, 부모 되기의 위험**을 별로 감수하고 싶어 하지 않는 것 같다"(ibid., p. 68; 강조는 저자의 것)는 점이다. 이 위험은 카푸토가 레비나스를 언급하면서 "창조의 아름다운 위험"(ibid., p. 60)이라고 언급하는 것이다. 야훼는 아담과 이브에게 생명을 주기보다는 그들에게 생명의 **시험**을 준다. "그는 일종의 조건부 시험의 대출로 그들에게 생명을 준다. 그들이 그 생명을 남용하고 자신처럼 되기 위해

3) 역사적으로 야훼의 이야기가 엘로힘의 이야기보다 더 먼저였다는 것을 주목하는 것이 중요하다. 여기서 창세기의 이 부분 저자로 알려진 리댁토(Redactor)가 엘로힘의 이야기를 앞에 두었다는 점이 중요해진다. "먼저 좋은 소식을, 그 다음에 나쁜 소식을 (싣는 것이 낫다고) 편집자가 생각하는 것 같다"(Caputo 2006, p. 67).

시도하는지 보기 위해서 말이다. 만일 그렇게 한다면, 그는 그 거래를 철회하고 그들을 완전히 몰살하거나 쓸어낼 준비가 되어있다"(ibid). 이것은 데리다(Jacques Derrida, 1992a)가 생명을 **무조건적인** 선물이라고 언급한 엘로힘의 이야기와는 다르다. 카푸토가 말했듯이, 야훼는 "다소 성마르고, 자신의 창조물에 대해 지나치게 의심하며, 좋은 부모가 되기에는 자신의 자손에 대해 매우 초조해하고 긴장한다"(ibid., p. 69).

여기서 관찰해볼 카푸토의 두 가지 논점이 있다. 그리고 이 관찰은 앞으로 다룰 교육에 관한 논의와도 관련된다. 카푸토가 말하는 첫 번째 논점은 "아이를 낳는 것과 마찬가지로, 창조하는 것은 위험한 일이며, 만약 누군가가 그중 하나에 참여하고자 한다면 많은 소음, 이의제기, 저항, 그리고 평화를 무너뜨리는 일반적인 혼란에 대비해야 한다"는 것이다(ibid., p. 69). 엘로힘은 이러한 위험을 기꺼이 감수하는 것처럼 보이며, 진정한 신뢰는 항상 근거 없이 존재한다는 것, 말하자면 "되갚아질" 수 없으며 무조건적이라는 것을 알고 있다(Biesta 2006a, 1장 참조). 그러나 야훼는 자신의 창조물에 대해 여전히 불신하고 있으며, 위험을 감수할 준비가 되어있지 않거나 **조건부** 위험만 감수할 수 있는 것처럼 보인다. "바로 시작부터" 카푸토는 다음과 같이 쓴다. "야훼는 그의 내기에서 이미 대비책을 마련하고 있다"(ibid., p. 71).

다음으로 카푸토가 지적하는 두 번째 논점은 아마도 우리의 논의에서 훨씬 더 중요하다. 엘로힘은 자신과 같은 성인 존재를 창조한 반면, 야훼는 "영원한 어린이"를 낳기 원한다는 점이다(ibid., p. 70). "엘로힘은 어린이가 아닌 어른, 희미한 이미지가 아닌 건장한 이미지, 형편없는 복제물이 아닌 진정한 이미지를 원한다"(ibid., pp. 70–71). 반대로 야훼는 "어떤 부모라도 그런 것처럼, 자신들의 자녀가 부모의 의도를 뛰어넘어 통제할 수 없게 되어 일이 부모의 계획대로 되지 않을 그런 위험을 감수하는 데 별로 마음이 없을 것이다"(ibid., p. 71). 야훼는 자신의 피조물들이 아이로 남아 있는 것을 선호한다. 우리 눈에는 보이지만 목소리는 내지 않는 아이들 말이다. 그러므로 야훼는 시작부터 "그가 감수할 위험을 최소화하려고 노력하고, 실패를 허용하지 않는다"(ibid., p. 71). 이것이 바로 자신의 창조의 본래적 설정이 "기쁨의 정원"이 아니라, "속임수, 함정, 시험, 시련, 유혹의 지뢰밭"(ibid., p. 71)인 이유이다. 여기에서 그의 피조물이 실패할 것이라는 점은 거의 불가피하다.

약함, 창조, 선

카푸토는 이러한 두 개의 창조 이야기를 서로 대립되는 설명으로, 즉 우리가 둘 중 꼭 하나를 선택해야 하는 두 가지 선택지로서 생각해서는 안 된다고 주장한다. 그는 이 이야기들을 하나의 서사로 엮은 편집자가 더 큰 핵심을 짚어내고 있다고 강조한다. 첫 번째 이야기에서 우리는 "엘로힘이 창조와 맺은 최초의 계약, 곧 그가 만든 것이 선하다는 것"(ibid., p. 71)을 발견하는 반면, 두 번째 이야기에서는 "그 판단이 얼마나 잘못된 방향으로 나아가는지를 우리에게 시험으로 보여줌으로써 그 판단을 검증한다"(ibid.). 그러나 두 창조 이야기 모두에서 창조는 아무것도 없는 상태에서 무언가로의 전환으로 보이지 않는다. "이 이야기들은 우리의 믿음을 확장시키며 **무에서** 유를 창조하는 전지전능한 창조자가 아니라, 주어진 통제력만큼만 가지고 있을 뿐 그 이상은 아무것도 할 수 없는 무언가를 만드는 제작자에 관한 것이다"(ibid., p. 71).

여기에 하느님과 함께 일하는 요소들의 중요성이 있다. 이 요소들인 흙, 물, 바람은 "악하지 않고 단지 유동적일 뿐이다. 그것들은 심술궂지 않고, 단지 다루기 힘들 뿐이다. 그것들은 사악하지 않고, 단지 통제하기 힘들 뿐이다. 그것들은 악령이 아니며, 단지 결정 가능할 뿐이고, 유연하며 미리 기획되지 않았다"(ibid., p. 72). 그러므로 그것들 안에는 "정확히 하느님의 형상은 아니지만 하느님이 자신의 형상을 만들려고 하는 어떤 요소들이 있다. 그것은 어떤 환원 불가능한 타자성인데, 이는 하느님이 경작하고, 비옥하게 하며, 심고, 질서화하면서, 신성한 방식으로 돌이키기를 원하지만 그럴 수 없는, 그리하여 주 하나님은 그저 함께 살면서 최선을 희망하는 법을 배워야 할 환원불가능성과 저항"이다"(ibid.). 그러므로 그 요소들은 "하느님의 힘에 어느 정도의 한계를 지우며 하느님의 인내를 요청한다"(ibid.). 하느님은, "다른 좋은 부모와 마찬가지로 자녀들이 성장하고 결국에는 제자리로 오길 바라면서도, 그들의 예측 불가능성과 한 치 앞을 내다볼 수 없음, 어리석음, 심지어 파괴적인 행동까지 다루는 법을 배워야 한다"(ibid.). 두 창조 이야기를 다르게 만드는 것은, 창조에 대한 다른 입장이 아니라 엘로힘과 야훼가 창조에 대해 취하는 서로 다른 **태도**다. 카푸토는 그 차이를 다음과 같이 요약한다. "엘로힘은 침착하다. 이에 반해 야훼는 신경쇠약자다"(ibid.).

이러한 창조 이야기를 통해 얻는 것은 "우리가 함께 시작하도록 요청받은 일종의 생명과의 계약"에 대한 선언이다(ibid., p. 74). 카푸토가 설명하듯이, "우리는 생명에 'yes'라고 대답하도록 요청받는데, 이것은 하느님의 'yes'에 두 번째 'yes'를 더하는 것이다. 즉, 하느님의 'yes' 옆에 우리의 'yes'를 연달아 서명하는 것이다. 그리고 그 서명은 그 위험에 서명하는 것을 포함한다. 다시 말해 신이 형성한 것을 끌어안는 것이며, 신이 형성하거나 새긴 것 속에 있는 요소들의 결정 불가능성을 수용하는 것이다"(ibid., p. 74). 카푸토는 신은 "창조를 위한 계획을 가지고 있지만, 우리와 마찬가지로 그도 그 계획이 잘 작동하기를 바라고 있다"고 덧붙인다(ibid.). 이 소망이 결국에는 전부이다. 이러한 배경에 대해 카푸토는 발터 베냐민(Walter Benjamin)의 다음과 같은 주장을 언급한다. 역사는 "난파선 위에 잔해를 계속 쌓아 올리는 하나의 재앙"이며, "낙원에서 불어오는 폭풍"(ibid., p. 74)에 의해 우리는 시간을 향해 밀려간다. 카푸토는 베냐민이 다음 장에서 "카인이 아벨을 죽이고, 피비린내 나는 역사의 여정이 시작된다"(ibid.)고 말한 것이 "충분히 옳았다"고 말한다. 하지만 파라다이스에서 불어오는 바람은 이것뿐만이 아니다. "모든 것을 '선한' 것으로 선언하는 더 부드러운 바람"이 있다(ibid., p. 75). 이 창조의 다른 제스처는 "세계에 중요성을 부여하는데, 그것은 원인이 아니라는 의미에서 형이상학적 설명이 아니다"(ibid., p. 75). 창세기의 편집자는 이 이야기를 처음에 배치하면서 "그 모든 폭력과 포악함에도 불구하고, 우리는 재난의 폭풍, 폐허의 역사가 우리를 압도하도록 내버려두지 말아야 한다"(ibid.)고 말한다.

그러면 여기서 하느님은 결국 어디에 남게 될까? 그것은 기본적으로 하느님을 무력한 채로 남겨둔다. 혹은 좀 더 정확히 말하자면, 그것은 형이상학적인 힘, 인과적인 힘, 전능한 힘, 즉 헬레니즘적인 힘이 없는 하느님으로 남겨둔다. 카푸토에 따르면, 그리고 나도 동의하듯이, 이것은 결코 나쁜 것이 아니다. 말씀의 형이상학적 의미에서 하느님을 전지전능하게 생각하는 것은 사실, "하느님의 주권이 인간의 주권으로 쉽게 확장되는 위험한 환상이다. 그 인간의 주권은 다른 인간에 대한, 여성과 동물에 대한, 그리고 모든 창조물에 대한 것이 된다"(ibid., 79). 이런 이유로 카푸토는 전지전능이 신비가 아니라 실제로 "신비화이자 개념적 오류"(ibid.)라고 말한다. "'아무것도 없는 상태에서의 창조' 라는 바로 그 관념과 신성한 '전능'이라는 관념은 이데올로기화의 근본적인 표징이다. 이 표징은 인식론적이고 정신분석학적인 환상, 즉 현실에서 부과되는 모든 한계를 제거하고, 절대적으로 완벽한 통제와 더불어 현실로부터의 저항의 흔적이 전혀 없는 이상적 공간에서 행위를 수행하는 것"(ibid., pp. 79-80)으로 이해될 수 있다. 이것은 내가 서론에서 언급한 대로, 어른이 아닌 **유아기적** 태도이다. 하느님을 강력한 힘으로 생각하고 존재를 실현시키는 행위로서 창조를 간주하는 아이디어에 대항하여, 카푸토는 "하느님의 이름으로 휘몰아치는 사건"을 "약한 힘"(ibid., p. 84)으로 제시하고, 창조가 이미 존재하는 것을 "아름답고 **선한 것**"(ibid., p. 86)으로 긍정하는 것임을 볼 수 있도록 도와준다. 그러므로 창조의 사건은 선함을 긍정함으로써 생명을 되살리는 것이다. 그것이 창조의 전부이다. 그리고 그것은 전능의 문제가 아니라 매우 위험한 일이 된다. 우리는 이런 식으로 창조의 일에 참여하는 것이 신념을 표현하는 것이라고 말할 수 있을지 모른다. 그러나 인지적인 의미에서의 신념은 아니다. 즉 "나는 이것과 저것을 믿는다"와 같이 일련의 명제에 대한 신념이 아니라, 생명에 대한 신념, 생명의 선함, 그리고 선함 그 자체에 대한 신념이다.

이러한 맥락에서 카푸토는 (만일 이 단어를 쓸 수 있다면) '선택

(choice)'이, 창조론과 반창조론 중 무엇을 택할지의 문제, 즉 창조론과 그것의 거부 중 하나를 택하는 문제가 아니라는 것을 우리가 알 수 있도록 돕는다. 오히려 선택은 '강한 형이상학적 창조론'인, 창조를 억제할 수 없는 힘의 행위라고 부를 수 있는 것과 '약한 실존적 창조론'인, 창조를 생명으로 존재를 되살리는 사건으로 보는 것 사이에서 이루어질 수 있다. 그러므로 우리는 선택을 본질과 실존 사이, 형이상학과 생명 사이에서의 선택이라고 말할 수 있을지 모른다. 즉 모든 불확실성, 예측 불가능성, 그리고 그것이 가지고 올 좌절과 더불어 삶의 위험을 기꺼이 감수할 것인지, 아니면 삶의 바깥, 아래, 혹은 그 너머에서 확실성을 찾을 것인지 사이에서의 선택이다. 듀이 또한 알고 있듯이, 확실성에 대한 탐구는 항상 우리를 곤경에 빠뜨린다. 왜냐하면 제공되는 많은 확실성들이 늘 상충하기 때문이기도 하지만, 그보다는 확실성에 대한 탐구가 삶 그 자체에 참여하는 것, 즉 바로 눈앞에 있는 것들, 정말 중요하고 우리의 관심이 필요한 것들, 이른바 바로 여기, 그리고 지금의 삶을 멀리하도록 하기 때문이다. 이것은 그 자체로 내게 교육에 관한 문제를 제기한다.

교육의 주체

나는 서론에서 교육이 (적어도) 자격화, 사회화, 주체화라는 세 가지 영역에서 기능한다고 말했다. 교육 안에서, 그리고 교육을 통해서 창조한다는 것이 무엇을 의미하는가에 대한 질문은 세 가지 영역 모두와 관련될 수 있다. 그러나 나는 이 장에서 교육의 과정과 실천이 인간의 주체성(subjectivity) 혹은 '주체됨(subject-ness)'의 출현에 기여하는 방식, 즉 주체화(subjectification)의 차원에 국한하여 논의하고자 한다. 주체화는, 만일 이렇게 말할 수 있다면, 교육받은 사람들의 주체성 또는 주체됨에 대한 특별한 관심을 표현한다고 할 수 있다. 이것은 우리의 교육적 노력이 향하는 사람들을 단순히 대상으로 간주하는 것이 아니라, 그들 자신의 권리의 주체로서 그리고 행위와 책임의 주체로서 간주하는 것을 가정한다. 교육 대상자의 주체성에 대한 관심은, 아마도 계몽주의 이후 교육사상과 교육실천에서 명성을 획득한 자유와 독립에 대한 개념과 연결되어 있기 때문에 근대적인 관심사라고 할 수 있을 것이다(Biesta 2006a 참조). 그때부터 비로소 교육을 통해 개인이 기존 질서와 전통의 일부가 되는 방식으로서의 사회화와, 기존 질서와 전통에 의해 온전히 결정되지 않는 존재 방식으로서의 주체화 사이의 구분이 가능해졌고 또 중요해졌다고 말할 수 있다.

주체성, 주체화 및 주체됨의 개념을 사용함으로써 나는 인간의 주체성에 대한 특정 개념, 혹은 주체성이 어떻게 '출현'하는지에 관한 특수한 이론을 발전시키려는 것은 아니다. 사실 이미 이러한 질문들에 대한 다양한 답이 존재한다. 교육받은 사람들의 주체됨을 적절한 교육적 관심사로 상정함으로써 내가 오히려 하고자 하는 것은 주체됨과 그것의 교육적 출현이 이해될 수 있는 다양한 방식에 열려있는 것이다. 다르게 말하면, 주체성과 주체화의 개념은 그 자체로, 주체됨과 그것의 출현에 관한 특별한 개념이나 이론에 대해 명료하게 설명하지 않는다. 그러나 나는 특정 단어나 개념들, 특히 **정체성**이라는 개념은 피하고자 하는데, 이 개념은 행위나 존재의 방식보다는 이것 '바깥'에 있는 기존의 질서 및 전통에 우리 자신을 동일시하는 방식과 더 관련되기 때문이다. 그리고 또 피하고 싶은 개념은 인간 주체를 다른 인간 존재로부터 지나치게 고립된 것으로 묘사하는 경향이 있는 **개인성**(individuality)이라는 개념이다. 나는 또한 **발달**이라는 단어를 의도적으로 피하고자 **출현**이라는 개념을 사용함으로써 주체화가 '어떻게' 되는지에 관한 논의를 전개하고자 한다. 왜냐하면, 나는 주체성의 출현이 발달론적 용어, 즉 존재의 영역에 발달이 위치하게 되는 방식으로 이해되어서는 안 된다고 생각하기 때문이다(아래를 참조하라). 비록 **주체화**의 개념이 종속(subjection)의 형식을 암시하기 때문에 부정적인 함의를 가질 수도 있지만, 이것은 특정 종류의 종속의 '반향'이기에 주체성과 그것의 출현을 이해하기 위해 내가 제시하는 방식에는 이 개념이 실제로 매우 적합하다고 주장할 것이다.

내가 이 장의 도입에서 인간 주체성을 창조하는 데 어떤 식으로든 기여하는 과정으로서 교육에 관심이 있다고 했을 때, 이것은 말이 안 되는 소리로 들렸을 수도 있다. 만일 창조의 의미를 강력하고 형이상학적인 의미로 생각한다면 교육자로서의 우리가 학생을 창조한다는 아이디어는 전혀 말이 되지 않는다. 그러나 카푸토 덕분에 우리는 창조라는 아이디어 전반에 접근하는 다른 방식을 가질 뿐만 아니라, 인간 주체성이 존재, 본질, 자연의 측면에서만 이해될 수 있는 문제인지 의문을 제기해보기도 하였다. 즉 강력한 형이상학적 측면에서만 이해될 수 있는지, 아니면 약한 실존적 측면에서 인간 주체성을 이해하는 것이 가능한지, 더 나아가 후자가 오히려 더 바람직하거나 필요한 것은 아닌지 하는 질문 말이다. 이러한 질문을 탐색하기 위해 나는 레비나스의 작업으로 돌아가 보고자 한다. 여기서 '돌아가다'라는 말을 쓰는 까닭은 레비나스야말로 내가 인간 주체성에 대한 문제를 이해하는 데 영감을 주는 지속적인 원천이기 때문이다(Biesta 2006a, 2010b; Winter 2011 참조). 그리고 이 문제에 대한 그의 아이디어는 너무나 중요해서 이 책의 맥락에서 언급하지 않을 수 없다.

주체성의 윤리학

레비나스의 작업은 인긴 주체성의 문제와 독특하게 관련되어 있다(예: Critchley 1999; Bauman 1993 참조). 그러나 그는 인간 주체에 대한 새로운 이론이나 진실을 우리에게 제공하는 대신, 인간 주체성의 질문을 향한 완전히 다른 '도정'을 선명하게 제시한다. 그것은 윤리적 범주인 책임(responsibility)을 "주체성의 본질적, 일차적, 근본적 구조"로 택하는 것이다(Levinas 1985, p. 95). 그러므로 레비나스의 사유는 인간 존재가 "의식을 통한 인간이다"라고 가정하는 "서구 전통과 서구 사상의 지혜"에 도전을 던진다(Levinas 1998a, p. 190). 그는 주체를 의미와 주도권의 실체적인 중심으로 가정하는 아이디어, 즉 무엇보다도 주체를 **코기토** 그 자체와 관련된 것으로, 그리고 아마도 사람들이 그렇게 하기로 결정한다면 타인에게 관심을 두는 것보다 먼저 자신에게 관심을 두는 존재로 간주하는 아이디어에 도전한다. 오히려 레비나스는 주체가 항상 **이미** "자아보다 오래되고 원리보다 이전인" 관계에 관여하고 있다고 주장한다(Levinas 1981, p. 117). 이 관계는 지식적 관계도 아니고 자아의 의도적 행위에 의한 것도 아니다. 그것은 **윤리적인** 관계이며, 타자에 대한 무한하고 조건 없는 책임의 관계이다.[4)]

레비나스는 타인에 대한 이 책임이 우리가 선택하여 스스로에게 지울 수 있는 그런 성격의 책임이 아니라고 강조한다. 왜냐하면, 후자는 우리가 그 관계에 "새겨지기" **이전에** 자아 또는 의식이었을 때에만 가능하기 때문이다. 그러므로 "주체성의 본질

4) 나는 레비나스 번역가들 사이에서 'autrui(개별적 타자)'의 번역어로서 타자(Other)에 대문자 'O'를 사용하는 관습을 따른다. 이는 'autre(일반적 타자성)'의 번역으로서 타자(other)에 소문자 'o'를 사용하는 것과는 구별되는 것이다.

적이고 일차적이며 근본적인 구조"인 이 책임은 "**아무런 사전 약속 없이 정당화되는**" 책임이다(ibid., p. 102; 강조는 저자의 것). 그것은 레비나스의 표현대로 절대적인 "열정"이다. 그러나 이것은 주체성의 문제가 주체의 **존재**에 관한 것이 아니라 "내가 존재할 권리"에 관한 문제임을 의미한다(Levinas 1989, p. 86). 레비나스의 주장처럼, 주체의 고유성(아래 참조)이 처음으로 의미를 얻는 것은 오직 "한 존재자의 존재가 위기에 처했을 때"(ibid., p. 85)에만, 즉 그 존재의 **중단**에서만 가능하다. 이러한 중단은 책임의 관계를 구성하며, 후자는 "문제적 존재"(ibid., p. 111)에 대한 책임이다. "자신을 자아로 존재하도록 과제를 부여"하고 그리하여 나를 이 독특한 개인으로 부르는 것은 "회피 없이 답해야 할 의무로 부과"되는 바로 그 문제적 존재이다(ibid., p. 111). 이것이 레비나스가 독특한 개인인 "자신"을 어떤 일반성을 목표로 하지 않고 **나**를 목표로 하는 "부여된 과제에서 벗어날 수 없는 존재"로 설명하는 이유이다(ibid., p. 127). 그러므로 자아는 "진리의 확인과 일치하지 않으며, 의식, 담론 및 지향성의 용어로서 진술할 수 없다"(ibid., p. 106). 그 자신은 "특수와 보편 사이를 구별하기 이전"의 고유함이며, 따라서 말할 수 없고 정당화될 수 없다(ibid., p. 107). 자아(the oneself)는 존재자(a being)가 아니라 "한 존재자의 정체성이 유지되는 행위와 열정의 정상적인 작동을 넘어서 **있는** 존재이다"(ibid., p. 114).

레비나스는 책임을 "주체성의 본질적이고 일차적이며 근본적인 구조"로 규정함으로써 인간의 주체성이 본질적인 용어, 즉 형이상학적 본질로 이해될 수 있다는 생각에서 벗어나려고 애쓴다. 레비나스는 자신이 주체성을 윤리적인 용어로 설명한다는 것을 인정하지만, "여기서 윤리는, 선행하는 실존적 기반을 보충하지 않는다"고 서둘러 덧붙인다(Levinas 1985, p. 95). 이것이 바로 레비나스가 새로운 주체성 **이론**, 예를 들어 주체성이 특정한 도덕적 자질, 역량 또는 반응 능력을 부여하는 것이라고 주장하는 이론을 제공하는 것이 아니라 주체성의 **윤리**(Biesta 2008 참조)를 제공한다고 말하는 이유이다. 레비나스는 주체성의 '질문'에 윤리적으로 다가가라고 촉구하며, 책임을 지우고 책임을 지는 측면에서 접근할 것을 촉구한다. 그리하여 레비나스는 주체가 무엇인지, 즉 주체의 본성이 무엇인지, 그것의 본질이 무엇인지와 같은 질문에 답하려고 시도하지 않는다. 그보다는 주체성이 어떻게 **존재하는지** 혹은 좀 더 정확히 말해서, 나의 '주체됨'이 어떻게 가능한지, 그리고 그것이 어떻게 보이는지 아니면 그 스스로 드러날 수 있는지에 더 관심이 있다. 이것이 바로 레비나스에게 주체성의 이론이 존재하지 않는 또 다른 이유이다. 그에게 이것은 결코 일반적인 주체성에 관한 문제가 아니며, 오히려 **나의** 유일하고 고유한 책임으로부터 비롯되는 나의 고유한 주체성에 관한 문제이다.

그러나 고유함의 문제는, 나를 다른 누군가와 다르게 만드는 특징을 봄으로써 답할 수 있는 문제 또한 아니다. 레비나스에게 고유함은 본질이나 본성의 문제가 아니기 때문이다. 즉 고유함의 문제는 정체성의 문제가 아님을 의미한다. 우리가 정체성을 사용하여 우리의 고유성을 표현할 때, 우리는 내가 타자와 **다른 방식**, 즉 **차이로서의 고유성**이라고 할 수 있는 방식에 초점을 두게 된다(Biesta 2010b, 4장 참조). 그런 경우에 우리는 우리 자신의 고유함을 표현하기 위해 타자를 활용한다. 그러므로 정체성은 다른 사람과의 윤리적 관계보다는 도구적 관계에 기초한다고 말할 수 있을지 모른다. 그러나 레비나스에게 문제는 무엇이 우리 각자를 고유하게 **만드는지**에 관한 것이 아니다. 대신, 그는 내가 **고유하다는 것이 중요한 상황**, 즉 내가 다른 사람에 의해 대체되거나 다른 이가 나를 대신할 수 없는 상황을 찾는다. 이 상황은 누군가가 나를 부르고, 누군가가 나에게 호소하고, 누군가가 나를 선별해내는 상황이다. 이 상황은 내가 고유**하다**는 것이 아니라, 다른 사람이 아닌 내가 중요해지는 상황, 즉 나의 고유함이 **중요해지는** 상황이다. 이것들은 내가 **유일하게 되는** 상황들, 즉 **대체 불가능한 고유성**이 나타나는 상황들이고, 따라서 주체성의 사건이 **일어나는** 상황들이다. 그러므로 대체 불가능성으로서의 주체성, 책임으로서의 주체성은 주체의 상이한 혹은 다른 존재 방식이 아니다. 왜냐하면 레비나스가 주장하는 것처럼, "다르게 존재하는 것도 여전히 존재하는 것"(Levinas 1985, p. 100)이기 때문이다. 주체의 고유성과 고유성으로서의 주체는 오히려 "본질 너머"에 놓인 "영역", 즉 비장소(non-place) 혹은 레비나스의 표현대로라면,

그렇지 않았다면 존재하지 않을 "무장소(null-site)"에서 출현한다.

그러므로 인간 주체의 고유성은 레비나스가 인간의 "존재론적 조건"이라고 부르는 것에 정확히 반하여 이해되어야 한다. 이것이 바로 그가 인간이 된다는 것은 "마치 다른 존재자들 사이의 한 존재자가 아닌 것처럼 사는 것"을 의미한다고 말한 이유다 (Levinas 1985, p. 100). 혹은 링기스가 다음과 같이 말한 것과 같다. "자아는 하나의 독립체로 생각될 수 없다. 그것은 존재에서 벗어났다"(Lingis 1981, p. xxxi). 나를 고유하게 만드는 것, 나를 유일하게 만드는 것, 나를 특이하게 만드는 것은, 내 책임이 양도될 수 없다는 사실이다. 레비나스는 그것을 다음과 같이 요약한다. "책임은 전적으로 나에게 있는 의무이며, 인간적으로 내가 거부할 수 없는 것이다. 이 부과는 고유함의 최고의 위엄이다. 나는 내가 책임져야 할 유일한 수단인 교환 불가능한 유일한 나이다. 나는 모든 사람을 대신할 수 있지만, 그 누구도 나를 대신할 수는 없다"(Levinas 1985, p. 101). 이러한 이유로 책임은 호혜적인 것이 아니다. 다른 사람이 나에게 책임이 있을 수 있지만, 레비나스는 이것이 전적으로 타자의 문제라고 강조한다. 여기서 상호주관적 관계는 비대칭적 관계다. "나는 호혜성을 기다리지 않은 채 타자에 대한 책임이 있다. 만약 내가 그 타자를 위해 죽는다면"(ibid., p. 98). 타자와 나 사이의 관계가 호혜적이지 않은 한, 나는 타자에게 종속되어 있으며 이러한 방식으로 나의 주체성이 가능해진다. 이러한 의미에서 나의 주체성은 타자에 대한 나의 예속에서 발견되는 것이라고 말할 수 있는데, 이를 간략하게 정식화한다면, 레비나스에게 "주체는 종속적이다"(Critchley 1999, p. 63).

빈손의 교육학

만일 우리가 고유함은 본질의 문제가 아니라 실존의 문제라는 것, 즉 존재의 문제가 아니라 '존재가 아닌 다른 것'이라는 제안을 따른다면, 주체성이나 주체됨은 어떤 **것**(말 그대로 어떤 사물)의 속성이 되기를 멈추고, 대신 사건이 된다. 그 사건은 지속적으로 어딘가에 있어서 우리가 가질 수 있고 소유할 수 있으며 확보할 수 있는 것이 아니라, 때때로 발생할 수 있고 출현할 수 있는 어떤 것이다. 레비나스에게 주체성은 책임과 혼동해서는 안 되는 것이기 때문에 그러하다. 우리의 책임은 그저 '거기'에 있는 것으로, 주어진 것이다. 이와는 대조적으로 우리의 주체성은 우리가 이 책임을 어떻게 다루는지, 그것에 어떻게 반응하는지, 혹은 지그문트 바우만(Zygmunt Bauman 1998)의 구절처럼 우리가 어떻게 책임을 맡는지에 관한 것이다. 내가 책임을 맡도록 '부름(called)' 받아서 나의 고유함이 중요해지는 상황, 그리고 일반적인 '주체'가 아니라 나로서 호출되기 때문에 대체될 수 없는 그 상황이 있는 한편, 이 상황에서 그 책임을 맡을지, 그리고 내게 주어진 그 부과된 임무에 응답할지의 여부는 완전히 다른 문제이다. 이와 관련하여 레비나스는 나는 나 자신의 책임만 맡을 수 있을 뿐이라고 단호하게 말한다. 다른 이들이 자신들의 책임을 어떻게 다루는지는 전적으로 그들에게 달려있다. 나는 나 이외의 다른 이가 자신의 책임을 **지도록** 할 수는 없다.

후자에서 말한 논지는 교육적으로 매우 중요하다. 그리고 레비나스가 우리에게 주체에 관해 새로운 이해를 제공한다고 할 때, 오해해서는 안 되는 논점이기도 하다. 예컨대 우리는 학생들이 인간 존재에게 책임감을 가지도록 하는 도덕교육 프로그램에 착수할 수 있다고 생각해서는 안 된다. 이 경우 그것은 주체성의 사건을 즉시 존재의 영역으로 끌어들일 것이고, 따라서 레비나스가 말하고자 했던 바로 그 논점, 즉 주체성은 윤리적 사건이자 발생할 수 있는 무언가이긴 하지만, 결코 그것이 일어날 것이라는 점은 보장할 수 없다는 점을 놓치게 될 것이다. 왜냐하면, 책임은 우리가 타인에게 강요할 수 없는 어떤 것으로, 오직 우리 자신에게만 지울 수 있는 어떤 것이기 때문이다. 그리하여 혹자는 레비나스가 우리 교육자들에게 아무런 도구도 주어지지 않은 빈손을 남겨두었다고 비판할 수 있다. 그의 통찰로부터는 행위를 위한 어떤 프로그램도 따라 나올 수 없기 때문이다. 그러나 이렇게 빈손으로 남겨지는 것이 반드시 나쁜 것은 아니다. 그것은 주체성의 출현과 관련한 우리의 교육적 관심이 생산의 용어로 이해되지 않도록, 그리고 강한 형이상학적 창조의 관점에서 이해되지 않도록 하면서, 오히려 다른 종류의 교육적 응답과 다른 종류의 교육적 책임이 필요하다는 점을 깨닫게 하는 위치로 정확히 우리를 안내하기 때문이다.

만일 주체성의 가능성이, 즉 주체성 사건의 가능성이, 우리가 부름받는 그러한 상황과 관계된다면, 그리고 우리가 고유해지는 상황이자 우리 자신만의 책임을 위한 책임을 지게 되는 그러한 상황과 관계된다면, 교육자가 할 수 있는 중요한 것 중 하나는 우리의 교육적 장치들, 예컨대 우리의 교육과정, 교육학, 수업 계획 등과 우리가 학교를 운영하고 건설하는 방식, 그리고 우리 사회 안에서 학교교육을 조직하는 방식에서 학생이 멀어지지 않도록 하는 것이다. 즉 타자의 어떤 잠재적인 개입에 이들이 노출되도록 해야 하고, 우리 학생들이 누군가에 의해 부름을 받는 일에 귀먹거나 눈멀지 않도록 해야 하는 것이다. 물론 그렇게 하는 것이, 주체성의 사건을 차단하지 않을 것이라는 것 말고는 어떤 것도 보장할 수는 없을 것이다. 그러나 이 사건이 발생할지의 여부, 학생들이 그들의 주체됨을 깨닫게 될 것인지의 여부는 전적으로 열린 문제이다. 그것은 우리의 통제를 넘어서 있고 근본적으로 우리의 손 밖에 있는 일이다. 물론 주체성의 사건이 일어날 수 있도록 교육을 개방된 채로 두는 것은 위험을 수반한다. 왜냐하면, 교육을 개방하면 어떤 일이든 일어날 수 있고 어떤 것이라도 발생할 수 있기 때문이다. 그러나 그것이 정확히 이 장에서 제시하고자 했던 논증의 핵심이다. 주체성의 사건이 일어날 수 있는 기회는 그 위험을 기꺼이 감수할 수 있을 때에만 생겨날 수 있기 때문이다.

결론

이 장에서 나는 창조한다는 것이 무엇을 의미하는지, 그리고 더 명료하게는 인간의 주체성이나 주체됨을 창조하는 데 교육적으로 기여한다는 것이 무엇을 의미하는지 탐색했다. 창조가 존재를 실제로 존재하게 한다는 강한 형이상학적 개념으로 이해되는 것에 맞서, 나는 창세기의 창조 이야기에 대한 카푸토의 해체적인 독해의 도움을 받아 존재에 생명을 불어넣은 것으로서 창조의 약한 개념을 추구하고자 하였다. 여기서 창조는 존재하지 않는 것에서 존재하는 것으로의 운동을 멈추고, 카푸토가 말하는 것처럼 '존재에서 선으로'의 운동이 된다. 따라서 창조는 거기에 있는 것, 즉 가장 넓은 의미의 '요소들'에, 원인이나 형이상학적 설명이 아닌 중요성과 의미를 부여하는 긍정의 행위가 된다.

두 개의 창조 이야기는 우리에게 그것이 무엇을 의미하는지에 대한 두 개의 매우 다른 설명을 제공할 뿐만 아니라, 강력하고 형이상학적인 설명과 약하고 실존적인 설명을 제공한다. 그것들은 또한 우리에게 교육이 무엇을 의미하는지, 더 구체적으로는, 주체성의 사건에 대한 지향과 그것에 관심을 가지고 교육을 하는 것이 무엇을 의미하는지에 대한 매우 다른 두 가지 설명을 제공한다. 야훼의 이야기는 우리에게 통제력을 유지하고 창조의 행위와 관련된 위험을 최소화하거나 심지어 근절하고 싶어 하는 교육자를 보여줄 뿐만 아니라, 그러한 위험을 회피하는 교육적 태도의 궁극적인 결과가 무엇인지를 보여준다. 야훼는 위험을 감수하려고 하지 않으므로, 그의 창조물들의 성장을 막아서며, 그들이 자신의 고유하고 유일한 주체됨을 실현하는 것을 저지한다. 이에 비해 엘로힘은 창조가 위험한 일이고 위험한 일이어야 한다는 것, 위험 없이는 아무 일도 일어나지 않을 것이며, 주체성의 사건도 일어나지 않을 것이라는 사실을 아는 교육자를 우리에게 보여준다.

그러므로 카푸토와 레비나스를 함께 읽는 것은 우리에게 교육의 약함이, 특히 교육의 주체화 차원과 관련하여, 그리고 그것이 주체성 사건의 발생에 기여하는 방식과 관련하여, 어떻게 그리고 왜 중요한지에 대한 첫 번째 통찰을 제공한다. 교육자들이 창조라는 단어의 강력한 형이상학적 의미에서 이 사건을 만들어낼 수 없다는 것은 분명하다. 그러나 위험을 감수하고 주체적 사건이 발생할 수 있도록 모든 일들을 개방적으로 열어두는 것은, 여전히 창조적 제스처이자 창조의 제스처이다. 비록 존재를 생명으로 데려오는 약한 실존적 의미, 즉 다른 이들과 함께 응답성과 책임을 가지고 생명을 만들어내는 약한 의미에서의 창조이지만 말이다.

2장
의사소통
Communication

이 세상 모든 일 중에서, 의사소통은 가장 멋진 일이다.

- 존 듀이

이전 장에서 나는 창조의 두 가지 이해, 즉 강력한 형이상학적 접근과 약한 실존적 접근의 차이에 대하여 탐색했다. 첫 번째 접근은 힘이 중요하고 물질이 강요되는 영역에 관한 것이고, 두 번째 접근은 의미, 중요성, 도덕성, 윤리의 영역에 관한 것이었다. 첫 번째가 존재에 관한 것이라면, 두 번째는 생명에 관한 것이고, 첫 번째가 본질에 관한 것이라면, 두 번째는 실존에 관한 것이었다. 이러한 배경에 터하여 나는 단순히 주체성과 주체됨에 대한 교육적 관심을 넘어, 실제로 교육을 그러한 주체됨의 창조에 기여하는 과정으로 생각하는 것이 무엇을 의미하는지 이해할 수 있는 방식을 보여주기 위해, 사건(윤리적 사건)으로서의 주체성에 대한 이해를 제시하고자 했다. 사건으로서의 주체성은 강력한 형이상학적 방식으로 작동하는 과정이 아니라 오직 약한 용어로서 이해될 수 있는 것이다. 따라서 근본적으로 개방된 과정으로 간주되어야 하며, 항상 성취하기 위해 시작하지만 성취되지 않을 위험을 수반한다. 그러나 이 위험은 주체성의 사건이 일어날 수 있도록 하기 위해 필요하다. 왜냐하면, 우리가 주체성을 형성하려고 시도하자마자, 즉 우리가 주체성의 출현을 통제하려고 시도하자마자, 그것은 전혀 일어나지 않을 것이기 때문이다.

이 장에서는 의사소통이라는 주제에 대한 논의를 통해 교육의 약한 특성에 대한 탐색을 계속할 것이다. 우리는 의사소통이 중요한 교육 주제라는 것을 눈치챌 수 있는데, 왜냐하면 전부는 아니더라도 대부분의 교육이 구술이나 서면 형태 혹은 비언어적 의사소통 등 의사소통을 통해 작동되고 있다는 것을 우리는 알고 있기 때문이다. 교육이 무엇에 관한 것인지에 대한 견해에 큰 영향을 미친 것으로서 의사소통에 대한 지배적인 생각은 다음과 같은 것이다. 의사소통이란 한 사람에게서 다른 사람으로, 또는 더 추상적인 용어로, 한 장소에서 다른 장소로 정보를 전달하는 것이라는 견해이다. 이로 인해서 교육은 전수 과정으로 널리 받아들여질 뿐만 아니라, 정보가 어떤 변형이나 왜곡 없이 한 위치에서 다른 위치로 전달되는 상황이 곧 성공적인 소통이자 성공적인 교육이라는 관념이 도출되었다. 성공적인 의사소통에 대한 이러한 정의는 스튜디오에서 거실로 텔레비전 신호를 전송하는 데 적용될 수 있는 반면, 이 장에서 나는 인간 간의 의사소통에 관한 한 이 설명은 부족하다고 주장할 것이다. 왜냐하면 후자는 한 마음에서 다른 마음으로 단순히 정보를 전달하는 과정이 아니기 때문이다. 오히려 그것은 의미와 해석의 과정으로 이해되어야 한다. 그것은 근본적으로 개방적이고 결정되지 않은 절차이므로 그만큼 취약하고 또 위험하다.

이 장에서 내가 대화를 나눌 상대는 존 듀이와 자크 데리다이다. 듀이의 작업은 인간의 의사소통에 대한 설명으로서 전달 은유의 한계를 드러냈을 뿐만 아니라, 의사소통이 실천적이고 개방적이며 생성적이고 창조적인 과정이라는 대안적 설명을 발전시켰기 때문에 여기서 다룰 만하다. 그러나 듀이의 아이디어가 이처럼 교육적 의사소통에 대한 단순한 아이디어에 도전하는 데 중요함에도 불구하고, 의사소통의 개방성에 대한 보다 급진적이고 일관성 있는 설명을 하기 위해 나는 데리다에게 눈을 돌릴 것이다. 의사소통의 개방적이고 생성적인 특성을 (객관적인) 이론의 수준에서뿐만 아니라 이론화 과정 수준에서도 심각하게 받아들여, 마치 의사소통 그 자체의 경계 밖에서 의사소통이 무엇인지 말할 수 있는 것처럼 하는 실수를 범하지 않기 위해서이다. 나는 이 논의로부터 출현한 접근을 **해체적 프래그머티즘**이라고 부르고, 소통에 대해 급진적으로 약하게 이해하는 것으로서의 해체적 프래그머티즘이 교육적으로 어떤 관련성을 드러낼 수 있는지 보여주고자 한다.

의사소통 철학으로서의 프래그머티즘

의사소통에 대한 듀이의 철학이 가장 극명하게 드러나는 글은 그의 저서 『경험과 자연(*Experience and Nature*)』(Dewey

1958[1929])이며, 그중에서도 특히 5장, "자연, 의사소통, 의미"라는 글이다. 듀이는 이 장을 "이 세상 모든 일 중에서, 의사소통이 가장 멋진 일이다"라는 문장으로 시작한다(p. 166). 그것은 그가 철학에 관한 새로운 주제를 발견했기 때문이 아니라, 마음, 의식, 사고, 주체성, 의미, 지성, 언어, 합리성, 논리, 추론, 진리 등, 수 세기 동안 철학자들이 인간의 자연적인 구성의 일부라고 생각했던 모든 것들이, 오직 의사소통을 통해서 그리고 의사소통의 결과로서 존재한다는 결론에 이르렀기 때문이다. 그리하여 듀이는 다음과 같이 말한다. "의사소통이 일어날 때", "모든 자연적 사건은 재고와 수정에 종속된다. 다시 말해 공적 담론이든 사유라고 말하는 예비적 담론이든 간에, 대화의 요구사항을 충족시키기 위해 재적응된다"(ibid.).

『경험과 자연』 5장은 듀이 철학에서의 '의사소통적 전회'를 예시하는 많은 구절이 포함되어 있다. 듀이는 "사회적 상호작용과 제도는 자기충족적 개인의 미리 만들어진 **특정한** 신체적 또는 정신적 재능의 산물로 다루어져 왔다"고 언급하면서 자신의 입장을 드러낸다(ibid., p. 169; 강조는 저자의 것). 그러나 듀이는 "내적 경험의 세계는 사회적으로 생산되고 운영되는 언어의 확장에 의존한다"고 주장함으로써 동일 등식의 다른 극단에서 시작했다(ibid., p. 173). 이것은 "정신적 사건들은... 그 사건들의 조건 중 하나로 언어를 가진다"(ibid., p. 169)는 것을 의미한다. 듀이의 관점에서 언어는 그 자체로 "인간적 연합의 자연스러운 기능"이며, 그 결과는 "다른 사건, 즉 물리적 사건과 인간적 사건에 반응하여 의미나 중요성을 부여한다"(ibid., p. 173). 듀이가 주장한 바와 같이, 이 사실을 보지 못한 것은 "근대사상에서 주관주의적이고, 유아기적이며, 자기중심적인 흐름"으로 이어졌다(ibid., p. 173). 그러나 듀이에게 "독백은 다른 사람들과의 대화의 산물이자 반영이다. 즉, 사회적 의사소통은 독백의 결과가 아니다"(ibid., p. 170). 이 말이 궁극적으로 의미하는 바는 "의사소통은 의식의 조건이다"(ibid., p. 187)라는 것이다. "만일 우리가 다른 사람들과 이야기하지 않았다면, 그리고 그들이 우리와 이야기하지 않았다면, 우리는 결코 우리 자신과 이야기할 수 없었을 것이다"(ibid.). 비슷한 맥락에서 듀이는 지력과 의미가 "인간 존재의 경우에 때때로 상호작용이 가정하는 특이한 형태의 자연스러운 결과"(ibid., p. 180)로 간주되는 것처럼, "논리적이고 합리적인 본질을 사물에 부과하는 것은 사회적 상호작용의 결과"라고 주장한다(ibid., p. 171).

듀이는 또한 자기 철학의 중심과 시작에 의사소통을 두는 것이 의사소통 과정 자체에 대해 스스로 다르게 생각하고 있다는 것을 의미해야 함을 잘 알고 있었다. 그는 더 이상 의사소통이 "이전에 그리고 독립적으로 존재하던 관찰들과 아이디어를 전달하는 기계적 중개자로서의 역할을 한다"는 생각에 의존할 수 없었다(ibid., p. 169). 예를 들어, 우리 시내에 교육을 선수나 전달의 과정으로 보는 생각은 여전히 만연해 있다. 이것이 바로 그가

『경험과 자연』에서 의사소통을 한 마음에서 다른 마음으로 단순히 정보를 전달하는 것이라고 간주하지 않은 이유이다. 오히려 의사소통이 철저히 **실천적인** 용어로 이해되는 곳에서는, 그의 표현처럼 "파트너가 있고 각각의 활동이 파트너십에 의해 수정되고 규제되는 활동 안에서 협동이 구축되는 것"(ibid., p. 179)으로서 이해된다. 이러한 배경에 대응하여, 그는 의사소통을 "적어도 행동의 두 개의 다른 중심에서 말 그대로, 공통적으로 만들어지는 무언가"의 과정으로 정의했다(ibid., p. 178). 듀이에게 의사소통은 사람 A와 사람 B가 어떤 것을 중심으로 그들의 행위를 조정하는 과정이다. A의 움직임과 소리에 대한 B의 이해는 A의 입장으로부터 사물에 반응하는 것인데, 이것은 B가 "자기중심적이기보다는, A의 경험 내에서 그 사물이 기능하는 대로" 그것을 지각하는 것을 의미한다(ibid., p. 178). 이 상황에서 B는 A의 움직임과 소리 그 자체에 반응하는 것이라기보다는 그 움직임과 소리의 **의미**에 반응한다. 마찬가지로, "A...는 그 사물을 자신과의 직접적인 관계에서뿐만 아니라 B가 파악하고 처리할 수 있는 것으로 인식한다. 그는 그 사물이 B의 경험에서 작동할 수 있는 것처럼 간주한다"(ibid.).

의사소통을 의미 있는, 혹은 좀 더 낫게 표현하자면, **의미로 유도하거나 의미를 생성**하는 과정으로 보는 이 관점은, 듀이가 의미 그 자체를 "주로 행동의 속성"이라고 결론 내리게끔 이끌었다. 그러나 이 행동은 질성을 가지는 "독특한 행동"으로, "다른 사람의 행위에 대한 나의 반응이 사물에 동시에 반응하면서 내 행동에 반영된다는 점에서 협력적이다. 이것은 두 사람 모두에게 일어나는 일이다"(ibid., p. 179). 그리하여 듀이는 "유기적 제스처와 울음소리가 의미 있는 것들로"(ibid., p. 176), 즉 그가 다른 곳에서 말했듯이, 의미 있는 사건들로 변형되는 데 영향을 미치는 것이 바로 의사소통의 과정이라고 주장한다.

의사소통으로서의 교육

의사소통은 듀이의 일반적인 철학적 개괄에서 보면 매우 결정적인 역할을 하고 있을 뿐만 아니라 그가 의사소통을 철저히 실천적인 용어로 인식하고 있기 때문에, 나는 그의 철학을 의사소통의 철학, 혹은 **의사소통적 행위의 철학**이라고 특징지어 왔다 (Biesta 1994 참조). 의사소통은 또한 듀이의 교육에 대한 이해에서 중심적인 개념이기에, 내가 다른 곳에서 상세히 다루었듯이 (Biesta 2006b), 듀이가 의사소통 철학을 발전시킨 것은 경우에 따라서는 교육적 질문을 다루기 위해서라고 말할 수 있다. 특히, 교육을 대략 교사와 학생 간의 상호작용이라고 이해할 때 그것이 어떻게 가능한가와 같은 질문을 다루기 위해서 말이다.

듀이가 이 질문에 접근한 이유는 교수이론의 관점에서도 아니고 학습이론의 관점에서도 아니었다. 그것은 교육에 대한 듀이의 초기 출판물에서 찾아볼 수 있다. 이 출판물에서 그는 교육적 질문을 제기했는데, 그것은 개인적 요소와 사회적 요소라고 명명하는 것들의 **조정**에 관한 질문으로, 듀이는 그것을 교육의 **문제**라고 불렀다. 그는 『대학소속 초등학교의 조직계획(*In the Plan of Organization of the University Primary School*)』이라는 책에서 “모든 교육의 궁극적인 문제는 심리적이고 사회적인 문제 간의 조정이다”(Dewey 1984, p. 224)라고 썼다. 몇 년이 지나, 『나의 교육 신조』에서 듀이는 “심리학적이고 사회적인 측면이 (교육의 과정에서) 조직적으로 연결되어 있다”고 말한다. 그리하여 “교육은 이 두 가지 사이의 타협물로 간주되거나 하나를 다른 하나에 겹쳐놓는 것으로도 간주될 수도 없다”(Dewey 1897, p. 85)고 주장하였다. 의사소통으로서의 듀이의 교육이론은, 1916년 발간된 그의 책 『민주주의와 교육』에서 처음으로 제시되었는데(Biesta 2006b 참조), 이 책은 ‘아동’과 ‘교육과정’ 사이의 상호작용이 어떻게 일어날 수 있는지에 대한 직접적인 답으로 간주될 수 있다.

『민주주의와 교육』의 앞부분 세 장에 걸쳐 듀이는 어떻게 의미가 소통될 수 있는지에 대해 초점을 맞춘다. 비록 그가 “교육은 주로 의사소통을 통한 전달에 있다”고 썼을지라도(Dewey 1916, p. 12), 그것이 “직접적인 감염/감화”나 “문자적 주입”의 과정이 아니라고 서둘러 덧붙인다(ibid., p. 14). 의사소통은 오히려 “경험이 하나의 공동 소유가 될 때까지 그것을 공유하는 과정”으로 이해되어야 한다(ibid., p. 12). 듀이에게 핵심적인 교육의 '메커니즘'은 **참여**라는 것, 혹은 더 정확히 말해서, "의사소통을 통해 공동의 이해에 참여하는 것을 보장하는 것"(ibid., p. 7)을 의미한다. 여기서 이 공동 이해라는 논점이 듀이에게 중요하다. 그리고 공동 이해에 참여하는 것은 물리적인 접근에 대한 것도, 하나의 공동 목적에 모든 일이 향하도록 하는 상황에 대한 것도 아니다(ibid., pp. 7-8). 모두가 "공동의 목적을 **인식**하고 그것에 관심을 가질 때"에만 진정한 참여가 존재할 것이며, 이러한 종류의 참여만이 "그것을 수행하는 양측의 성향을 수정한다"(ibid., p. 12; 강조는 추가된 것). 이것은 듀이에게 교육이 단지 사회적 환경 안에 **있는 것**으로부터 따라 나오는 것이 아니라는 것을 의미한다. 교육은 하나의 사회적 환경을 **가지는 것**으로부터 따라 나오며, 여기서 사회적 환경을 가진다는 것은 한 사람의 활동이 "다른 이들과 연관되는" 상황에 있다는 것을 의미한다(ibid., p. 15). 듀이가 설명하듯이, "다른 존재들과 연결되어있는 존재는 그 자신의 활동을 다른 사람의 활동을 고려하는 것 없이 수행할 수 없다. 왜냐하면, 그 활동들은 자신의 경향성을 깨닫는 데 필수적인 조건이 되기 때문이다"(ibid., p. 16).

듀이가 **교육**과 **훈련** 사이의 결정적인 차이를 제안한 것도 바로 이러한 맥락에서이다. 훈련은 무언가 배울 때 자신의 행위가 사용되는 맥락을 진지하게 공유하지 않는 상황과 관련된다. 이때 학습자들은 공유된 활동에서의 **동반자**가 아니다. 이와 반대로,

교육은 공동의 활동을 진지하게 공유하고 참여하는 상황에 관한 것이며, 여기서 학습자는 그 활동의 성취에 대해 다른 사람이 가지는 것과 마찬가지로 관심을 가진다. 그러한 상황에서, 학생의 아이디어와 감정들은 참여의 결과로서 변화된다. 이 상황에 "[우리는] 단지 타인의 행위에 동의하는 방식으로 행동하는 것이 아니라, 그렇게 행동함으로써 다른 사람들을 활기차게 하는 동일한 아이디어와 감정이 우리 자신에게서 우러나오게 된다"(ibid., p. 17). 그러므로 그것은 한 사람에게서 다른 사람으로 의미가 전달되는 것이 아니다. 왜냐하면, 공동 활동 안에서 자신들이 참여하고 있는 활동의 결과로서, 그리고 그 활동의 기능 안에서, 그들 자신의 아이디어와 감정들이 변형되는 것을 공유하기 때문이다. 듀이에게 이것은 말 그대로 무언가가 공동으로 만들어지는 방법이다. "서로 이해한다는 것은, 소리를 포함하여 사물들이 공동의 추구를 수행하는 데 있어 양측이 동일한 가치를 가지고 있다는 것을 의미한다"(ibid., p. 19).

듀이의 의사소통에 대한 설명에서 결정적인 지점은 공동의 이해를 협력을 위한 조건으로서 보아서는 **안 된다**는 것이다. 즉, 우리가 우선적으로 공동의 이해에 다다르는 것이 필요하고 오직 그때에야 비로소 우리의 행위를 조정하기 시작할 수 있다는 뜻이 아니라는 것이다. 듀이에게 정확히 그것은 이 반대이다. 공동의 이해는 행위에서의 성공적인 협력에 의해 생산되는 것이자 산출물이다. 이러한 이유로 그는 "언어가 **상호 이해가능한** 소리들로 구성되어있다는 사실만으로도, 언어의 의미가 공유된 경험과 의 연결에 달려있다는 것을 보여주기에 충분하다"(ibid., p. 19)고 주장한다. 이러한 관점에서 듀이는 '모자'라는 사물과 'ㅁ-ㅗ-ㅈ-ㅏ'라는 소리가 그것의 의미를 가지는 방식 사이에는 어떠한 차이도 없다고 주장한다. 둘 다 그것들의 의미를 "주어진 방식으로 사용되는 것에 의해 획득하고, 그리하여 그것들은 어른에게 의미를 가지는 방식으로 아이들에게서도 동일한 의미를 획득한다. 왜냐하면 그것들은 어른과 아이 둘 다에 의한 공동의 경험 안에서 사용되기 때문이다"(ibid., p. 19). 요컨대, "같은 방식의 사용을 보증하는 것은, 사물과 소리가 **만나는 협력적** 활동에 그것이 처음 쓰이는 방식, 즉 어린이와 어른 사이의 능동적인 연결을 만드는 수단으로 그것이 사용된다는 사실에서 발견될 수 있다. 유사한 아이디어나 의미들이 생성될 수 있는데, 왜냐하면 어른이나 아이 모두, 서로에게 의존할 뿐만 아니라 타인의 행동에 영향을 주는 활동에 상호 파트너로서 참여하기 때문이다"(ibid., 강조는 저자의 것).

의미에 관한 사회 이론

『민주주의와 교육』에서 의사소통 이론은 의미가 소통되는 방식만을 특징적으로 설명하는 것은 아니다. 그것은 또한 사회적이거나 의사소통적인 **의미에 관한 이론** 자체를 제공한다. 듀이의 의사소통에 관한 논의에서는 공동 활동에 참여하는 것이 핵심인 한편, 협력이 일어날 때 그 주위를 둘러싼 물리적 사물들뿐만 아니라 행위의 협력에서 사용되는 소리와 제스처의 역할 모두가 중요하게 강조된다. "인간은 사물의 질성을 감각의 관문을 통해 그의 마음에 남김으로써 학습한다고 자주 가정된다. 감관적 인상들을 축적시킨 다음, 연합이나 어떤 정신적 종합 능력의 힘이 이러한 인상들을 아이디어로 결합시키거나 **의미**를 가진 사물로 조합한다는 것이다"(ibid., p. 34). 그러나 듀이는 돌멩이, 오렌지, 나무, 의자의 의미는 사물 그 자체에서 발견되지 않는다고 말한다. 사실, "그 사물이 놓인 특징적인 **사용**... 그것이 바로 동일시되는 의미를 제공한다"(ibid., p. 34). 그리하여 어떤 사물에 대해 타인이 가지고 있는 것과 동일한 아이디어를 가지는 것은 "사물들과 행위에 다른 사람들이 부여하는 동일한 의미를 부여하는 것이다"(ibid., p. 35). 즉, 그것은 정확히 의사소통을 통해, 공동 행위를 통해 초래되는 어떤 것이다.

의미의 사회적 기원에 관한 듀이의 아이디어는 다음을 함의한다. 성찰은 오직 사물과 그것의 가능한 의미들 사이의 의식적인 구별을 우리가 할 수 있을 때에만 가능하다는 점에서, 성찰 그 자체가 사회적 기원을 가진다. "물리적 자극을 조절하는 것과 **정신적** 행위 간의 차이"에 대해 듀이는 "후자는 **의미**를 **가진** 사물에 대한 반응과 관련된다. 그러나 물리적 자극은 그렇지 않다"고 말한다. 정신적 행위는 우리의 행동에 "정신적인 질성"을 준다 (Dewey 1916, p. 34). 그리고 그것은 우리가 사물의 **아이디어**를 가지고 있을 때에만 "포괄적인 행위의 구조 안에서 그 사물이 어떤 위치를 차지하고 있는지 고려하여 그것에 반응"할 수 있게 한다 (ibid., p. 35). "우리에 대한 사물의 행위나 사물에 대한 우리 행위의 추이, 혹은 가능한 결과를 예측하는 것"(ibid.)이 가능하게 되고, 이것은 단순한 행위가 지적인 행위로 전환되는 것을 가능하게 한다. 이는 그 자체로 듀이의 교육적 사고에서 중요한 전환이기도 하다.

교육, 의사소통, 참여

의미에 대한 듀이의 의사소통 이론에서 교육적으로 중요한 점은 우선적으로 아이들이 주의 깊은 관찰을 통해 '바깥'으로부터 세계에 대한 (그리고 세계의 사물과 사건에 대한) 의미를 단순히 발견할 수 있다는 아이디어를 거부하는 데 있다. 듀이에게 세계의 의미란, 결국 사물과 사건 그 자체에 위치하는 것이 아니라, 사물들, 제스처, 소리, 사건들이 하나의 역할을 하는 사회적 실천에 위치한다. 그러므로 의미가 오직 사회적 실천 **안에** 존재하는 것이기 때문에, 우리는 어떤 의미에서 그것들의 상호작용을 통한 사회적 실천을 구성하는 사람들 **사이에** 위치한다고 말할 수 있을지 모른다. 이러한 이유로 의사소통은 A라는 곳에서 B라는 곳으로 정보를 전달하는 것에 관한 것이 아니라, 참여에 관한 모든 것이다.

만일 의미가 오직 사회적 실천 **속**에 존재한다면, 사회적 실천 속에서만 그리고 사회적 실천을 통해서만 의미는 제시(재현)될 수 있을 것이다. 이를 교육에 적용하면, 다른 어떤 것보다도 교육과정에 대한 질문은 학교 벽 내부의 실천들이 재현되는 관점에서 접근되어야지 이 실천들을 형식적으로 추상하여 재현하는 관점에서 접근되어서는 안 된다는 것이다. 예컨대 수학을 가르치는 것은 학교 안으로 **수학화**(mathematizing)의 실천을 가지고 와서 학생들이 여기에 참여하게 하는 것이어야 하고, 역사를 가르치는 것 역시 **역사화**(historizing)의 실천에 학생들을 참여하게 하는 것을 의미해야 한다.

의사소통에 대한 참여 이론의 교육적 함의는, 교육이 어떻게 조직되어야 하는지를 제안하는 프로그램적 측면에만 있는 것이 아니다. 그것은 학생들이 그들이 참여하는 실천에서 무언가를 배운다는 아이디어와 관련되는데, 이는 잠재적 교육과정이 왜 공식적 교육과정보다 훨씬 더 효과적인지 말해준다. 결국 잠재적 교육과정은 어린아이들과 학생들이 학교에 있는 시간 동안 참여하는 바로 그 실천 안에 위치하고 있는 반면, 공식적 교육과정은 '학교 안의 그 실제적 삶'에 인위적으로 덧씌운 것이다. 이것은 또한 어린아이와 학생들이 학교나 다른 교육기관에서 시간을 보내는 동안 가장 효과적으로 학습하는 것 중 하나가 학교교육의 실천 그 자체라는 점, 즉 '적절한' 학생이 되는 방법과 학교교육이라는 '게임'을 '즐기는' 방법이라는 점을 말해준다.

듀이 이론의 독특한 점은 무엇보다도 그가 교육을 소통의 과정으로 접근한다는 단순한 사실이다. 듀이는 가르침이나 교수에 관한 질문에만 배타적으로 주목하지 않는다. 다시 말해 그는 교육을 어린아이들이나 학생들**에게** 행해지는 어떤 것으로 생각하지 않는다. 오히려 그는 교육자와 학생이 함께 하는 무언가로 교육을 간주하는 접근을 제안한다. 그러나 듀이는 결코 또 다른 극단, 즉 교사가 없는 학습이론에 다다르지도 않는다. 듀이가 교육과정에서 학생의 활동이 가지는 중요한 역할을 인정하는 반면, 그것은 **소통**의 과정이며, **공동** 활동에 참여하는 것으로 보는 점인데, 이것이 듀이 교육이론의 핵심을 이룬다. 그러므로 교육에 관한 듀이의 철학은 아동 중심이나 교육과정 중심이 아니라 철저히 소통 중심의 접근이라고 할 수 있다.

이 접근에서 중심적인 개념은 **참여**라는 아이디어이다. 참여에 대한 듀이의 관점은 단순히 사회적 실천에 참여한 결과로서 사람들이 어떻게 배우는지 명확히 보여주는 것만을 의미하지 않는다. 그보다 듀이의 논점은 참여가 **특수한 종류**의 학습을 유발할 수 있는 잠재력을 가지고 있다는 것이다. 그것은 모든 참여자가 활동에 참여함으로써 생각, 감정, 이해의 변형을 이끌어내는 학습을 촉진하여 공통된 혹은 공유된 비전이 형성되는 학습이다. 그러나 듀이에게 참여란 물리적 근접성이나 공동의 목적을 향해 단순히 모두가 일하기만 하는 (혹은 일하도록 강요되는) 상황에 관한 것은 아니다. 오히려 듀이에게 (진정한) 참여는 모든 참여자가 행위의 공동 목적에 대해 잘 인식하는 것, **그리고** 그것에 정말 관심을 가지고 있을 때만 가능하다. 여기에 바로 사회적 환경에 **존재하는 것**과 사회적 환경을 **가지는 것** 사이의 차이가 있다. 결국 중요한 것은 참여가 아니라 참여의 **질**이라는 것이다. 다시 말해 교육적이거나 비교육적인 참여, 이를테면 (다른 당사자에게 적응함으로써) 오직 한 당사자만 학습하는 참여가 있을 수 있고, 참여하는 **모든** 사람들의 전망을 변형시키고 공유된 전망을 가지게 하는 참여가 있을 수 있다.[1)]

참여의 질이 중요하다는 아이디어는 민주주의에 대한 듀이의 관점에서 성찰된다. 『민주주의와 교육』에서 듀이는 다양하고 많은 관심사를 가지고 있고 다른 형태의 공동체들과 자유롭고 충분하게 상호작용하는 사회적 집단이, 고립되고 제한된 수의 관

---

1) 내가 보기에 이것은 참여를 통한 학습에 대한 듀이의 아이디어와, 라베(Lave)와 벵거(Wenger)가 1991년에 함께 쓴 저서 『상황적 학습(*Situated Learning*)』에서 제시한 참여를 통한 학습이론 간의 차이를 정확히 묘사한다.

심사를 가지고 있는 사회적 집단에 비해 선호되어야 한다고 주장한다. 전자의 공동체에는 개인들이 학습하고 성장할 수 있는 많은 기회가 제공되는 반면, 후자에는 그 기회가 한정적이고 제한되어 있다. 듀이는 그러한 사회가 교육에 제공하는 것은 "부분적이고 왜곡된다"(Dewey 1916, p. 89)고 말한다. 반대로 다양한 관심이 공유되고 "다양한 형식의 공동체와 자유롭고 충분하게 상호작용"(ibid.)하는 집단이나 사회는 "권력의 해방"(ibid., p. 93)을 보장한다. "공유된 관심의 영역을 넓히는 것" 그리고 "개인의 역량을 훨씬 다양하게 해방하는 것"은 정확히 "민주적으로 구성된 사회"를 특징짓는 것들이다(ibid.).

공유된 세계

듀이의 통찰로부터 도출되는 이러한 아이디어들의 가장 중요한 실천적 함의는 공동의 이해는 인간 협력의 전제 조건이 아니라 오히려 그것의 산출물로 보아야 한다는 것이다. 내가 위에서 말해온 것처럼, 우리가 먼저 공동의 이해에 도달할 필요가 있고 그 다음에야 우리 활동을 조정할 수 있는 것이 아니다. 듀이의 관점에서는 행위가 먼저 오고 그것으로부터 이해의 변형이 따라 나온다. 그러나 이러한 아이디어들은 참여에 관한 듀이의 이해와 관련되는 방식으로 해석되어야 한다. 모든 참여가 관점의 변화로 귀결될 수 있다고 주장될 수 있을지 모른다. 그러나 다른 한편, 공동의 목적을 향해 일하지만 그 목적에 이해관계가 연루되지 않는 집단 행위의 형태, 즉 타인에 의해 활동의 어젠다가 결정된 형태와, 모든 사람들이 활동에 관심을 가지고 참여하며 그것의 방향에 대한 의사결정에 기여할 수 있는 집단 행위의 형태에는 중요한 차이가 있다. 듀이는 후자 형태의 집단 행위만이 공유된 비전과 이해를 가져올 수 있고, 궁극적으로 공유된 그리고 공동의 (그러나 필연적으로 동일하지 않은) 세계를 초래할 수 있다고 주장한다.

이러한 노선의 사유는 무엇보다도 사회 속 학교의 역할을 이해하는 데 중요하다. 많은 사람들은 학교의 주요한 기능이 공동의 비전을 창조하고 **그 결과** 미래의 집단적인 행위가 가능하게 하는 것이라고 주장한다. 반면 듀이는 학교는 이와 달리 그러한 공유된 세계의 비전이 출현할 수 있도록 참여의 기회를 만드는 데 초점을 두어야 한다고 주장한다. 그러나 모든 참여의 형태가 그것을 가능하게 하는 것은 아니다. 공유된 비전의 창조는 단순히 함께 존재하는 것을 통해, 혹은 활동이 기획되어 있고 타인에 의해 통제되는 유사 참여의 형식에 의해 귀결되지 않을 것이다. 그것은 활동에 참여하는 모든 사람들이 자신의 이해관계를 그 활동에 관련시키는 방식으로 참여할 때에만 귀결될 것이다. 이러한 논의는 포괄적인 학교교육을 잘 설명하는 것 같지만 그러한 논의 이상의 것을 말해준다. 그것은 무엇보다도 우리가 학교교육에서 내적 민주화라고 부를 수 있는 것에 관한 것, 즉 교사와 학생 모두가 진정한 관심과 진정한 이해관계를 가지는 그런 종류의 교육에 관한 것이다. 이것을 성취하기란 어려울 수 있지만, 그리고 민주주의와 학교교육은 정의상 양립 불가능하다고 말하는 사람들이 있지만, 듀이는 적어도 우리에게 민주적 학교교육이라는 아이디어에 내재된 도전을 볼 수 있도록 도와준다.

그러나 참여와 학습 사이의 관계에 대한 듀이의 아이디어에서 중요한 점은 교육 기관들에만 한정되지 않는다. 그것은 또한 현대 삶의 가장 성가신 문제들 중 하나에 아주 중요하게 기여할 수 있다. 그 문제란 다원적이고 차이가 가득한 사회에서 어떻게 함께 살아갈 것인가 하는 점, 즉 계층, 인종, 젠더, 문화, 종교, 세계관에 따라 분할된 세계에서 어떻게 함께 살아갈 것인가 하는 점이다. 우리는 다음과 같이 말할 수 있을 것이다. 듀이는 그 차이를 극복할 수 있는 유일한 방법, 혹은 더 정확히 말해 그 차이를 가로질러 의사소통할 수 있는 유일한 방법은, 사람들을 함께 모으는 것을 통해서라고 말하는 접촉 가설을 제안한다. 그러나 듀이는 모든 종류의 접촉이 아니라 그 접촉의 **질**이 중요하다는 것을 우리가 인식하도록 돕는다. 다시 말해 키워드는 **참여**이며, 그것은 곧 참여하는 모든 사람들이 그 활동에 이해관계를 갖는 방식으로 참여하는 집단 행위의 형태이다. 우리가 글로벌 미디어와 인터넷 세계에 살고 있기에 과거보다 훨씬 더 많은 소통, 혹은 적어도 소통을 위한 훨씬 더 많은 기회가 주어지고 있다고 하더라도, 듀이를 통해 우리는 그러한 소통이 자동적으로 참여를 보장하는 것은 아니라는 점을 알게 된다. 그리하여 차이를 가로지르는 소통이 왜 오히려 더 문제적으로 되어온 것처럼 보이는지 이해하도록 해준다. 공유된 세계의 창조는 결국, 모두가 관심이 있고 이해관계가 있는 사람들이 참여하는 것을 요구하지만, 이것은 정확히 소위 제1세계와 제3세계 사이의 상호작용에서, 혹은 다른 계층과 문화, 아니면 다른 종교들 사이의 소통에서 결여되어 있던 바로 그것이기 때문이다. 듀이는 이것에 대해 손쉬운 탈출구를 제공하지 않는다. 그러나 참여로서의 의사소통이라는 그의 이해는 행위의 분석적인 틀로서, 그리고 행위를 위한 어젠다로서 중요한 무언가를 제안하고 있다.

내가 이 책의 전반에 걸쳐 말하고 싶은 또 한 가지 중요한 논점이 있다. 그것은 바로 듀이가 우리에게 의사소통에 대한 **약한** 이해를 제공한다는 것이다. 그것은 급진적으로 개방되어 있을 뿐만 아니라 결정되어 있지 않고, 생성적이며 창조적인 과정으로서의 의사소통을 말한다. 듀이에게 의사소통은 의미가 만들어지고 공유되는 하나의 과정이지, 한 장소에서 다른 장소로 정보의 단편들을 '안전하게' 운송하기 위한 기계적인 '중개 과정'이 아니다. 따라서 듀이와 더불어 우리가 알아야 할 것은 의사소통이란 대상들 간의 교환에서 나오는 것이 아니라 주체 간의 만남으로써 출현한다는 것, 그리하여 그러한 만남에서 중요한 것은 모든 위험과 예측 불가능성이 함께 수반된다는 점이다.

현전의 형이상학?

의사소통에 대한 듀이 철학이 시사하는 바는 인상적이며 주목할 만하다. 그러나 다른 한편, 이러한 아이디어들이 출현하는 그의 철학적 틀이 그 자체로 문제가 없는 것은 아니다. 적어도, 내가 좀 더 논증하길 바라는 바는 **철학적으로** 그것이 문제가 없는 것은 아니라는 점이다. 그 핵심적 질문 중의 하나는 이러한 철학적 문제들이 실천적 문제로 번역될 수 있는가 하는 것이다. 프래그머티스트에게 중요한 것은 결국 듀이의 의사소통 철학이 초래할 결과들이지 그것의 (철학적) 근간은 아니라고 말할지도 모른다. 그러나 나는 듀이 철학의 근간이 어떤 의미에서는 그것의 결과에 '문제를 일으킨다'고 주장하고자 한다. 그리고 바로 이 이유로, 그 근간에 대한 비판적인 검토가 요청된다고 말하고 싶다. 그렇다면 무엇이 문제인가?

이 이슈를 다루는 한 가지 접근 방법은 듀이 철학의 원대한 의도로 되돌아가 보는 것이다. 내가 말해온 것처럼, 듀이 철학은 철학을 위한 새로운 시작점, 즉 '의사소통'이라 불리는 시작점을 제공함으로써 근대 의식 철학을 극복하려고 시도한 것으로 이해될 수 있다. 이것은 의식이 의사소통의 하나의 조건이라기보다 의사소통이 의식의 조건이라는 주장을 전제로 한다. 이러한 '게슈탈트적 전환'의 급진적 함의에 기대지 않더라도 이 전환에서 핵심은 철학의 시작점이 다른 시작점으로, 즉 의식에서 의사소통으로 **대체**된다는 것임을 아는 것이 중요하다. 많은 비평가들은 두 가지 시작점 사이에는 한 가지 중요한 질적 차이가 있다는 점을 주시해왔다. 내가 동의하는 편인 개리슨(Garrison 1999)에 따르면, 의식에서 소통으로의 전환은 '**본질**의 형이상학', 즉 기원적이고 궁극적인 '사물'의 형이상학에서 '**실존**의 형이상학', 즉 과정과 존재의 형이상학으로의 전환을 수반한다는 것이다(Sleeper 1986도 참조). 이것은 전통적인 본질주의적 형이상학에서 벗어나는 징후이기는 하다. 그러나 다른 한편, 개리슨(Garrison 1999, p. 358)과 달리 나는, 본질로부터 존재로의 전환이 곧 '**현전**의 형이상학'으로부터 벗어나는 것을 함의하지는 않는다고 생각한다.

여기에 형이상학에 대한 듀이의 비판과 데리다의 저작에서 발견할 수 있는 비판 사이의 중요한 차이점이 있다. 듀이의 비판이 형이상학의 특수한 **유형**, 즉 본질주의적 형이상학을 겨냥하는 반면, 데리다의 비판은 형이상학의 특수한 유형이 아니라 형이상학적 '제스처' 그 자체에 대한 질문, 즉 형이상학의 바로 그 **가능성**을 문제에 부친다. 이 질문의 핵심 개념은 '현전의 형이상학'이라는 아이디어 자체이다. 여기서 데리다는 서구 철학의 역사 자체가 근본적 토대이자 고정된 중심인 아르키메데스의 점을 위치시키려는 지속적인 시도로서 이해될 수 있다고 말한다. 이 토대는 절대적인 시작이자, 그 토대로부터 기인한 모든 것을 지배하고 통제할 수 있는 중심으로서 기능한다(Derrida 1978, p. 279 참조). 그는 플라톤 이래로 이 기원이 **현전**의 관점에서, 즉 자기

충족적이고 충만하게 그 자체로 현전하는 기원으로서 정의되어 왔다고 주장한다. 다시 말해, 그것은 단순히 '존재하다'라는 의미의 기원이다. 그러므로 데리다에게, "**현전**으로서 존재의 결정"은 바로 형이상학 역사의 매트릭스이며, 이 역사는 일반적으로 서구의 역사와 일치한다(ibid., p. 279). 그는 "근본, 원칙, 혹은 중심과 관련된 모든 이름들은 항상 불변의 현전을 지정해왔음을 보여준다고 할 수 있다"(ibid.)고 말한다. 여기서 우리는 그 명백한 근본을 '신' 혹은 '자연'으로만 간주하지 않음을 알아채야 한다. 데리다에게 기원, 근간, 그리고 자기충족적인 무언가로서 어떤 것을 제시하려는 **모든** 시도는, (그에게 이것은 '의식'과 '소통' 둘 다를 포함하는데,) 그가 "현전의 형이상학"으로 언급하는 것들의 사례다. 데리다는 또한 현전의 형이상학이 현전으로서의 존재의 의미에 대한 결정 이상을 포함한다는 것을 강조한다. 즉 그것은 기원을 순수하고 단순하며 정상이고 표준이며 자기충족적이고 자기동일적인 것으로 지정하는 **위계적인 가치론**을 수반하며, 그것에서 따라 나오는 모든 것은 오직 파생된 것이자 복잡한 것, 퇴보한 것이자 우연한 것 등의 관점에서 이해될 수 있다는 것을 의미한다.

현전의 형이상학이 왜 문제가 될까? 사실 이 문제에 쉬운 답을 내리긴 어렵다. 어떤 의미에서 데리다의 모든 작업은 이 질문에 대한 답을 하려는 일련의 시도로 간주될 수 있다. 그리고 (여기서 '그리고'가 중요한데,) 이 질문이 어떻게 그리고 어디서 답해질 수 있는지 성찰하는 것이 중요하다(Biesta 2001, 2003 참조). 이 질문에 대한 한 가지 접근은 현전이 항상 현전하지 않는 무언가의, 즉 부재하는 무언가의 '도움'을 필요로 한다는 것을 관찰하는 데서 비롯된다. 여기서 데리다가 말하려는 핵심은, "현전하는 것"이 "그것이 아닌 것과의 바로 그 관계에 의해" 구성된다는 것이다(Derrida 1982, p. 13). 예컨대 '선'은 오직 그것이 '악'과 구별되기 때문에 의미를 가진다. 누군가는 '선'이 일차적이고 '악'은 이차적이라고 주장하며, 악은 선의 소멸 또는 하락, 아니면 선의 부재로서 이해되어야 한다고 주장할지도 모른다. 그러나 우리가 악의 개념에 관한 그 어떤 것에 의지하지 않고 '선'을 정의하려고 하는 순간, '선'의 현전은 선하지 않은 것과의 관계, 즉 '악'과의 관계에서만 가능하다는 것이 분명해진다(Lucy 2004, p. 102). 이것은 데리다가 말하듯이, 악에 의한 선의 "오염"은 **필연적인** 오염이라는 것을 보여준다. 보다 일반적인 용어로 진술하자면, 순수하고 오염되지 않은 본연의 현전에 대한 신화를 유지하기 위해 배제되는 '타자성'은, 사실 현전하면서 그것을 구성하는 것임을 보여준다. 우리는 '선'을 가능하게 하는 '것(thing)'으로서 '악'은, 정확히 선을 훼손하고 불가능하게 하는 '것'이라고 말할 수 있을 것이다. 그것은 가능성의 조건인 동시에 불가능성의 조건이 되는 매우 이상한 '논리'로, 데리다가 때때로 **해체**라고 언급하는 것이다.

무엇이 해체이고 무엇이 해체가 아닌지를 구분하는 것은 중요하다. 간단히 말해, 해체는 형이상학의 불가능성을 드러내는 활동이 **아니다**. 그것은 또한 데리다나 다른 철학자가 할 수 있는 무언가도 아니다. 그렇기 때문에 전문적인 철학적 관점에서 볼 때, 해체라는 말을 많은 사람들이 무언가를 쪼개고 분석하는 어떤 것으로 사용하는 것은 조금은 안타까운 일이다. 데리다는 다음과 같이 말한다.

> "해체(deconstructions)"라는 말을 나는 복수형으로 말하길 선호한다. 이 말은, 어떤 일이 일어나거나[*ce qui arrive*] 또는 일어나지 못하게 되는 것[*ce qui n'arrive pas à arriver*]을 가리키는 이름이 가능할 수 있다면, 그 이름 중 하나이다. 구체적으로 그것은 특정한 변위를 지칭하는데, 사실상 정기적으로 그 자체가 반복되는 것으로서 아무것도 아닌 것이 아니라 어떤 것이 존재하는 곳에서는 어디에서나 나타날 수 있는 현상이다(Derrida and Ewald 2002, p. 67).

그러므로 해체는 "방법도 아니고, 하나로 변형될 수 있는 것도 아니다." 이것은 모든 해체가 "자동-해체"라는 것을 의미한다(Derrida 1997, p. 9). 다만 우리가 할 수 있는 것은, 그리고 데리다가 그의 저서에서 여러 차례 하고자 한 것은, 베닝턴(Bennington 2000, p. 11)이 말하는 것처럼 해체를 **목격**하거나, 더 정확히 말하자면 **해체 속에 있는 형이상학**을 목격하는 것이다. 해체 속의 형이상학을 목격하는 것이 현전의 형이상학의 불가능성을 드러내고,

그리하여 모든 형이상학의 가능성을 드러내는 것이기도 하다. 반면 현전은 항상 동일성이 타자성을 전제하듯이 부재를 필요로 하기 때문에, 목격이라는 행위 그 자체는 해체라는 단어가 지시하는 것이 아니다. 다시 말해, 해체는 사람들이 행하는 무언가가 아니다. 그것은 일어나는 무언가 혹은 데리다가 일어나는 것을 통제할 수 없다고 아마도 말할 것인 그 무언가다. 그러므로 데리다가 말하듯이, 해체 속의 형이상학을 목격하는 것은, "'있는 것'의 권위"에 도전하는 일이다(Derrida, Lucy 2004, p. 12에서 인용).

해체의 목격

해체 속의 형이상학을 목격하는 것은 왜 중요할까? 이 질문에 대한 가장 직접적인 답변은 현전의 형이상학에 의해 보이지 않게 되었지만 그 현전을 가능하게 하는 데에 필수적인 바로 그것을 정당하게 대하기 위해서이다. 그것은 현전하는 것에 의해 배제된 것을 정당하게 대하는 것이다. 즉 현전의 '타자'를 제대로 대하는 것이다. 이것은 이미 해체의 핵심이 부정적이거나 파괴적이지 않고 무엇보다도 **긍정적**이라는 점을 보여준다(Derrida 1997, p. 5 참조). 그것은 배제되거나 잊힌 것에 관한 긍정, **타자**인 것에 대한 긍정이다. 다르게 말해보자면, 해체는 현전의 형이상학을, 혹은 어떤 체계라도 그 체계를, 그 체계의 용어로는 생각될 수 없지만 체계를 가능하게 하는 것의 이름으로 개방하길 원한다. 이것은 해체의 핵심이 단순히 체계에 의해 배제된 것으로 **알려진 것**을 긍정하는 것만이 아님을 말해준다. 해체 속 형이상학에서 중요한 것은, 완전히 다른 것, 현전하는 것으로부터 예측할 수 없는 것을 긍정하는 것이다. 그것은 데리다가 말하듯이 타자성의 긍정이며, 항상 하나의 사건으로서 "계산, 규칙, 프로그램, 기대를 초월하는 사건으로서" 오는 것이다(Derrida 1992b, p. 27). 이러한 의미에서 그것은 단순히 다른 누군가, 혹은 다른 무언가를 긍정하는 것이라기보다는, 다른 누군가나 다른 무언가의 **타자성**을 긍정하는 것이다. 카푸토가 요약한 것처럼, 해체는 개방하는 것이자, 타자와 함께 올 **예상치 못한** 것을 향한 개방성이다(Caputo 1997, p. 42 참조). 이는 데리다가 때때로 "불가능성"이라고 언급하는 것인데, 이것은 가능하지 않은 것에 관한 것이 아니라 가능성으로서 예측될 수 없는 것에 관한 것이다.

이 모든 것이 형이상학을 극복하거나 없애거나 파괴하려는 시도가 아니라는 것을 아는 것이 중요하다. 데리다는 서구 철학의 형이상학적 '제스처'를 질문에 부치길 원하지만, 자신의 이 접근이 니체식의 '(전복적)해체(demolition)'나 하이데거식의 '(파괴적)해체(destruction)'와는 다르다고 주장한다. 니체, 하이데거 그리고 서구 사상에서 '해체적 담론'을 말한 다른 모든 이들은 형이상학적 전통의 총체적인 파괴를 원했다. 즉 그들은 형이상학을 종결짓거나 극복하길 원했다. 그러나 데리다는 그러한 총체적 붕

괴는 실제로 일어날 가능성이 없다고 말한다. 왜냐하면 형이상학을 떠난다면 우리에게는 딛고 서 있을 수 있는 곳도, 함께 작업할 수 있는 도구도 없을 것이기 때문이다. 그는 다음과 같이 설명한다.

> 형이상학을 흔들기 위해 형이상학의 개념 없이 작업하는 것은 의미가 없다. 우리는... 겨루고자 했던 바로 그것(형이상학)의 형식, 논리, 암묵적인 가정에 이미 스며들어 가 있지 않은 단 하나의 해체적인 명제도 선언할 수 없다(Derrida 1978, p. 280).

데리다는 형이상학을 '흔들기' 원했지만, 이것이 형이상학 '바깥'의 중립적이고 순수한 장소로부터 수행될 수 없다는 것을 인정한다. 그는 우리가 전통에서 벗어날 수 없다는 것도 인정하는데, 왜냐하면 만일 거기서 벗어난다면, 우리는 어떤 도구들 없이, 심지어 형이상학을 조사하고 비판하고 '흔들' 언어도 없이 남겨지며 그 결과 서 있을 곳조차 없을 것이기 때문이다. 그러므로 보다 정확히 말하자면 데리다는 형이상학 그 자체가 이미 항상 '흔들리고 있다'는 것을 보여줌으로써 형이상학을 흔들기 원한다. 다시 말해, 자기충족적이고 자기동일적인 현전의 제시를 통해 존재를 고정하거나 움직이지 못하게 하는 그 어떤 시도의 불가능성을 보여줌으로써, 즉 해체 속의 형이상학을 목격함으로써 형이상학을 흔들기 원한다. 그러나 이 목격하는 행위는 오직 '내부'로부터만, 혹은 적어도 중립적이거나 그 체계 바깥의 오염되지 않은 곳이 **아닌** 데서만 수행될 수 있다. 이러한 측면에서 데리다는 명백히 외부의 관조자로서의 철학자, 그리하여 우주의 일부가 되지 않고 그 우주를 검토하려는 전통적인 철학의 '입장'을 거부한다. 데리다에게 핵심적 질문 중 하나는 정확히 "어떤 장소 혹은 비-장소(*non-lieu*)로부터 철학이 비로소 스스로에게 그 자체가 아닌 다른 모습으로 나타날 수 있는지, 그리하여 독창적인 방식으로 자신을 검토하고 성찰할 수 있는지"에 관한 것이다 (Derrida 1984, p. 108).

프래그머티즘 속의 해체, 해체 속의 프래그머티즘

이러한 고려가 참여로서의 의사소통이라는 듀이 철학에 어떤 영향을 미칠까? 철학적인 수준에서 그러한 고려들은 의식에서 의사소통으로 옮겨가는 듀이의 전환이 **현전**의 형이상학으로부터 벗어나는 것을 전혀 함의하지 않는다는 것을 가시적으로 보여준다. "의사소통은 의식의 조건"(Dewey 1958[1929], p. 187)이라고 주장하는 것, 그리고 이것을 지난 세기에 걸쳐 철학자들이 인간 존재의 자연스러운 부분이라고 여겼던 모든 것, 즉 마음, 사유, 의미, 지력, 언어, 합리성, 논리, 추론, 진리를 다시 생각하는 프레임으로 활용하는 것은 그 외 다른 모든 것들이 뒤따르는 기원인 제일 원칙을 규명하려는 시도라는 점에서, 명백히 형이상학적 '움직임'이다. 듀이가 **본질**의 형이상학이 아니라, 즉 어떤 하나의 '사물'이나 실체가 아니라 소통이라는 과정으로부터 그의 철학화를 시작한다는 점에서 **존재**의 형이상학이라고 할 수 있을지라도, 그럼에도 불구하고 그것은 형이상학이다. 여기서 듀이의 형이상학은 소통을 가장 근원적인 현상, 즉 그것에서 모든 것이 파생된다고 보는 '현전'으로 놓는다.

이것이 문제가 될까? 듀이에 대하여 가장 실용적인 노선의 독자들은 '의사소통'이 '의식'보다 더 흥미로운 결과를 낳는 한, 의사소통을 향해 가야 한다고 말할지 모른다. 만일 '의사소통'이 혹은 의사소통의 **형이상학**이 우리에게 교육, 민주주의, 사회의 핵심적 문제들을 다룰 수 있는 더 나은 도구를 제공해 줄 수 있다면, 그보다 더 유용한 도구들이 나올 때까지 우리는 그것을 사용해야 할 것이라고 말할 것이다. 그러한 독자들은 의사소통을 자기충족적인 기원으로 보는 것에 철학적 문제가 있다는 데리다의 제안이 흥미로운 이론적 관찰이라는 점에는 동의할 것이지만, 동시에 그러한 관찰은 자신들이 주목하고 헌신하기를 바라는 진짜 문제로부터는 다소 떨어져 있다고 말할 것이다. 하지만 만일 형이상학적으로 되려는 어떤 시도라도 자기충족적인 현전의 환상을 가능하게 하는 무언가의 배제에 의존한다는 데리다의 주장이 옳다면, 듀이가 옹호하는 소통의 철학이 어떤 종류의 배제를 '낳는지' 그 여부를 실질적으로 검토할 필요가 있다. 물론 이 필요는 듀이 철학의 공공연한 의도가 배제적이기보다는 포용적이기 때문에 생기는 필요는 전혀 아니다.

나는 듀이의 의사소통 철학이 배제를 생산할 뿐만 아니라, 그것이 서구의 자연주의적이고 세속적인 세계관에 토대해 있다는 사실과 관련하여, 듀이 자신의 의도에 반하는 방식으로 작동할 수 있다고 생각한다. 이 세계관에 따르면, 인간은 긴 진화의 궤적의 산물이며, 이 궤적에서 소통의 '개입'이야말로 우리가 누구인지를 만들었다. 이 세계관은 누군가에게 수용 가능한 일련의 가정일 수 있고, 그러한 경우에 아마도 듀이의 의사소통 철학은 교육적이고 민주적인 실천을 안내하도록 활용하는 데 아무런 문제가 없을지도 모르지만, 이것은 보편적으로 공유되거나 수용되는 가정들은 **아니다**. 이것은 즉각적으로 듀이 철학이 정말로 차이를 가로지르는 소통을 촉진할 수 있는지의 여부, 즉 세계 및 그 세계 속에서 자신의 위치에 대한 일련의 유사한 가정을 공유하는 사람들 간의 소통만을 촉진할 수 있는 것은 아닌지에 대한 질문을 제기한다. 다시 말해, 듀이의 의사소통 철학은 그것이 가정하고 안내하는 세계관 속에 있지 않은 사람들에게는 과연 어떻게 활용될 수 있을지 우리는 의문을 제기할 수 있다. (이 문제는 또한 Festenstein 1997에서도 볼 수 있음.)

이 문제는 듀이의 의사소통 철학을 전통적 철학의 방식으로, 즉 바깥에서 '인간 조건'을 묘사하는 형이상학의 방식으로 보는 한, 계속 남게 되는 문제이다. 그러나 우리가 이 철학의 소통적인 **의도**를 진지하게 받아들인다면 더 이상 그것을 외부로부터 우리의 의사소통적 실천을 묘사하거나 어떤 의미에서 경계를 짓는 것으로 생각하지 않을 수 있다. 이것이 의미하는 바는, 프래그머티즘의 의사소통적 에토스를 진지하게 받아들일 수 있는 유일한 방법은 타인과 소통할 때 바로 이 접근을 활용할 수 있느냐의 여부라는 것이다. 즉, 더 이상 이 이론을 외부로부터 의사소통을 묘사하는 '메타이론'과 같은 것, 다시 말하면 의사소통에 앞서 오는 것으로 간주하지 않는 것이다. 오히려 듀이의 이 이론을 타자와 소통하는 하나의 가능한 입장으로, 즉 의사소통을 이해하는 하나의 가능한 방법으로 제공하는 것이다.

다만 여기서 '제공'이라는 아이디어는 문자 그대로 받아들여질 필요가 있다. 듀이 또한 잘 알고 있듯이, 의사소통은 변화와 변형이라는 위험을 항상 수반하기 때문이다. 어떤 의미에서 의사소통은 변형 안에서, 혹은 변형을 통해서만 존재할 수 있을지 모른다. 이것은 데리다의 용어로, 의사소통은 이미 항상 **해체 속**에 있는 것이다. 그러므로 듀이의 의사소통 철학을 진지하게 생각한다는 것은, 타인과의 의사소통에서 이 철학으로 진입할 때 그 결과는 이 철학 자체가 변형될 위험을 무릅쓸 준비가 되어있어야 함을 의미한다. 이 위험을 막으려고 애쓰는 한 우리는, 듀이의 정의에 따른 진지한 소통, 그리고 진지한 참여의 과정에 관여하고 있지 않다. 그리고 그럴 경우, 우리는 소통하고 있는 상대가 우리의 이론, 가정, 기대 속에 있는 이들이 아닌 다른 것으로 나타날 수 있는 기회를 배제할 수 있다.

이것은 의사소통의 유일한 가능성이 오직 그것의 해체 속에 놓여있다는 것을 의미한다. 그리고 의사소통이라는 것은 약하고 개방되어 있으며 위험을 감수하는 과정임을 인정해야 한다는 것을 의미한다. 이 과정은 모든 의사소통이 급진적으로 개방되어 있으며 예측 불가능하다는 것을 받아들일 때만 가능하다. 이것은 또한 의사소통 철학이나 이론의 유일한 가능성은 해체 속에 있다는 것, 즉 그러한 철학이나 이론은 결코 고정될 수 없고, 소통이 무엇이어야 하는지 혹은 무엇에 관한 것이어야 하는지 결정할 수 없으며, 궁극적으로 소통 속에서 제안될 수밖에 없다는 것을 의미한다. 이러한 이유로 나는 프래그머티즘에 가능한 유일한 미래는 해체적 프래그머티즘일 수밖에 없다고 제안한다. 해체적 프래그머티즘은 해체된 프래그머티즘, 즉 파괴되거나 훼손된 프래그머티즘이 아니다. 오히려 그것은 오직 의사소통 중에만 존재할 수 있을 것이기 때문에 이미 항상 해체 속에 있다는 사실을 인정하는 프래그머티즘이다.

결론

이 장에서 나는 프래그머티즘과 해체 사이의 논의를 발전시켜왔다. 그러면서 의사소통의 프래그머티즘 철학이 여전히 다원적 사회의 교육에 관하여, 특히 차이를 가로지르는 소통에 관한 질문을 제기하는 교육에 관하여 무언가 말할 수 있기 때문에 중요한 이유를 몇 가지 제시하고자 했다. 의사소통에 대한 듀이의 실천적 관점, 즉 의사소통을 우리가 실제로 **수행하는** 무언가로 보는 관점으로부터 따라나오는 주요 메시지는 의사소통을 위한 시작점이 참여에 있다는 것, 즉 무언가를 **함께** 한다는 것에 있다는 점이다. 그러나 듀이는 또한 참여의 **질**이 중요하다는 것을 보여주는데, 이는 관심과 이해관계를 가진 모든 이들이 참여하는 형식만이 공유된 세계의 지속적인 참여에 기여할 수 있다는 것을 의미한다. 한 번 더 핵심을 말하자면, 이 세계는 동일한 비전을 가진 모두의 세계가 아닌, 각자의 방식으로 참여할 수 있는 사람들의 세계이다. 이전에 언급한 것처럼, 그것은 쉽게 실현될 수 있는 것은 아니지만, 듀이는 적어도 우리에게 '진짜' 참여와 '가짜' 참여를 구분할 수 있는 준거를 제공한다.

그러므로 듀이가 약하고 개방적이며 위험을 감수해야 하는 방식으로 의사소통을 이해하는 일에 중요한 기여를 한 반면, (여기서 의사소통 이론과 철학은 일반적인 수준에서뿐만 아니라 교육적 소통과의 관련을 또한 포함한다) 나는 적어도 듀이의 접근이 형이상학적인 특성과 관련되는 철학적 문제가 있음을 지적했다. 특별히 그가 의사소통을 다른 모든 것이 따라 나오는 원천이자 자기충족적인 '현전'으로 특징지었다는 사실을 문제 삼았다. 나는 이 문제가 단순히 철학적 문제가 아니라 잠재적으로 실천적인 문제라는 것 또한 분명히 하고자 했다. 듀이 철학의 의도 혹은 에토스, 즉 의사소통이 개방적이고 발생적인 과정이며 그 과정은 무언가 공통으로 만들기 위해 함께 하는 과정이라는 점과, 듀이가 의사소통을 이론화하는 특수한 방식 사이에는 주요한 긴장이 있다. 간단히 말해 여기서 위험은 그의 이론이 의사소통이란 무릇 어떻게 진행되어야 하는지에 대한 하나의 템플릿이 되고, 그리하여 그것이 열어놓고자 하는 바로 그것들을 닫기 시작한다는 데 있다. 이러한 이유로 데리다에 기대어 나는 듀이 철학의 의사소통적 에토스는 해체적 접근이 필요하다고 제안했다. 듀이가 말하듯 의사소통은 항상 이미 '해체 속'에 있는 과정으로 이해되어야 한다. 그러나 이 해체적 접근은 의사소통 자체의 실천적 수준에서뿐만 아니라 우리가 듀이의 저작에서 발견할 수 있는 의사소통에 대한 이론 및 철학에도 적용되어야 한다.

3장
가르침
Teaching

가르치는 일은 산파술로 환원될 수 없다.
그것은 외부로부터 오는 것으로,
내가 가지고 있는 것 이상으로 나를 데려간다.
- 에마뉘엘 레비나스

교육의 수단이 의사소통이라는 데에는 논쟁의 여지가 없다. 그것이 꼭 말과 글을 매개로 하는 것이 아니더라도 교육의 행위는 의사소통을 통해 이루어진다는 점은 분명하다. 의사소통이 실제로 어떻게 '작동되는지'를 생각해 보면 조금 더 흥미가 생기기 시작한다. 의사소통을 논리적인 용어로, 즉 A에서 B로 정보가 전달되는 것으로 이해할 것인지, 아니면 가장 넓은 의미에서 참여에 의해 '공동적'으로 만들어지는 생성과정으로 이해할 것인지에 따라 모든 것이 달라진다는 것을 앞에서 살펴보았다. 후자의 관점은 교육적 의사소통을 개방된 과정으로, 그리하여 항상 위험을 수반하는 과정으로 묘사한다. 의사소통에서 위험성을 배제하는 것은 그저 전달의 형태로 의사소통을 이해하는 것이며, 그렇게 될 때 대화의 잠재성, 즉 대화 참여자를 정당하게 다루는 능력은 상실될 것이다. 대화 참여자 모두에게 정당하다는 것이 무엇을 의미하는가는 이론의 단계에서 간단히 풀릴 문제는 아니다. 이것은 단지 우리가 취한 이론이 '옳은가'의 문제가 아니라 궁극적으로 의사소통에 관한 그 **이론들** 자체의 위험을 또한 감수할 필요가 있다는 것을 의미한다.

이러한 생각으로부터 나온 해체적 프래그머티즘은 교육의 과정과 실천에 중요한 이정표를 제공한다. 그러나 교육에서의 의사소통의 역할에 관한 위와 같은 탐구 과정으로부터 도출되어서는 **안 되는** 결론이 하나 있다. 그것은 바로 교육이 의사소통을 **통해** 작동한다고 해서, 의사소통이 **곧** 교육이라고 결론 내려서는 안 된다는 것이다. 집단적 의미를 생성하는 것이나, 집단 학습에 참여하는 것은 그 자체로 교육의 사례가 될 수 없다. 여기에는 많은 이유가 있으며 그중 일부는 다른 저술에서 다룬 바가 있다. 특히 학습과 교육의 차이에 관련된 것으로(Biesta 2006a, 2010b) 이에 대해서는 다음 장에서 다시 다루겠다. 이번 장에서는 가르치는 일과 교사의 역할에 대한 논의에 집중하려 한다. 가르침은 모든 교육에 있어 필수적인 요소라는 가정으로부터 출발하여, 이것이 가르침과 교사에 대한 우리의 이해에 어떤 의미를 지니는지 분석해보도록 하겠다. 나는 교사가 동료 학습자라거나 학습의 촉진자라는 견해에 반대하며, 교사란 교육의 상황에서 이전에는 없던 새로운 무언가를 들여오는 존재라고 제안한다. 가르치는 일은 교육의 상황에 완전히 내재할 수 없고, "초월(transcendence)"의 개념을 필요로 한다고 주장하는 이유가 이것이다.

가르치는 일을 초월과 관련된 것으로 생각한다면, 가르침은 선물(gift) 또는 선물을 주는 행위로 이해될 수 있다. 하지만 가르침이라는 선물을 주는 행위가 교사의 권력에 관련되는 것은 아니다. 가르침에 대한 이해에 있어 정확히 이 지점에서 우리는 약한 '지점'을 발견한다. 이 때문에 나는 가르침의 선물과 선물로서의 가르침의 문제에 대해 다른 방향에서 접근하고자 한다. 다시 말해 가르침의 선물을 받는다는 것이 무엇을 의미하는지, 그리고 이것이 어떻게 가능한지에 대해서 말이다. 이와 관련해서 "~로부터 학습하는 것(learning from)"과 "~에 의해 가르쳐지는 것(being taught by)"을 구분하는 것은 매우 중요하다. 또한 후자의 개념은 교육을 위해 가르침을 되찾는 것, 또는 가르침을 교육에 되돌려주는 것에 도움이 될 것이다.

구성주의와 가르침의 종말

최근 수십 년간 전 세계 교육 현장에서의 교육적 실천을 크게 바꾼 사상이 하나 있다면 그것은 바로 구성주의일 것이다. 구성주의는 그러한 효과를 거두기 위해 이론적으로 복합적이고 개방적일 필요가 있었다. 따라서 구성주의 교실은 글라저스펠트(Ernst von Glasersfeld)의 급진적 구성주의, 피아제(Jean Piaget)의 인지적 구성주의, 비고츠키(Lev Vygotsky)의 사회적 구성주의, 듀이의 교변작용(transactional) 구성주의와 같은 다양한 범위의—어떤 수준에서는 심지어 상충하기도 하는—이론들과 개념들로부터 영감을 받는다. 피상적인 수준에서라도 이러한 접근들을 통합해서 구성주의 교실의 일반적 특징이라고 말할 수 있는 것은 학생 활동에 대한 강조다. 이는 학생이 스스로 통찰과 이해, 지식을 구성해야 하며 교사가 그러한 작업을 대신 해줄 수 없다는 가정에 근거한다. 따라서 구성주의 교실에서 구성주의는 학습이론이나 인식론에 그치지 않고, 무엇보다도 하나의 **교수법**으로 작동한다. 그러나 버지니아 리처드슨(Virginia Richardson)은 "구성주의는 학습이론이지 교수이론은 아니다"(Richardson 2003, p. 1629)라고 정확히 지적하였다. 이는 구성주의 교수법이 단순히 구성주의 학습이론의 응용이 아니라는 점을 의미할 뿐만 아니라, 구성주의 학습이론을 지지한다고 해서 반드시 구성주의 교수법을 취해야 하는 것은 아니라는 점을 시사한다. 그런 점에서 리처드슨은 심지어 "효과적인 구성주의적 교수법의 요소들은 알려져 있지 않다"(ibid.)라고 주장했다. 그의 말처럼 "학생들은 교수의 전달 모델을 통해 접하는 활동에서도 의미를 생성한다"(ibid., p. 1628).

구성주의가 무엇보다도 학습에 관한 이론이라고 하지만, 학교와 대학에서 이 이론을 취함으로써 '교수에서 학습으로의' 전환이라는 실천적 변화가 일어났다. 바(Barr)와 태그(Tag)(1995)는 지금 중요한 것은 "교수 중심의 패러다임"에서 "학습 중심의 패러다임"으로의 전환이라고 강력히 주장한다. 이러한 표현을 사용하는 핵심은 단순히 교수 중심의 패러다임하에서는 학생의 학습에 대해 관심이 없었지만 학습 중심의 패러다임하에서는 그것에 관심이 있다는 것을 주장하기 위한 것이 아니다. 바와 태그를 비롯하여 교육에 관한 오늘날의 '사회적 통념'을 만들기 위해 비슷한 주장을 하는 다른 사람들에게 있어 요점은 교수 중심의 패러다임에서는 교사로부터 학생으로의 내용 전달에 중점을 두는 반면, 학습 중심 패러다임에서는 교사가 학생의 학습을 지원하고 촉진하는 방식에 중점을 둔다는 것이다. 이는 리처드슨의 구성주의 교수법에 대한 서술과 일맥상통한다. 구성주의 교수법은 "구성주의 학습이론에 근거하여 교실 환경, 활동, 방법론을 만드는 것이며, 학생 개개인이 관심 있는 교과에 대한 깊은 이해와 앞으로의 학습에 도움이 될 만한 사고방식을 개발하는 것을 목표로 한다"(Richardson 2003, p. 1627).

교수에서 학습으로의 전환은 교육적 담론과 실천에서 일어난 광범위한 "학습화(learnification)" 현상의 일부이다(4장 참조). 이것은 가르치는 일이 무엇을 수반하고 교사가 어떤 역할을 해야 하는지에 대한 공통된 인식에 급진적인 변화를 불러왔다. 한편으로 구성주의 사상은 교수를 학습 환경을 조성하고, 학생의 학습을 촉진, 지원하고 비계설정(scaffolding)을 돕는 개념으로 이해하도록 부추겼다. 동시에 다른 한편으로는, 교수의 '전달 모델'에 대한 오해를 불러일으켰으며, 이에 따라 강의식 수업이나 소위 말하는 설교식의 가르침에 대한 평판을 떨어뜨렸다.[1] 다시 말해서 구성주의에 의하면, 교사에게는 가르칠 것이 있고 학생에게는 교사로부터 배울 것이 있다는 생각이 포기된 것처럼 보인다. 내가 맞게 이해한 것이라면, 이는 교육관이나 교사로서의 정체성에 대해 교사들에게 당혹감마저 불러일으킨다. 왜냐하면 이것은 내가 가장 우려하는 바로 그것, 즉 만일 가르치는 자로서의 교사 개념을 포기하고 교사를 단순히 학습의 촉진자로 취급한다면 그것은 교육 그 자체의 개념을 포기하는 것이기 때문이다.

따라서 이번 장에서 내가 관심을 가지는 것은 구성주의 사고방식이 교수 혹은 가르침(teaching)의 개념에 미친 영향이다. 나는 이것이 교육적 실천에 미친 영향뿐만 아니라, 교사의 역할, 교사의 정체성, 교직의 정당성, 그리고 가르침과 교사에 대한 개념 그 자체에 미친 영향에 대해서도 관심을 가지고 있다. 내가 다루고 싶은 문제는 교육의 이해 안에서 교수, 즉 가르침의 자리를 되찾기 위해, 다시 말해 가르침을 다시 교육으로 되돌려 놓기 위해서 무엇을 해야 하는가이다. 내가 탐구하고자 하는 이론은 "초월"의 개념과 관련해 가르침을 이해할 때에만, 즉 가르침을 외부

1) 이 장에서 내가 성찰하는 현상은 구성주의적 관념과 직관이 가르침의 아이디어와 교사의 역할을 기껏해야 학습의 촉진자이고 어떤 경우 단순한 동료 학습자로 축소시키면서 그 의미를 변화시켜온 방식임을 강조하고 싶다. 그리하여 나는 구성주의적 관념 자체를 분석하거나 비판하고 있지는 않지만, 구성주의에 대한 오개념을 포함하여 구성주의의 특정 개념들이 우리가 교사의 종말, 사라짐 혹은 보다 포스트모던적 양태로 교사의 죽음이라고 부르는 현상에 기여해 온 사실에 관심이 있다. 구성주의 개념에 대한 최근의 비판적 논의를 위해 Roth(2011)의 저작을 참조하라.

에서 급진적으로 오는 것, '학습자'의 자아를 초월하는 것, 가르쳐지는 자를 초월하는 것으로 이해할 때만, 교수 혹은 가르침이 의미를 갖지 않을까 하는 문제이다.

구성주의 교육학, 내재성, 그리고 학습의 역설

교수, 혹은 '학습의 촉진'이 아닌 것으로서의 가르침이 교육의 상황에서 제외되어 버린 이유는, 구성주의가 학습의 과정을 **내재적**(immanent) 성격의 것으로 본다는 사실과 관련되어 있는 것 같다. 이 자체로도 학습이론으로서의 구성주의에 문제점이 있지만, 구성주의가 교육학으로 번역되어 교육의 이론을 이루게 되면 더 큰 문제가 생긴다. 교육의 핵심은 교육의 상황에 원래 있었던 것을 반복하는 데 있는 것이 **아니라**, 새로운 무언가를 들여오는 데 있기 때문이다. 이는 교육과 관련된 오랜 논의로, 플라톤의 메논과 소크라테스, 그리고 학습의 역설(메논의 역설)에까지 거슬러 올라간다. 이러한 점에서 실제로 많은 이들이 소크라테스와 플라톤을 "교육에서의 최초의 구성주의자"(Nola and Irzik 2005, p. 105)로 이해한다. 더 정확히 말하면, 그들은 구성주의 **교육학**을 수행한 최초의 교사들이다.[2)]

2) 그러나 놀라(Nola)와 이어직(Irzik)은 자신들의 글(2005)에서 플라톤과 소크라테스는 구성주의적 교수법을 실행한 최초의 스승으로 간주될 수 있지만, 그들이 구성주

학습의 역설은 메논에 의해 제기된 다음과 같은 곤경이다. 어떤 이가 자신이 무엇을 찾는지 모른다면 어떻게 그 무언가를 찾을 수 있을 것이며, 그것을 모른다면 자신이 찾고 있는 중인 것을 어떻게 인식할 수 있을 것인가? 메논은 그 질문을 다음과 같이 제기한다. "소크라테스여, 당신은 어떻게 당신이 알지 못하는 것을 찾으십니까? 탐구의 주제를 무엇으로 삼으시겠다는 겁니까? 그리고 만약 당신이 원하는 것을 찾는다면, 그것이 당신이 몰랐던 것이라는 사실을 어떻게 알아차리실 겁니까?" 소크라테스는 다음과 같이 그 문제를 재설정한다. "메논이여, 네가 무엇을 의미하는지 안다. 하지만 네가 만드는 논쟁이 얼마나 성가신지 보아라. 너는 사람이 자신이 아는 것에 대해서도 모르는 것에 대해서도 탐구할 수 없다고 주장한다. 안다면 찾을 필요가 없기 때문이고, 모른다면 (탐구하려는 주제가 무엇인지 모르기 때문에) 찾을 수 없기 때문이다."[3] 소크라테스는 모든 학습은 상기 혹은 회상의 문제라고 주장함으로써 이 역설에서 빠져나온다. 이 때문에 그는 자신이 다른 이를 가르칠 수 있다거나 가르치는 일에 관여하고 있다는 점을 부정하며, 자신의 교육적인 노력을 순전히 산파술, 다시 말해 원래 있었던 것을 이끌어내는 것으로 묘사한다.

의 지식이론을 주장하지는 않았다고 지적한다.

3) 벤자민 요웨트(Benjamin Jowett)에 의해 번역된 플라톤의 『메논』. Project Gutenberg E-books: www.gutenberg.org/files/1643/1643-h.htm (2012년 6월 5일 마지막 접속)

이 이야기를 통해 학습의 이론적 측면뿐만 아니라 사라져가는 교사의 역할과 관련해서 구성주의와의 연결점을 찾는 것은 그리 어려운 일이 아니다. 소크라테스는 스스로 어떤 가르침에도 관여하고 있지 않다고 **말함으로써** 가르침의 가능성을 부정하고자 하는데, 이는 그가 실제로 거기서 **하고 있는 행위**와 일치하지 않는다. 샤론 토드(Sharon Todd)는 『타자로부터의 학습(*Learning from the Other*)』이라는 자신의 책에서 "소크라테스의 말에는 신빙성이 없다"(Todd 2003, p. 23)며 다음과 같이 주장한다. 『메논』을 자세히 읽어보면, 소크라테스가 메논의 노예 소년에게 소년 자신은 스스로 인지하지 못하지만 이미 지식을 가지고 있다는 사실을 납득시키려고 노력하는데, 그 과정에서 사실상 상당히 많은 가르침이 일어나고 있음을 알 수 있다. 토드는 특히 노예 소년의 정체성에 영향을 주는 소크라테스의 가르침에 주목하는데, 이는 노예 소년에게 자신이 진짜로 노예 소년이라는 사실이 가르쳐지는 과정이자, 자신이 학습자, 즉 "교육의 주체"(ibid., p. 24)라는 사실이 가르쳐지는 과정이라는 것이다. 그러므로 토드는 소크라테스를 "가르침이 실제로 일어난 것 같지 않게 꾸미고, 현장에 증거를 남기지 않으며, 게다가 그의 결백을 확신하는 완벽한 살인자 같은 교사"라고 제시한다(ibid.). 하지만 그녀는 소크라테스가 자신의 질문이 결백하다고 선언함으로써 실제로 "교사와 학생 사이에 존재하는 변화와 비대칭의 근본적인 구조를 모호하게 만들었다"(ibid., p. 25)고 덧붙인다.

『메논』에 대한 토드의 이해는 가르침이 "초월"이라는 개념을 포함할 때, 즉 학습자 내부에 이미 존재하던 것을 확인하는 것에 그치지 않고 외부로부터 온 무엇인가를 **더할** 때 의미가 있다는 나의 제안을 뒷받침한다. 또한 소크라테스식 질문이라는 이름하에 일어나고 있는 가르침을 숨긴다는 의미에서 교수에서 학습으로의 전환이 이데올로기적이라는 것도 보여준다. 가르침의 초월적인 차원을 강조하기 위해 토드는 "가르치는 일은 산파술로 환원될 수 없다. 이것은 외부로부터 오는 것으로, 내가 가지고 있는 것 이상으로 나를 데려간다"(Levinas 1969, p. 51)는 레비나스의 말로 향한다. 토드의 설명에 따르면, 가르침을 '내가 가지고 있는 것 이상으로 데려가는 것'으로 보는 것은 "가르침을 '내 안에 이미 내재된 것을 끄집어내는 것'으로 보는 오늘날 교육실천의 대화적 접근을 지배하는 소크라테스식의 문답법과 반대된다"(Todd 2003, p. 30). 그렇기 때문에 그녀는 "산파술은 타자의 중요성을 무시하는 한편, 학습을 사회성이 발현되는 순간에 타자에 의해 촉진되는 '나(the I)'의 분열이라기보다 '나(the I)'의 안에 내재된 것의 회복으로 주장한다(ibid.)"고 결론짓는다.

토드의 주장은 가르침에 있어 초월이라는 개념의 중요성을 이해하는 데 큰 도움을 준다. 하지만 내가 보기에 아직 두 가지 측면에서 좀 더 논의가 있어야 한다. 첫 번째는 상대적으로 사소한 것으로서, 토드는 프로이드(Sigmund Freud)나 카스토리아디스(Cornelius Castoriadis)의 개념인 "무엇이 되기 위한 학습"에 강하게 초점을 두었다. 물론 '~되기'가 학습의 결과로 일어날 수 있지만 나는 그것이 교육에서 유일하게 중요한 문제라고 생각하지는 않는다. 또 어떤 면에서는 우리가 무엇이 되기 위해 배울 필요가 있다는 주장에 대해서도 의문을 제기하고 싶다(4장 참조). 그런 이유로 나는 토드가 인용한 카스토리아디스의 주장, 즉 "교육학의 핵심은 특정한 것을 가르치는 것이 아니라 주제 안에서 배울 수 있는 능력을 개발하는 것"(Todd 2003, p. 19)이라는 주장에도 동의하지 않는다. 나는 가르침의 '행위'를 강조하며, '특정한 것'을 가르치는 것을 포함하여 가르침의 목적이 무엇인가에 대해서는 보다 넓은 관점이 있을 수 있다고 본다(Biesta 2010b, 1장).

더욱 중요한 문제는 논쟁의 원인이 되는 '초월'의 개념과 관련된 것으로 여기서 나는 토드를 비판하려는 것이 아니라 그녀가 이 개념을 사용한 특정한 방식을 밝히고 이 논의를 한 걸음 더 발전시키고자 한다. 토드의 논의에서 흥미로운 점은 레비나스와 관련된 것이다. 그녀는 명시적으로는 "초월"의 개념을 끌어들인다. 하지만 여기서의 초월은 항상 "특정한, 체현된 개인"(Todd 2003, p. 47, note1)으로 인식되는 타자, 혹은 그 안에 포함된 타자 개념으로 돌아간다. 토드는 레비나스가 의미하는 타자는 "주변화되거나 해로운 사회학적 '타자'"도, "주체라는 점에서 나와 닮아 있는 다른 사람"도 아니라는 점을 강조하고, "타자는 나 자신이 아닌 것"(ibid., p. 29)이라는 레비나스의 말을 인용하면서, 자신의 자아를 초월한 타자로서 교사, 혹은 우리가 학습을 통해 '되는' 자이며, 논의 속에서는 오직 **인간적** 타자로서만 등장하는 자인 것같이 설명한다. 누군가는 이것이 정확히 레비나스의 초월 개념의 두드러진 점이라고 주장할 수도 있겠지만(아래 논의 참조), 여기서 제기하려는 것은 이것이 그 자체로 문제가 있다고 하는 점이 아니다. 중요한 것은 타자란 내가 아닌 것이라고 할 때 이 타자성에 구체적이고 구별 가능한 다른 인간 존재를 포함할 수 있는지, 또는 보다 급진적인 다른 무언가의 돌파 가능성을 열어두어야 하는지에 대한 것이다. 따라서 여기서 문제는 어떻게 **초월을 사유할 것**인가이다. 이것은 또한 어떻게 **사유를 초월할지**, 특히 무엇이 초월**인가**에 대한 **사유**를 어떻게 **초월**할지의 문제를 제기한다. 이것이 이제부터 내가 논의할 질문들이다.

초월을 사유하기, 사유를 초월하기

초월이라는 개념을 확장하기 위하여 최근 출판된 웨스트팔(Merold Westphal, 2008)의 책, 『대화 속의 레비나스와 키에르케고르(*Levinas and Kierkegaard in Dialogue*)』를 참고하고자 한다. 이 책에서 웨스트팔은 초월에 관하여 언급한 '대화' 안에서 이 두 철학자의 생각을 가져온다(Henriksen 2010 또한 참조). 이 책의 주된 논점 중 하나는 레비나스와 키에르케고르에게 초월은 다른 사람의 타자성, 그 이상을 포함한다는 것이다. 두 사람은 "신적 신성함으로 불릴만한 초월과 타자성(alterity)은 이론적인 지식의 영역에서 발견되기 어렵고 위 권위자로부터의 명령에 의해 인지적 자아가 탈중심화될 때 발생한다"는 점에서 일치한다. 반면, "레비나스는 이웃을 나와 신 중간에 위치하는 것으로 보고, 키에르케고르는 신을 나와 이웃 사이에 위치한다고 본다는 점"에서 둘은 의견을 달리한다(ibid., p. 5).

웨스트팔은 그의 책 첫 두 장에서 "계시"라는 개념을 통해 이를 논의한다. 흥미로운 점은 키에르케고르가 요하네스 클리마쿠스(Johannes Climacus)라는 필명을 사용하여 『메논』의 대화에서 제기되는 계시의 의미를 탐구하는 것인데, 특히 가르침이 산파술의 개념을 벗어나거나 그것과 다르다고 생각하는 것이 가능한가라는 질문에 초점을 맞추고 있다(Kierkegaard, 1985 참조). 산파술적인 가르침의 개념은 가르침을 **우연적인** 학습으로 보는데, 클리마쿠스는 "사고-프로젝트"(ibid., p. 9)를 통하여 "**만약** 소크라테스의 회상설에 대한 대안이 있거나, 학습이 우연이 아니라 교사의 역할이 본질적이**라면** 무엇이 진리일 필요가 있을까"(Westphal 2008, p. 25)라는 질문을 던진다. 이에 대해 키에르케고르는 교사는 학습자에게 진리를 전달하는 것도 중요하지만 학습자가 "그것을 진리로 인식할 수 있는 조건"을 제공하는 것 역시 중요하다고 답한다. 왜냐하면 "학습자 스스로가 진리를 이해할 수 있는 바로 그 조건이 되면 그는 단지 회상만 하면"(ibid., p. 25; Kierkegaard 1985, p. 14) 되기 때문이다. 클리마쿠스는 이

"이중 진리 부여"를 **계시**(스스로 드러나는 것: 역자 주)라고 표현한다. 그러므로 계시는 "교사가 학습자에게 내재하지 않는 지식을 주는 것뿐만 아니라 더 중요하게는, 그것을 진리로 인지할 수 있는 조건 또한 제공하는 것"을 의미하는 것이며, 후자의 상황에 있어서만 "교사와의 관계가 본질적인 것이 된다"(Westphal 2008, p. 25).

클리마쿠스는 학습에서 우연이라기보다는 본질적이라고 할 수 있는 가르침의 개념이 단순히 지금까지 모르던 것을 제공하는 데 그치는 것이 아니라는 것을 알려준다. 이는 "이미 알고 있는 것으로부터 추론하거나 입증할 수 없는"(ibid., p. 26) 것들, 그러나 이미 알고 있는 것을 진정으로 초월할 수 있도록 하는 것을 제공하는 것이다. 또 웨스트팔은 "키에르케고르와 레비나스 모두에게 있어 계시라고 부를 수 있는 지식은 '이미 말해진 것', 즉 우리가 진리라고 인지할 수 있는 조건들과는 무관하다"(ibid.)고 설명한다. 이것이 바로 레비나스가 소크라테스의 가르침을 "동일한 것의 일차성", 즉 "타자성으로부터 아무것도 받지 않고 마치 아주 오랫동안 내가 가지고 있고 또 내 안에만 있는 것"(Levinas 1969, p. 43)으로 묘사했던 이유다. 이와는 대조적으로 레비나스는 "자아의 능력을 넘어서" 있는 타자로부터 받아들일 수 있는 관계를 좇는데, 이것은 "무한성에 대한 개념을 가지는 것"을 의미할 뿐만 아니라 "가르쳐진다는 것"(ibid., p. 51)을 의미한다. 이것이 바로 가르침은 **계시**라고 말할 수 있는 이유이다(ibid., p. 67).

웨스트팔은 레비나스와 키에르케고르 모두 계시의 개념을 권위와 연결시킨다고 말한다. 결국 가르침이 학습자에게 그가 이미 알고 있는 것으로부터 "추론하거나 입증할 수 없는" 것을 주는 것이라면 학습자들은 교사 권위라는 이름으로 그것을 수용할 필요가 있다. 이런 통찰의 더 광범위한 중요성은 웨스트팔이 언급한 대로 "레비나스와 키에르케고르에게 있어 윤리적이고 종교적인 삶의 바탕은 권위적 계시에 있으며 그것은 회상을 할 수 있는 우리 자신의 힘을 넘어서 즉시적으로 우리에게 온다"(ibid., p. 26)는 것이다. 1965년의 소론 「현상과 수수께끼(Phenomenon and Enigma)」(Levinas 1987)에서 레비나스는 이러한 계시를 "수수께끼"로 언급하면서, 드러나는 것은 현상이 아니고, 내가 이해할 수 있거나 이해될 수 있는 것도 아니며 오히려 내 인식과 이해 "너머에", 심지어 "존재"(ibid., p. 62)와 "이성 너머에"(ibid., p. 61) 있는 것임을 강조하려 하였다. 레비나스에 따르면, 수수께끼는 "나타내 보이지 않음으로써 나타내는 것"(ibid., p. 73)이다. 이는 "드러냄 없이 의미하는 것"으로 신을 이해하려는 마음이라기보다 문자 그대로 신이 "마음에 오는 것"(Levinas 1998b)이다.

웨스트팔은 수수께끼 개념과 관련하여 레비나스가 다음 두 가지에 반대한다는 것을 보여준다. 첫째는 "임의로 이 세계에서 신을 배제"함으로써 "독단적으로 무신론적"인 로고스 중심의 이성이고, 둘째는 "신의 신성을 소멸시키는" 과정으로, "신성을 (볼 수 있고 인식할 수 있는) 현상으로 전환함으로써 신을 길들이는" 로

고스 중심의 이성이다(Westphal 2008, p. 31). 후자의 핵심은 내가 위에서 **인간적** 타자로 언급했던 타자에 대한 레비나스의 강조가 왜 '더 나아간' 또는 '다른' 초월의 가능성을 배제하지 않는지를 설명해 준다. 레비나스가 막고자 했던 것은 신(에 대한 지식)이 우리로 하여금 타자의 목소리를 듣는 것을 방해하는 것으로서, 키에르케고르와는 달리 레비나스는 우리가 타자의 목소리를 듣는 것을, 타자가 나로 하여금 신을 만나는 것을 방해하는 것보다 더 큰 문제로 여겼다(ibid., p. 53). 이것이 바로 웨스트팔이 "종교적인 것의 목적론적 유예"로서 윤리적인 것의 핵심 아이디어로 언급했던 것이다(ibid., p. 47). 이때 유예란 종교적인 것을 윤리적인 것으로 환원하는 것으로 이해되는 것이 아니라, 자율성 또는 자기충족성에 대한 종교적 주장을 부정하는 것으로 이해된다(ibid.).

웨스트팔은 레비나스의 소론 「신과 철학(God and Philosophy)」(Levinas 1998a, pp. 55-78)에 근거하여 **철학** 영역에서 초월이 왜 중요한지를 힘주어 말한다. 레비나스는 철학이 "의미와 이해 가능성을 독점"(Westphal 2008, p. 59)한다고 비판하며, 이를 위해 철학적 사고를 초월하는 곳에 위치하는 성경의 신을 철학자의 신과 구분한다. 예를 들어, 레비나스가 "이성적 신학"이라고 부르는 형태로서 철학은 신을 존재의 영역으로 끌어들임으로써, 그리하여 초월의 가능성을 부정하고 심지어 파괴한다(Levinas 1998a, p. 56 참조). 레비나스는 "존재 너머"(ibid., p. 57)에 있는 의미의 가능성을 여전히 지키고자 한다. 이는 꼭 철학이 초월이라는 개념을 사유의 영역에 포함시켜야 한다는 것은 **아니다**. 왜냐하면 그렇게 하면 초월이 존재로서의 의미(meaning-as-being)에 한정되는 것으로 되돌아갈 수도 있기 때문이다. 대신 철학이 초월되거나, 방해받거나, 그 근간의 **불**완전성이 드러나길 바란다. 어쩌면 철학은 성공의 확신이 없어도, 또는 밤의 도둑처럼 언제 올지 몰라도, 자신을 그러한 방해에 개방해 두고자 할 수 있다. 철학은 또한 초월의 필요성을 부인하거나 어떠한 방해로부터도 스스로를 지키고자 할 수도 있다. 그래서 스스로 선택한 자기만족을 고수할 수도 있다. 철학의 영역에서는 이런 전략들이 용인될 수 있다. 하지만 **교육**철학의 영역에서 나는 이것이 실현 가능한 선택이 될 수 있다고 보지 않는다. 특히 교육철학이 가르침의 자리가 부재한 학습의 철학으로 무너지기를 원치 않는다면 말이다. 왜냐하면 1장에서 언급한 것처럼 교육적 관심은 결국 독특하고 급진적으로 새로운 것이 세상으로 오는 것에 대한 관심이기 때문이다. 이것은 교육철학이 항상 하나의 가능성으로서 예측할 수 없는 것의 자리, 즉 가능한 것의 영역을 초월하는 자리를 마련해야 한다는 것을 의미한다.

가르침의 선물 받기

지금까지의 논의는 가르침이 학습을 촉진하는 것 **이상**을 의미하거나, 학습에 있어 **우연적** 요소라기보다는 **본질적** 요소라면, 가르침은 "초월"이라는 개념과 밀접하게 관련되어야 한다는 것을 제안한다. 그것은 **외부**에서 오는 것으로서 **전혀 새로운 것**을 가져다주는 것이다. 우리는 클리마쿠스의 "이중 진리 전달"로서의 가르침 개념과 레비나스의 "자아의 능력을 넘어" 타자로부터 받게 되는 관계로서의 가르침 개념에서 이것을 발견할 수 있다. 그러나 클리마쿠스와 레비나스가 교육이 가능**하다**고 말하는 것이라기보다는 가르침의 **의미**와 그 조건을 탐구했다는 점이 중요하다. 우리가 "**만일** 교사와의 관계가 우연적이라기보다 본질적이 되도록 교사가 실제로 가르칠 수 있다면"(Westphal 2008, p. 25), 무엇이 진리여야 하는가라는 **가설적인** 질문에서 교사에게 **실제로** 이중 진리를 전달하는 능력이 있는가를 묻는 것으로 질문을 바꾼다면, 클리마쿠스의 주장처럼 이 능력은 교사의 힘을 **넘어서** 있다는 것을 알게 될 것이다. 그는 명시적으로 "학습자에게 진리를 전달할 뿐만 아니라 그것이 진리임을 이해할 수 있도록 조건을 제공하는 것은 교사가 아니다"라고 밝힌다(Kierkegaard 1985, p. 14). 클리마쿠스는 "모든 가르침은 조건 제시에 달려있기 때문에 만일 조건이 부족하다면, 교사는 아무것도 할 수 없"으며(ibid.), "어떤 인간"도 진리를 진리로 이해하기 위한 조건을 소유하는 방식으로 학습자를 변형시킬 수 없다고 주장한다(ibid.). 클리마쿠스는 그런 변형이 일어나려면, "그것은 신 자신이 해야 한다"(ibid., p. 15)라고 결론 내린다.

클리마쿠스는 교사의 관점으로부터 가르침의 문제에 접근하고, 그 결과 가르침을 특징짓는 이중 진리 전달(double truth giving)이 교사의 역량을 넘어서는 선물이라는 결론에 도달한다. 반면 레비나스는 다른 방향에서, 즉, "나의 능력을 넘어서" 타자로부터 받는 사람의 관점에서 가르침의 문제를 다룬다. 앞에서 언급했듯이 레비나스는 이 경험을 "가르쳐지는(being taught)" 것이라고 특징지었다. "~에 의해 가르쳐지는(being taught by)" 경험은 근본적으로 "~로부터 학습하는(learning from)" 경험과 다르기 때문에 이 구분은 너무나 중요하다. 학생들이 교사**로부터 학습할** 때, 그들은 교사를 마치 책이나 인터넷처럼, 일종의 자원으로 사용한다고 말할 수 있다. 더욱이 학생들이 교사를 통해 학습할 때, 그들은 교사와 교사의 행동이나 말을 자신들이 이해할 수 있는 범주 안으로, 다시 말해 자신의 구성 안으로 가져온다. 이것은 기본적으로 학생들이 교사로부터 배우는 것을 통제하고 있다는 의미이다.

여기서 나의 요지는 교사로부터 그렇게 배울 여지가 없다고 주장하는 것이 아니다. 다만 우리는 그런 상황에서 우리가 왜 여전히 예컨대 **자원** 같은 단어는 사용하지 않고 **교사**라는 단어를 사용하는지 의문을 제기할 수 있다. 그러나 그보다 나의 주장의 핵심은 **누군가로부터 학습하는 경험은 누군가에 의해 가르쳐지는 경험과는 근본적으로 다르다**는 것이다. 우리가 단지 '일상의 현상학' 차원에서 무언가 가르쳐진 경험을 생각할 때 우리는 항상 뒤늦게서야 "이 사람이 나에게 정말로 무언가를 가르쳤구나"라고 말하게 된다. 그것은 누군가 우리에게 무엇을 보여주었거나 또는 **실제로 외부로부터 우리 안에 들어온 무언가**를 깨닫게 만들었다는 것을 의미한다. 그러한 가르침은 우리가 알지 못했거나 또는 알고 싶어하지 않았던, 우리 자신과 행동과 존재의 방식에 대한 통찰력을 준다. 이것은 불편한 진리이거나, 브리츠만(Deborah Britzman)의 말처럼, "어려운 지식"(Britzman 1998)이다.

클리마쿠스와 달리 레비나스는 우리가 교사에 의해 가르쳐질 **수 있다**고 생각했다는 점에서, 클리마쿠스보다 덜 급진적으로 보이기도 한다. 그럼에도 불구하고 클리마쿠스와 레비나스를 나란히 놓는 것은 중요한데, 그것은 가르쳐지는 경험, 즉 가르침의 선물을 받는 경험이 교사에 의해 **생성될** 수 없다는 것을 명확히 하기 때문이다. 이것은 교사의 가르침이 어떤 힘이 있다면 그것은 약한 실존적 힘이며 상호작용과 예상 밖의 만남에 의존하는 힘이지, 강력한 형이상학적인 힘이 아니라는 뜻이다. 정확히 이런 의미에서 선물을 준다는 것은 "갖고 있지 않은 것을 주는 것"(Derrida, Caputo and Vattimo 2007, p. 135에서 인용됨)이라는 점에서 선물로서의 가르침에 관한 데리다(Derrida)의 관찰은 완전히 옳다. 교사가 가르치는 대로 가르쳐질 것인가의 여부는 그 교사의 통제와 권한의 범위를 넘어서는 것인데(Saeverot 2011 참조), 그렇다고 해서 교사가 하는 일이 중요하지 않다는 의미는 아니다(아래 참조). 이런 식으로 가르치는 것과 가르쳐지는 것을 본다면, 교사의 정체성은 **분산적** 정체성, 즉 학생이 이 선물로서의 가르침을 받는 순간에만 나타나는 정체성으로 이해되어야 한다고 말할 수 있다. 그것은 교사가 (적극적으로) 주장할 수 있는 정체성이 아니다. 왜냐하면 그러한 정체성은 교사의 수중에 있을 수 없기 때문이다. 그 정체성은 오히려 교사로서의 삶 속에서 함께 생각해 보아야 할 가능성이자 함께 가지고 일해야 할 가능성이다. 따라서 누군가를 교사라고 부르는 것은 궁극적으로 직위 또는 직업을 칭하는 문제가 아니다. 교사라는 호칭은 누군가 정말 우리에게 무언가를 가르친 것에 대해, 누군가 정말 우리에게 무언가를 드러내 보여준 것에 대해, 그 결과 가르쳐진 것을 깨달을 때 우리가 보내는 일종의 찬사이다.[4)]

그리하여 가르침이 여전히 진리 전달의 문제로 이해되는가? 만약 다음과 같다면 그렇다고 생각한다. 만약 우리에게 주어진 진리 혹은 제공된 진리를 객관적인 진리로서가 **아니라** 키에르케고르(Kierkegaard)가 말한 주관적 또는 실존적 진리(Kierkegaard 1992 참조)로서 이해한다면 말이다. "내게 참인 진리", "그것을 위

4) 이 통찰에 대해서는 제로엔 루터스(Jeroen Lutters)에게 감사하고 싶다. 이 찬사가 가르침의 선물에 대한 보답을 의미하지는 않는다는 것에 유의하길 바란다. 이것은 '보답'이 아니다. 아래 각주5를 또한 참조하라.

해 내가 기꺼이 살 수도 있고 죽을 수도 있는"(Kierkegaard 1996, p. 32) 진리인 주관적 진리는, 내가 어렵게 내 삶에 자리를 차지할 수 있도록 한 진리로서, 이 진리가 어렵거나 불편한 진리, 즉 달갑지 않은 진리라도, 그 이유 때문에 더욱더 수용하게 된 진리로 이해되어야 한다. 그렇다면 객관적 진리와 주관적 진리의 차이는 내가 참이라고 주장하는 일련의 명제들과 내 존재가 어렵게 가까스로 받아들인 진리들 사이의 차이이며 그렇기 때문에 이때 중요한 것은 진리와 "개인의 관계"(ibid.)이다. 이때 일련의 명제들에 "고려되는 것은 [인식 주체(the knower)와 진리 사이의] 관계가 아니라 인식 주체가 스스로를 관계시키는 바로 그 어떤 것이다"(Kierkegaard 1992, p. 199). 그러나 중요한 것은 개인이 진리와 **어떻게** 관련되는가에 관한 것이지, 클리마쿠스가 말했듯이 개인이 **무엇과** 관련되는가에 관한 것이 아니다. 그러므로 객관적 진리와 주관적 진리의 차이는 진실과 거짓의 차이 또는 객관주의와 상대주의의 차이와 일치하는 것이 아니라, 이론적인 것과 실존적인 것의 차이, 즉, **참인 것**(what is true)과 **중요한 것**(what matters)의 구별과 관계가 있다. 이론적 측면에서 우리는 항상 더 깊은 질문을 할 수 있기 때문에, 객관적으로 진실이라고 여겨졌던 것이 그렇지 않은 것으로 판명되는 경우를 늘 발견할 수 있다. 이것이 '과학'이라는 이름으로 현재 진행 중인 '확실한 것에 대한 탐구'를 이해할 수 있는 방법이다. 그래서 주관적 진리는 객관적 진리 또는 상대적 진리와는 관련이 없고, 클리마쿠스가 "객관적 불확실성"(ibid., p. 203)이라고 특징지은 것과 관련이 있다.

카푸토(Caputo, 2007, pp. 61-62)는 다음과 같이 그 차이를 설명한다.

> 객관적 진리에 있어서 중요한 것은 당신이 말한 것(클리마쿠스가 '무엇(what)'이라고 부르는 것)에 대한 객관적 접촉이기에, 만약 당신이 객관적 내용(2+3=5)을 제대로 이해한다면, 개인의 주체성이 악당이든 사도든 간에 당신은 진리 안에 있다. 그 무엇도 유명한 수학자가 윤리적 악당이 되는 것을 막지 못한다. 실존적 주체는 우연한 것이며 무관심한 구경꾼으로 남는다. 그러나 주관적 또는 "실존적" 진리에 있어서, 중요한 것은 클리마쿠스가 '어떻게(how)'라고 부른 것, 즉 주체로서의 삶의 방식, 주체의 실제적 삶 및 '실존(existence)'이다. 여기에서 '주체성이 진리'인 경우, 그 주체(subject)는 본질적이고 열정적으로 연관되어 있다. 이 경우, 말해진 것, 예를 들어 '신은 사랑이다'라는 말이 객관적으로 참일지라도 당신이 그 말에 의해 주체적으로 변형되지 않는다면, 또는 당신 마음에 사랑이 없다면, 당신은 진리를 모르는 것이다.... '진정한 신(true God)'에 대한 개념을 갖는 것과 '신과의 **진정한 관계**'를 갖는 것은 다르다. 즉 관계를 어떻게 맺느냐가 전부이다(강조는 원저자).

가르쳐지는 경험을 이런 방식으로 살펴보는 것은, 우리가 가르침을 이해하는 데 권위가 (다시) 개입할 수 있도록 한다. 1968년도의 사건(유럽 전역의 자유주의 학생운동사건)은 권위주의적인 권위, 즉 부당한 힘의 행사에 불과한 권위가 문제라는 것을 명확하게 보여주었다. 이러한 권위는 실제로 교육적으로 작동할 수가 없다. 왜냐하면 이 권위는 그것에 따르는 사람들의 주체성을 거부하는 쪽으로 작동하기 때문이다. 그러나 권위주의적 교육이 모순적일 수밖에 없듯이, 반권위주의적 교육, 즉 닐(A. S. Neil 1966)의 말처럼, 자유와 방종을 결합한 교육, 그리고 자유의 증진을 위해서 무엇이든 해야 한다고 가정하는 교육도 모순적이다. 내가 프롤로그에서 암시했듯이, 교육적 문제는—학습 문제와는 달리—당신이 하고 싶은 것을 하는 것이 아니라 **바라는 것**(what is desired)과 **바람직한 것**(what is desirable)의 차이를 규명할 것을 요구한다. 다시 말해서 교육적 문제란 우리가 삶에서 권위를 부여하고 싶은 것이 무엇인가를 결정하는 것에 관한 것이다. 가르침의 선물을 받는 것, 달갑지 않은 것을 기꺼이 받아들이는 것, 불편한 진실과 어려운 지식에 자리를 주는 것은, 정확히 말하면 우리가 받은 가르침에 **권위를 부여하는** 순간이다. 이런 의미에서, 더 정확히 말하면 이런 의미에서만, 권위는 교육에서 의미 있는 위치를 차지할 수 있다(Meirieu 2007; Bingham 2009 참조).[5)]

5) 우리가 받는 가르침에 권위를 주는 것은 가르침의 선물에 대한 '보답'으로 이해되어

결론

본 장은 가르침이 사라지는 것과 (학생들에게) 말할 것과 가져올 것이 있는 사람으로서의 교사의 역할이 사라지는 것에 대한 매우 구체적이고 실제적인 우려에서 비롯되었다. 언급한 바와 같이 이것은 단지 이론적이거나 철학적인 논의가 아니라 가르침에 대한 일반적 인식과 교사들의 자아 개념에도 실질적인 영향을 미치는 문제이다. 이에 대한 대답으로 나는 만약 가르침이 학습의 촉진 또는 학습 조건을 구축하는 것 이상이라면, 가르침은 초월의 개념을 수반해야 한다고 주장했다. 나는 어떤 '종류'의 초월이 필요한지 명확히 하려 했을 뿐만 아니라, 초월을 일관되게 생각하는 것이 어떤 의미인지도 나타내려고 노력했다. 그것은 단순히 생각이나 파악의 문제일 뿐만 아니라, 종교적이고 세속적인 개념으로서 계시의 개념과 가능성을 진지하게 받아들이는 것을 수반한다. 이 과정에서 나는 초월이 다른 인간 존재로서 타자에 국한될 수 없다는 것을 주장했다. 초월을 가지고 오는 순간 우리는 진지하게 끝까지 그것을 받아들여야 한다. 혹은 아마도 우리는 '위' 끝까지 올라가야 한다고 말해야 한다.

만일 가르침이 학습의 촉진 이상의 의미를 가져야 한다면 가

서는 안 된다는 점을 지적하는 것이 중요하다. 왜냐하면 그 경우 받은 것에 대해 우리는 지불을 한 셈이고 그 결과 선물은 무효화되고 가르침은 하나의 경제적 교환의 사이클 속으로 들어가게 되기 때문이다(Derria 1992b 참조).

르침은 "초월"의 개념을 수반해야 하지만, 그것이 교사가 아무런 문제 없이 간단히 그런 초월적 지위를 차지할 수 있다는 의미는 아니다. 내가 강조했듯이, 가르치는 힘은 교사의 소유가 아닌 그 무엇이다. 그 이유 중 하나는 교사가 자신의 활동을 통해 학생에게 미치는 '영향'을 완전히 통제할 수 없기 때문이다. 앞 장에서 다루었던 '의사소통'의 논의와 관련하여 이 점을 고려하자면 교육적 '프로젝트'는 항상 그 자체의 불가능성을 염두에 두어야 하며(Vanderstraeten and Biesta 2001, Biesta 2004a, Green 2010, Gough 2010 참조) 그렇기 때문에 역설, 즉 그 자체에 대한 불신, 무력감 또는 약함은 계속될 수밖에 없다. 또 다른 이유, 그리고 더 중요한 이유는, 교사의 초월적 지위를 주장하는 것은 교육적 권위를 교육적 권위주의로 바꿔버릴 위험이 있다는 사실이다. 그것은 교육이 본래 가져오려고 했던 바를 차단하는 결과를 초래할 것이다.

이것이 내가 '가르쳐지는' 경험의 관점에서 가르침의 문제를 다루었던 이유이다. 내가 강조한 바와 같이 가르쳐지는 경험은 '~로부터 학습하는' 경험과 근본적으로 다르다. 학생들이 교사를 통해 학습하는 상황에서, 교사는 하나의 자원이기 때문에 교사로부터 배우는 것은 학생의 통제 범위 내에 있다. 반면 '가르쳐지는' 경험은 '학습자'의 통제 범위를 근본적으로 넘어서는 무언가가 외부로부터 우리 존재 안으로 들어오는 것이다. 따라서 가르쳐지는 것, 다시 말해 가르침의 선물을 받는 것에 대해 열려

있는 것은 개인의 이해와 존재 안에 그러한 중단(interruption)의 여지를 남겨 둘 수 있다는 의미이다. 이것이 바로 내가, 키에르케고르에 기대어 말하자면, 가르침은 주관적 진리의 문제, 즉 우리가 기꺼이 권위를 부여하려는 진리의 문제가 된다고 말한 이유이다.

교사들이 '가르쳐지는' 경험을 (학생들에게 일어나도록) 스스로 생성해 낼 수 없다는 사실은 교사가 이 영역에서 최선의 결과를 바라는 것 외에 아무것도 할 수 없다는 의미인가? 나는 반드시 이런 결론에 이르지는 않는다고 생각한다. 교사나 가르침에 관심이 있는 사람이 할 수 있는 한 가지는, 가르침에 대한 구성주의적 '통념'에 저항하고 그것을 방해하는 것이다(제4장 참조). 구성주의적 '통념'이란 교사는 줄 것이 없고 아무것도 주지 않으며, 이미 학생 내면에 있는 것만을 이끌어내는 사람으로서, 교사는 학생들을 가르치기보다는 학습을 촉진하고, 학습 과정을 가급적 원활하고 즐겁게 만드는 사람이라는 생각이다. 학생들이 만족한 고객으로 남기를 바라는 교사는 어려운 질문을 하거나 어려운 지식을 소개하지 않을 것이다. 따라서 학교와 사회에서 가르침에 대한 다른 이야기를 말하고 실천하는 것이 중요하다. 그 이야기는 교사가 학습을 위한 일회용 자원이나 불필요한 자원이 아니며, 학생에게 줄 무언가를 가지고 있고 어려운 질문들과 불편한 진실을 꺼리지 않는 사람이라는 것이다. 그리고 교사는 무엇이 우리 삶에서 권위를 가져야 하는지 탐구하기 위해, 바

라는 것과 **바람직한** 것을 구별하려고 적극적이고 지속적으로 애를 쓴다는 이야기이다. 이것은 학생 개인과 그들의 바람의 차원에서 다루어지는 문제일 뿐 아니라 교사의 공적인 역할(Meirieu 2008 참조)과 관련된 것으로서, 개인의 '욕구(wants)'를 공동으로 합의된 '필요(needs)'로 전환하는 광범위한 민주주의적 변형과 (다시) 연결되는 문제이다(Heller and Feher 1989; Biesta 2011b 참조).

가르침과 교사에 대해 (주류적 담론과는) 다른 이야기를 하고 행동할 필요가 있듯이, 학생에 대해서도 다른 이야기를 하고 행동할 필요가 있다. 이 이야기에서 학생은 그들의 필요가 가장 효과적인 방법으로 충족되어야 하는 소비자가 아니라, 가르침의 선물에 열려있고, 달갑지 않은 것을 기꺼이 받아들일 수 있으며, 교사로부터 배우는 일에 자신을 국한시키지 않으면서 가르쳐질 가능성에 열려있는 학생이다. 이러한 가능성에 자신을 개방하는 것은 아마도 학교는 **학습**의 장이 아니고 그렇게 이해되어서는 안 된다는 것을 인정하는 데서 시작할 것이다. 만일 누구든 원한다면 어디에서나 학습할 수 있지만, 학교를 진정한 학교로 만드는 것은 그것이 **가르침**을 위한 곳이라는 사실을 인정할 때이다. 이것은 대부분의 다른 사회 기관, 사회 환경, 사회적 배치들과는 다른 학교만의 특징이다. 학습할 수도 있지만 가르쳐질 수도 있다는 가정하에 학교에 입학한다는 것은 매우 작은 변화에 불과할 수 있다. 그럼에도 불구하고 우리의 목적이 교육에 가르침의 적절한 자리를 찾아주는 것이라면, 달리 말해 교육에 가르침을 되돌려주는 것이라면 이것은 아주 중요하고도 필수적인 변화이다.

4장 학습

Learning

정의상, 사는 것은 학습할 수 있는 것이 아니다.

- 자크 데리다

지금까지 나는 교육의 세 가지 주제인 창조성, 의사소통, 가르침에 대해 논의하였다. 각 장에서 교육의 약한 차원 및 요소를 강조한 것은 그것이 **우연적인** 것, 즉 단점이 아니라 창조, 소통, 가르침의 의미에 **본질적**이라는 것을 보여주기 위해서였다. 따라서 창조성, 의사소통, 가르침은 창작자, 의사소통자, 가르치는 자에 의해 통제 가능한 과정으로 이해되어서는 안 된다. 정확히 이 점 때문에 이 일에는 언제나 위험이 수반된다. 이 위험에 참여하는 것, 아마도 이 위험을 품는 것이 그 과정을 교육적으로 적합하고 중요하게 만들어준다. 이것은 교육적 '힘'을 부여해주는데, 이때의 힘은 형이상학적인 강한 힘이라기보다 실존적인 약한 힘에 가깝다. 이 장에서는 다시 학습이라는 주제로 돌아갈 것이다. 혹자는 학습을 교육의 중심 주제로 볼지도 모르겠지만, 나는 단지 지난 수년간에 걸쳐서 학습의 언어와 담론에 점차 관심을 가지게 되었을 뿐이다(Biesta 2006a, 2010b 참조; 또한 이하 참조). 보다 급진적일 때는 학습은 교육자들이 결코 관심을 가져서는 안 되는 것이라고 생각할 때도 있다. 앞 장에서 소개했던 "~로부터 학습하는 것"과 "~에 의해 가르쳐지는 것"의 구분이 이러한 논변의 근거를 제시해줄 것이다.

따라서 이 장에서 학습이라는 주제는 다소 비판적인 관점에서 검토될 것이다. 비판의 주요 '타깃'은 학습이 자연적인 것이고 우리가 하지 **않을 수 없는** 어떤 것이라는 주장이다. 학습이 자연적인 것이라는 주장에 반대하여, 나는 학습이라는 현상은 오히려 구성되는 것이라고 주장한다. 어떤 것을 학습이라고 부를 때 우리는 자연적으로 발생하는 현상을 기술한 것에 참여하는 것이 아니라 사실은 어떤 변화에 대한 판단을 내리고 있는 것이다.* 그러한 판단은 교육적 맥락에서 중요하다. 내가 이전에도 설명했고 또 아래에서도 설명하겠지만, 이것이 학습의 언어가 교육적 언어에 도움이 되지 않는다고 한 이유이다. 따라서 불가피한 자연적 과정에 관한 기술이 아니라 바람직한 변화에 관한 규범적 판단이 무엇인지를 아는 것이 중요하다. 학습이라는 현상을 인위적으로 구성되는 것으로 보게 되면 '학습'의 아이디어를 관

* 역자 주: 여기서 비에스타가 학습이라는 현상은 구성되는 것이라고 말할 때, 이것이 자신이 이 책에서 명시적으로 반대하고 있는 '구성주의 학습이론'에서 말하는 학습의 개념과 그 의미가 다르다는 데에 유의할 필요가 있다. 구성주의 학습이론에서 '학습'은 개인이 의미를 '내재적으로' 구성한다는 의미에서 '학습'이다. 한편, 학습이 자연적인 현상이 아니라 구성되는 현상이라고 말할 때의 '학습'은 그 현상이 역사적으로나 문화적으로 구성된다는 의미를 내포하는 것으로 보인다. 이것으로 미루어볼 때, 그가 비판하고 있는 구성주의 학습이론은 개인에 초점을 둔 심리학적, 발달론적인 학습 개념으로 보는 것이 안전할 듯하다. 그리고 이것은 그가 모든 노선의 구성주의 학습이론에 반대하는 것은 아니며, 특히 구성주의 '교육론'을 비판하는 것이라고 해석할 수 있다.

통하는 정치적 '작업'을 드러낼 수 있다. 이것은 내가 '학습의 정치학'이라고 부르는 관점에서 보다 상세하게 탐색할 내용이기도 하다. 현대 평생학습 논의에서 작동하는 학습의 정치에 대한 분석에 맞서, 나는 자연적인 것, 하지 **않을 수 없는** 것으로서 학습을 이해하는 아이디어가 어떻게 사람들을 제자리에 머물러 있게 할 위험이 따르는지를 보이고자 한다. 이 때문에 이 장 후반부에서는 해방의 주제로 다시 돌아가, 우리가 학습의 정치라는 제약 바깥으로의 해방을 생각하는 것이 가능한지를 탐색할 것이다. 학습자 정체성을 자연적이고 불가피한 정체성으로 보는 생각에 저항하고, 현재 지배적인 학습에 관한 통념을 중단할 필요성을 강조하기 위해, 푸코의 저항, 중단, 위반의 아이디어로 해방의 잠재성을 탐색하고자 한다.

학습을 불가피성과 필연성의 영역에서 빼내어 탈자연화하려는 이유는 학습이라는 아이디어에서 힘을 빼려는 시도인데 이는 다음 두 가지를 위해서이다. 첫째, 학습이라는 아이디어는 많은 사람들이 생각하는 것보다 더 복잡하고 논쟁적인 개념이라는 것을 보여주기 위해서이고 둘째, 학습은 우리 위에 군림해서 우리를 굴복시킬 힘을 가진 것이 아니라 **우리가** 학습 위에 서서 힘을 행사해야 할 것임을 보여주기 위해서이다. 따라서 학습의 아이디어에서 힘을 빼는 것은 교육의 약한 차원을 탐색하는 데 또 다른 공헌이 될 수 있다.

학습, 학습, 학습

데리다는 『마르크스의 유령들(*Specters of Marx*)』 서문에서, "정의상, 사는 것은 학습할 수 있는 것이 아니다"라고 쓰고 있다(Derrida 1994, p. xviii). 이 말이 정말 맞다면, 즉 **정의상** 그러하다면, 유네스코의 2010년 상하이 평생학습 국제포럼 보고서 서문에서 발췌한 다음 인용은 아마도 논점에서 벗어난 것으로 들릴 수 있다.

> 지금 우리는 사회 · 경제적 · 정치적으로 매우 급변하는 복잡한 세계에 살고 있으며, 광범위한 맥락에서 새로운 지식과 기술, 태도를 빠르게 습득해서 적응할 필요가 있다. 평생학습자가 되지 못하는 개인은 삶의 도전을 충족시킬 수 없을 것이고, 학습사회가 되지 못하는 사회는 지속 가능하지 못할 것이다(Yang and Valdes-Cotera 2011, p. v).

이와 같은 주장은 거의 협박처럼 들린다. 만약 평생학습자가 되지 못하면 당신은 삶의 도전을 충족시키지 못할 것이다! 만약 학습사회가 되지 못하면 그 사회는 지속 가능하지 못할 것이다! 이러한 주장은 최근에 워낙 익숙해서 우리는 바야흐로 '학습의 세기'에 살고 있다고 주장될 정도이다. 우연인지 모르지만 학습의 세기는 영국 정부의 1998년도 자문 보고서 제목과 일치한다. 이 보고서에서 정부는 '새 영국의 르네상스'를 약속하기도 했다

(1998년 교육고용부 참조).

학습의 세기에 우리는 학습은 좋고 바람직한 것이라는 주장, 학습은 **본질적으로**(intrinsically) 좋고 바람직하다는 주장에 종종 둘러싸여 산다. 학습은 불가피한 것, 반드시 **해야만** 하는 것이고 **안 할 수** 없는 것이므로, 학교나 대학에서만 해서는 안 되고 실제로 확장된 시간(**평생**학습), 확장된 공간(우리 삶의 전 영역을 관통하는 **삶 전역**의 학습)을 포함해서 우리 삶 전체로 이루어져야 한다는 것이다. 하지만 들로르(Jacques Delors)와 동료들이 쓴 1996년 유네스코 보고서의 제목처럼 학습은 정말로 "내재된 보물(treasure within)"인가?(Delors 외 1996) 학습은 정말로 불가피한 것인가? 학습은 정말로 생각할 필요도 없이 우리가 늘 하는 호흡처럼 "피할 수 없는 생물학적 사실"인가?(Field 2000, p. 35) 그리하여 학습은 해 뜰 때부터 해 질 때까지, 요람에서 무덤까지, 뱃속에서 무덤까지 우리 삶 전체를 **관통해야만 하는** 것인가? 그래서 유럽의 각 개별 국가부터 궁극적으로 각 개인에 이르기까지 유럽의 평생학습 지표를 가지고 얼마나 학습을 '잘'하고 있는지 극히 상세하게 진단한다는 것이 전적으로 타당한가?(ELLI 발전팀 2008)

이 장에서 나는 우리 시대와 삶에서 학습이 전지전능하게 등장한 '학습의 세기'에 대해 비판적인 질문을 많이 제기할 것이다. 이 질문들은 부분적으로 **담론**, 즉 학습 담론과 그 문제들과 관련되어 있다. 또 부분적으로는 학습 담론을 통해 **권력**이 작동하는 방식과 관련되어 있다. 이는 또한 우리가 학습의 '요구'에 저항해야 하는가, 그렇다면 어떻게 저항할 것인가라는 **저항**과도 관련되어 있다. 나는 이 질문에 교육자로서, 또 교육전문가로서 접근할 것이다. 학습의 언어가 물질적 '세계'와 사회적 '세계' 모두에서, 세계에의 참여와 세계로부터의 해방이라는 교육의 이중적 과업에 전혀 도움이 되지 못했다고 생각하기 때문이다(이 교육적 과업의 정식에 관해서는 메이리외[Meirieu] 2007년 참조). 이 장에서 내가 사용할 분석적 비판의 도구는 '학습의 정치학(politics of learning)'이라는 아이디어로서, 이를 통해 '학습' 담론에 의해 행해진 동시에 그 이면에 감추어진 강력한 작업을 부각할 것이다. 나는 다섯 단계에 걸쳐 내 생각을 전개하고자 한다. 먼저 학습 담론으로 시작할 것인데, 한편으로 지속적인 교육 담론의 '학습화'를 언급하고, 다른 한편으로 '학습'이라는 아이디어의 몇몇 문제점들을 부각시킬 것이다. 이 배경에 비추어 그 속에서 작동하고 있는 학습의 정치학의 면면을 탐색하기 위해서 평생학습의 '장' 내에서의 많은 전환들을 살펴볼 것이다. 여기서 학습의 관점에서 '장'이라는 명칭은 이미 문제의 한 부분에 해당한다는 것을 주목해야 한다. 그 다음에 우리가 학습을 호흡이나 소화와 동일선상에 놓는 학습의 자연화 경향에 어떻게 저항할 수 있을지 이론과 실천 두 수준에서 몇 가지를 제안하려 한다. 거기서 해방의 질문으로 돌아와 학습의 정치학 테두리 바깥에서의 해방을 생각하고 '실행하는' 방식을 탐색할 것이다. 마지막으로 그러한 학습 없는 해방이 어떤 모습일지 푸코의 작업을 통해 그려보고자 한다. 이후에 내 주장들을 종합하여 결론적으로 몇 가지를 언급하고자 한다.

'학습'이 지닌 문제

1990년대 이후로 **학습**이라는 용어가 교육의 연구, 정책, 실천에서 인기 있는 개념이 되었다. 다른 저작에서(Biesta 2010b) 나는 **학습**이라는 단어의 급격한 사용 증가와 '학습의 언어'의 광범위한 부상을 교육 담론과 실천의 **학습화**(learnification)라고 특징지었다. 이 과정은 수많은 담론의 변화에서 가시화되었는데, 그 예로 교육은 '교수-학습', 학생은 '학습자', 성인은 '성인학습자', 교사는 '학습의 촉진자', 학교는 '학습 환경' 혹은 '학습의 장'으로 불린다. 이 중 후자는 셰필드(Sheffield)에 있는 워터클리프 메도(Watercliffe Meadow) 초등학교를 지칭하는 것으로 사용되었는데, 아마도 학교라는 용어가 학생과 학부모들에게 그토록 부정적 어감을 주기 때문으로 추정된다.[1] '성인교육'에서 '평생학습'으로의 전환은 이 '학습이라는 새 언어'가 부상하였다는 또 하나의 명백한 예시이다(Biesta 2006a).

'학습이라는 새 언어'의 증가는 다양한 발전의 결과이고, 아마도 부분적으로는 의도하지 않은 결과라고 말해야 할 것이다. 그 원인으로는 1) 학습에 관한 새 이론으로서 특히 구성주의 이론

1) http://en.wikipedia.org/wiki/Watercliffe_Meadow(최종 검색일: 2012. 8. 15.)

의 영향이다. 구성주의에서는 교사들과 그들의 전달보다 학생들과 그들의 활동을 더 많이 강조하고, 2) 권위주의적 형태의 가르침에 대한 포스트모던 비판이 포함되며 3) 필드(John Field 2000)가 학습의 "조용한 폭발"이라고 부른 것으로, 점점 더 많은 사람들이 점점 더 다양한 형식과 양태로 학습에 참여하고 있으며, 특히 비공식 학습과 비형식 학습을 통해 그러하다. 4) 성인교육을 포함하여 교육의 신자유주의 정책과 정치의 영향으로 인한 개인주의화(이 주제는 다시 다룰 것이다)도 여기에 포함된다. 어떤 경우 학습의 언어의 증가는 가르침을 편협하고 통제적이며 권위주의적 방식으로 상정하는 반대 진영의 극단에 있는 사람들에게 힘을 실어주었다. 그러나 그것은 다소 바람직하지 못한 결과 또한 초래하였다. 이것은 학습이라는 개념의 두 측면과 관계있는데, 하나는 '학습'이 과정의 용어라는 것, 다른 하나는 '학습'이 교육과 달리 개인주의적이고 개별화하는 용어라는 것이다.

첫 번째 논점부터 시작하자면, 영어로 '학습(learning)'은 일반적으로 과정 혹은 활동을 지칭한다. 그러나 이것이 의미하는 바는 **학습**이라는 용어가 내용, 방향, 목적과 관련하여 그 자체로 중립적이라거나 텅 빈 용어라는 것이다. 학습이 좋고 바람직하다는 주장, 따라서 학습은 전 생애에 걸쳐 학교에서 진작되어야 할 중요한 것이라는 주장은 학습의 **내용**이 무엇인지, 또 학습의 **목적**이 무엇인지가 특정되기 전에는 아무것도 의미하는 것이 없다. '학습'이라는 개념의 텅 빈 성격 때문에 교육적 맥락에서 학습의 증가는 교육적으로 매우 문제시된다. 학교교육이든 성인교육이든 교육의 관점에서 보면 학생은 단순히 학습하는 것이 아니라 **무언가 중요한 것**을 학습하며, 특정 **이유**로 학습한다. 학습의 언어의 부상은 많은 경우 목적과 관련된 질문이 사실상 논의에서 사라져버렸을 정도로 목적의 질문에 참여하는 것을 매우 어렵게 만들었다(Biesta 2010b). 학습은 결국 자기 혼자서 하는 것이며, 다른 사람을 위해 학습하는 것은 불가능하다. '학습'이 개인주의적이고 개별화된 용어라는 사실은 교육과정과 교육실천에서 **관계성**의 중요성으로부터 관심이 멀어지게 하였으며, 그리하여 교사나 성인교육자들과 같은 교육전문가들의 특정 책임과 과업이 실제로 무엇인지 탐색하는 것을 훨씬 더 어렵게 만들었다.

학습의 질문이 언제나 그 목적에 관한 심층적인 질문을 제기한다는 것을 인정한다면, 한편으로 우리는 학습의 바람직한 목적이 무엇인지를 질문하기 시작할 수 있고, 다른 한편으로는 평생학습의 실천과 정책에서 홍보되고 있는 특정 목적이 무엇인지 보기 시작할 수 있다. 첫 번째 쟁점과 관련하여, 성인교육 분야에서 성인학습은 일차원적인 것이 아니라 다양한 범주의 목적에 봉사할 수 있다고 오랫동안 알려져왔다. 아스핀과 채프먼(Aspin and Chapman 2001)은 평생학습의 세 가지 상이한 어젠다를 유용하게 구분하였는데, 경제적 발전과 과정을 위한 평생학습, 개인적 발전과 충족을 위한 평생학습, 사회통합과 민주적 이해 및 활동을 위한 평생학습이 그것이다(Aspin and Chapman

2001, pp. 39-40). 이 책 초두에 이미 언급했듯이, 나는 다른 곳에서 교육 목적의 세 가지 영역을 구분하였다. 첫째는 **자격화**(qualification) 영역이다. 이는 교육을 통해 개인들이 특정한 일을 할 수 있는 자격을 갖추게 되는 방식과 관련되는 것으로, 지식·기술·가치·성향의 습득과 관련된 영역이다. 둘째는, **사회화**(socialization) 영역으로, 교육을 통해 개인이 기존의 사회적·정치적·전문적 '질서'의 일부가 되는 방식과 관련된다. 셋째는 사회화와 반대되는 **주체화**(subjectification) 영역으로, 개인들이 기존 질서의 일부가 되는 방식이 아니라 독립적인 혹은 자율적인 행위와 책임의 주체가 되는 방식과 관련된다. 자격화와 사회화는 기존의 사회정치적 조합과 배경 안에서 작동하는 힘을 준다는 점에서 개인의 역량을 강화하는 데 기여할 수 있다. 반면에 주체화는 해방을 향한 지향성을 가진다. 즉, 단지 주어진 질서를 수용하는 것이 아니라 행위와 존재의 다양한 방식이 가능할 수 있도록 기존 질서의 변화를 지향한다. 아래에서 다시 다룰 것이다.

따라서 학습의 언어가 지닌 문제는 교육의 과정과 실천의 중요한 차원, 즉 내용, 목적, 관계의 차원을 모호하게 만드는 경향이 있다는 것이다. 이것은 학습의 언어가 교육의 영역에서 매우 부적합하다는 것을 의미하며, 정말로 교사들의 규범적·정치적 차원에 참여하는 능력에 매우 부정적인 영향을 미친다는 증거들이 있다(Biesta 2010b, p. 4 참조). 이것을 강조하기 위해 내가 **학습화**(learnification)라는 흉한 단어를 만들어 낸 것이다. 뿐만 아니라 학습의 언어는 그것과 더불어 그리고 그것을 통해 이루어지는 정치적 '작업'을 모호하게 만들고 있다. 이제 이 문제를 다루려고 한다.

학습의 정치학

학교, 단과대학, 종합대학 영역에서의 교육 담론에서 학습화의 예시는 많지만, 이 현상이 가장 명시적이고 극적으로 발생한 '장'은 평생학습의 장이다. 내가 지적한 바와 같이 이 장이 이제 평생**학습**으로 불리고 있다는 그 사실이 이미 이 영역에서 학습의 언어가 끼친 영향을 부각시켜준다. 1920년대 영국의 익슬리(Basil Yeaxlee)와 미국의 린드만(Eduard Lindeman)의 작업에서도 볼 수 있듯이 '평생'의 차원에 대한 관심은 오래되었다. 그러나 '평생'이라는 아이디어는 오랫동안 **교육**의 개념과 연결되었지 **학습**의 개념과 연결된 것은 아니었다. 1929년에 발행된 익슬리의 책 제목은 『평생교육(*Lifelong Education*)』이었다. 1970년대 '평생'에 대한 관심이 증가할 때에도 그것은 언제나 교육과 관련되어 있었다. 그 예는 기념비적인 1972년 유네스코 보고서 「존재를 위한 학습: 교육적 세계의 오늘과 내일」(Faure 외 1972), 혹은 이 논의에 기여했던 초기 OECD 보고서 중의 하나인 1973년 보고서 「순환 학습(*Recurrent Education*)」(OECD 1973)에서도 발견할 수 있다.

20여 년 후 유네스코는 여전히 그 보고서에 담긴 교육적 방향을 추구하고 있었다는 것을 보여주는데, 1996년 보고서 「학습: 내재된 보물」이 그 예이다(Delors 외 1996). 그러나 그 제목을 보면, 일의 성격 변화에 적응할 것을 강조할 뿐만 아니라 "전인의 형성이라는 평생의 과정을 구축하기 위해서"(ibid., p. 19) "평생교육 개념을 재고하고 확장해야" 한다고 주장한다. 뿐만 아니라 "사회 연대로부터 민주적 참여로"(ibid., 2장), "경제적 성장으로부터 인간 발달로"(ibid., 3장), 관심의 전환을 주장하면서 평생학습의 정치적 · 민주적 · 글로벌 차원에 명시적으로 관심을 보이고 있다. 어떤 의미에서 「학습: 내재된 보물」은 대안적인 평생학습 담론이 급격하게 등장하는 것에 대하여, 인간 자본 발달과 경제적 준거를 강조한 평생학습으로 응답한 것이라고 읽을 수 있다.

평생학습이 최우선적으로 인간 자본의 발달을 통해 경쟁력과 경제적 성장을 확보한다는 아이디어는 1997년 OECD에서 발행한 「모두를 위한 평생학습(*Lifelong Learning for All*)」이라는 영향력 있는 문서에서 중심적인 역할을 하였다. 이 문서는 평생학습을 위해 경제적 합리성을 매우 강조하며, '평생에 걸친' 학습으로서 다소 형식적인 의미 그 자체로 이해되어야 한다(OECD 1997, p. 15). 이 보고서는 '모두를 위한 평생학습'의 아이디어를 "개인, 가정, 일터, 공동체에서 지속적인 적응과 갱신을 위한 역량을 향상시켜야 한다는 필요성에 직접적으로 응하는 정책전략의 주도적 원리"로 제시한다(ibid., p. 13). 그러한 적응과 갱신은 글로벌 경제와 직업 세계에서의 변화에 직면하여 필수적인 것으로 제시되었다. 따라서 "초기의 유아기 교육에서 은퇴기의 활발한 학습까지" 평생학습은 고용과 경제 발전을 증진하는 데, 또 이에 더하여 '민주주의와 사회결속'을 증진하는 데 중요한 요인으로 제안되었다(ibid., p. 13). 이미 언급한 바와 같이 들로르 보고서(the Delors Report)는 사회결속으로부터 민주적 참여로, 경제적 성장에서 인간 발달로 관심을 전환시키는 사례가 되었다. 그러나 「모두를 위한 평생학습」은 민주주의와 사회결속의 관계를 서로 잠재적인 긴장의 관계로 보기보다는 상호 양립 가능한 어젠다로 간주함으로써 경제적 성장에 관심을 두는 정반대의 방향으로 나아갔다(Biesta 2006c).

평생교육에서 평생학습으로의 전환은 많은 것을 시사한다. 무엇보다도 평생교육의 방향성에서 개인적 · 민주적 목적이 경제주의적인 것(economistic)[2] 까지는 아니더라도 경제적 준거를 향하게 된다. 여기서 개인이나 그들의 기술과 역량이라는 미시적 수준에서나, "인간 자본을 새 요구에 적응시키는 핵심 전략"(ELLI Development 팀 2008, p. 8)으로 삼는 거시적 수준에서나, 평생학습은 추상적인 인간 자본을 생산하는 문제로 된다. 그러나 변화

2) 나는 여기서 '경제주의적(economistic)'이라는 용어를 경제 그 자체의 목적과 가치를 나타내는 아이디어를 언급하기 위해 사용한다. 이 차이는 '과학적(scientific)'과 '과학주의적(scientistic)'의 차이와 유사하다.

된 것은 평생학습의 **방향성**뿐만이 아니다. 그 **형식**에 있어서도 중요한 변화가 있었다. 한 가지 중요한 변화는 평생학습의 지속적인 **개인주의화**이다. 이것은 필드(Field 2000)가 경험적 연구에서 보여주었던 것으로서 바로 "조용한 폭발(silent explosion)"이라는 아이디어이다. 그러나 이 변화는 이데올로기적인 것으로도 발견된다. 예를 들어 개인들이 글로벌 경제의 요구에 적응하고 조정되어야 한다는 필요성을 강조하는 경향이나, 평생학습을 유연한 기술과 역량들을 획득하는 수단으로 재정의하는 것, 또한 '평생교육'이라는 **관계적** 개념에서 '평생학습'이라는 **개인주의적** 개념으로의 미묘하지만 중요한 의미론적 전환 속에서 그런 이데올로기성이 발견된다.

이것은 '형식'의 문제이기도 하지만, 동시에 정치의 문제이기도 하다. 이 수준에서 가장 중요한 평생학습의 전환은 개인들이 주장할 수 있는 **권리**에서, 모든 개인들이 그렇게 살아야만 하는 **의무**로 바뀐 것이다. OECD의 1997년 보고서 제목인「모두를 위한 평생학습」을 더 면밀하게 읽으면 이것은 모두**에게 가능한** 평생학습이 아니라, 모두**로부터 요구되는** 평생학습이다. 메서슈미트(Messerschmidt 2011, p. 18)는 이 전환을 리스본 전략[3]과 연결 짓

3) 리스본 전략은 2000년에 시작된 실행-개발 기획안의 이름이다. 이것의 목표는 유럽연합(the European Union)을 세계에서 가장 경쟁력 있고 역동적인 지식기반 경제로 만드는 것이었다. 지속 가능한 경제 성장을 이루어서 더 좋은 직업을 많이 만들고 사회결속을 증대하는 경제로 만든다는 것이다. 그것은 EU 회원국들 간 고등교육의 조화를 목표로 하는 이른바 볼로냐 프로세스(Bologna Process)를 통해 회원국의 교육에 중대한 영향을 끼쳤다.

고, 그 특징을 일종의 의무교육의 등장이라고 보았다. 여기서 '빌둥'의 의무 증가와 함께 성인교육의 핵심 특징 중 하나인 자발적 참여가 사라졌다는 것을 강조하였는데 이는 매우 정확한 지적이다.

다른 곳에서(Biesta 2006c, pp. 175-176) 나는 이 전환을 권리와 의무의 **역전**으로 볼 수 있다고 주장했다. 즉, 평생교육 패러다임하에서 개인은 평생교육에 대한 권리를 가지고 국가는 그 자원과 기회를 제공할 의무를 지닌다. 반면에 평생학습 패러다임하에서 개인들은 일생 동안 학습할 의무를 가진 것으로 끝나고, 국가는 모든 시민들에게 일생 동안 학습할 것을 요구할 권리를 주장할 수 있는 지위에 있는 것처럼 보인다. 이것의 강력한 한 가지 증거로 영국과 다른 영어권 나라의 평생학습 정책에서, "도달하기 어려운 학습자" 개념이 증가하고 있다는 것을 들 수 있다(예를 들어 Brackerts 2007 참조). 이는 사회의 사각지대 어딘가에는 학습의 의무를 다하며 살기를 거부하는 소수의 개인들이 여전히 있다는 것을 제시한다.

바로 여기서 학습의 정치가 작동하는 것을 볼 수 있다. 이것에는 많은 측면이 있다. 학습의 정치에서 한 가지 핵심적인 차원은 정치적 문제를 학습의 문제로 전환하는 경향이 증가한다는 것, 그리하여 그러한 문제를 기술할 때 국가와 집단에서 개인 수준으로 책임을 전가하고 있다는 것이다. 이와 같은 경향은 시장이 왜 경제를 지배하고, 보다 일반적으로 사회적 · 정치적 삶을 지배하는

가라는 질문을 제기하기보다는, 경제적 논리가 증가하고, 급변하는 글로벌 시장에서 고용을 지속할 책임을 개인들이 우선적으로 떠안도록 만들어진다는 사실에서 분명하게 볼 수 있다. 이 쟁점은 전적으로 개인의 **적응**과 **조정**의 질문으로, 즉 학습의 문제로 정의될 뿐 구조적 문제나 집단 책임의 문제로 정의되지는 않는다.

그러나 압박은 비단 외부로부터만이 아니라 내부로부터도 온다. 이것은 평생학습자의 정체성 구축 작업이 푸코식 '통치성'의 과정으로 이루어진다는 것과 관련된다. 이 과정에서 개인들은 평생학습으로 자신의 정체성을 확인하기 시작하고 그것의 요구를 내면화하게 된다. 그리하여 그들은 외적 압력의 결과로 "영구적 학습주체"(Field 2000, p. 35)가 될 뿐만 아니라, 실제로 이런 식으로 자신을 구성하고 행동할 내적 '필요'를 느낀다(예를 들어, Forneck and Wrana 2005; Fejes 2006; Biesta 2006c). 그리하여 학습은 '내재된 보물'이기보다는 '내재된 압박'으로 변하고, 학습의 정치는 학습을 향한 우리의 명백한 의지를 자양분으로 삼는다(Simons and Masschelein 2009 참조).

또한 학습의 정치학은 평생교육과 평생학습에서 민주적 관심사로부터 멀어지고 대신 사회결속과 통합을 강조하는 것으로 나아가고 있다. 여기서 간단하지만 중요한 문제는 결속력 있는 사회가 반드시 혹은 자동적으로 민주사회는 아니라는 것이다. 또한 사회 통합과 결속이라는 개념은 언제나 누가 무엇에 통합되어야 하고, 누구와 결속해야 하는지, 그리고 누가 그 의제를 설정하고 통합과 결속의 용어를 정의할 수 있는지의 질문을 제기한다(Biesta 2010b, 6장). 다시 평생학습은 경제의 '요구'에 대한 적응과 조정에서 우리가 보아왔던 것과 유사한 적응과 조정의 과정을 통해 통합과 결속을 촉진하는 데 동원되고 있다.

내가 강조하고자 하는 학습의 정치의 네 번째 측면은 학습의 **자연화**로서, 호흡이나 소화처럼 학습을 전적인 자연 현상으로 보는 경향과 관련된다. 학습이 생물학적이고 신경학적인 '조합'의 일부라고 주장하는 것, 따라서 우리가 할 수밖에 없고 그렇게 하지 **않을** 수 없는 것이라고 주장하는 것은 다음과 같은 점에서 몇 가지 맹점을 가진다. 1) 먼저 학습이 삶과 동일시된다. 2) 그러고 나서 학습은 거의 필연적으로 평생의 과정이 된다. 3) 이것은 모든 정상인은 학습할 수 있다는 주장으로 연결된다. 4) 그 다음에는 정상인이라면 누구든 학습해야만 한다는 주장으로 손쉽게 이동한다. 5) 그 결과 궁극적으로 만일 당신이 학습을 원하지 않거나 학습자 정체성을 거부한다면 당신에게 중대한 문제가 있는 것이 틀림없다는 결론으로 나아간다.

이상과 같은 학습의 정치의 측면, 즉 학습의 개념과 언어, 담론을 통해 진행 중인 정치적 작업을 부각시키는 것은 학습에 좋은 측면이 있을 수 있다는 것을 부정하려는 것이 아니다. 비록 위에 열거한 문제들 때문에 학습에 대한 관점에 나 자신이 점점 덜 낙관적으로 되어가고 있기는 하지만 말이다. 내가 학습의 정치적 측면을 강조하는 것은 학습이라는 언어가 순수한 언어가 아니라, 실제로는 우리가 무엇이 될 수 있고, 어떻게 그렇게 될 수 있는지에 대해 강력한 영향력을 행사하는 언어라는 것, 또 우리를 해방시키기보다는 길들이는 경향이 있는 언어라는 것을 알리기 위함이다. 만약 그렇다면, 저항을 위한 기회는 무엇이 있으며, 그 곳에서 학습은 여전히 무엇을 해야 할까? 이제 이 질문들로 돌아가 보자.

학습의 탈자연화는 학습의 재정치화이고, 학습의 재정치화는 학습의 탈자연화를 요청한다

학습의 정치가 작업을 수행하는 일부 방식이 학습의 자연적 과정과 현상이라는 주장에서 시작한다면, 학습이 알게 모르게 수행하는 정치적 작업을 드러내는 첫 단계는 학습을 탈자연화하는 것이다. 즉, 학습의 인위적인 속성을 강조하는 것이다. 학습의 아이디어를 탈자연화하는 한 가지 방법은 '학습'이 서술적 개념이 아니라 **평가적** 개념이라는 것을 인정하는 것이다. 학습은 (자연적) 성숙의 결과가 아닌 다소 지속되는 변화라는, 널리 수용되는 정의에서 출발할 필요가 있다. 예를 들어 '존은 자전거 타는 것을 배웠다' 혹은 '메리는 열역학 제1법칙을 배웠다'와 같은 문장에서 **학습**이라는 단어를 사용할 때, 그것은 변화를 **기술**하는 것이 아니라 변화에 대한 **판단**을 내리고 있다는 것을 알 수 있다. 핵심은, 존을 좀 더 주의 깊게 관찰하면 변화된 많은 것들을 식별

할 수 있다는 것이다. 이러한 변화 중 일부는 '학습'으로, 다른 일부는 '단순한 변화'로 우리가 구별하는 이유는 이 변화에 대한 가치를 판단하기 때문이다. 예를 들어 존이 자전거 타는 법을 배웠다고 자랑스러워할 때 우리는 그 변화를 긍정적으로 여기고, 혹은 존이 그 과정에서 나쁜 습관을 익혔다고 생각할 때 그 변화를 부정적으로 여긴다. 적어도 어느 정도는 이 변화들이 단지 (자연적) 성숙의 결과가 아니라 환경과 상호작용한 결과로 이루어진 것이라고 믿기 때문이다.

이것은 '학습'이 **판단**을 표현한다는 것을 나타내며, **학습**이라는 단어를 사용할 때 어떤 사실을 단순히 묘사하는 것이 아니라 어떤 사건을 평가하고 있다는 것을 의미한다. 따라서 학습은 명사가 아니라고 말할 수 있다. 변화를 학습으로 구성해주는 것은 바로 이 판단이다. '학습'을 평가적 용어로 보는 것은 학습이라는 아이디어를 탈자연화하는 매우 효과적인 방법이 될 수 있다. 왜냐하면 학습이라는 단어가 사용되는 순간마다 어떤 판단이 이루어지고 있는지, 즉 그 특정 변화를 학습으로 분별하게 해주는 이유가 무엇인지 질문하게 해주기 때문이다. 뿐만 아니라 이 판단을 내리는 데 누가 관여하고 있는지, 다시 말하여 누가 이 특정한 변화는 학습이고 다른 변화는 '단지' 변화라고 규정하는 바로 그 권력을 주장하는지 질문하게 해주기 때문이다.

학습의 아이디어를 탈자연화할 수 있는 다른 방식은 학습자라는 바로 그 정체성을 거부하는 것, 그리하여 이 정체성은 불가피한 것이 아니라 실제로 거부**될 수도 있다**는 것을 보이는 것이다(Simons and Masschelein 2009 참조). 이러한 거부는 누군가를 학습자로 부르는 것이 실제로 매우 특정한 개입(intervention)이라는 것을 가시화하는 데 도움이 된다. 학습자로 불리는 사람은 뭔가 부족하며 아직 완성되지 못했거나 유능하지 못하며, 따라서 더 깊은 '학습 활동'에 참여할 필요가 있다고 가정된다. 물론 이러한 가정을 하는 것이 전적으로 타당한 경우도 있다. 예를 들어 누군가 특정 기술을 연마하거나 특정 지식이나 이해를 얻고자 하는 명시적 욕구가 있다면, 학습자 정체성을 이런 경우에 한정하여 생각하고, 이를 자연적인 상태가 아니라 실용적이고 시간과 상황에 매인 **선택**으로 보는 것이 중요하다. 그러나 다른 특정 경우에는 학습자 정체성을 거부하는 것이 실제로 정치적 중요성을 가질 수 있다. 특히 위에 언급한 대로 학습자 정체성이 집단의 책임이 되어야 할 과업, 요구, 의무를 개인에게 지우는 데 사용되는 경우에 특히 그러하다. 학습자 정체성을 거부하는 것, 어떤 때는 실제로 학습할 것이 없다고 주장하는 것, 예를 들어, '적절하게' 말한다는 것이 무슨 의미인지 먼저 학습하지 않아도 시민으로서 말할 수 있다고 주장하는 것(아래 참조, 또한 Biesta 2011b 참조), 이것은 학습의 중요성을 부정하는 것이 아니라 학습을 탈자연화하여 그런 선택과 정치, 권력이 가시화되도록 학습을 정치화하는 것이다. 그리하여 학습자 정체성을 거부하는 것은 동시에, 현재 작동 중인 학습의 정치를 **폭로**하고 **반대**하는 것이다.

학습 없는 해방?

지금까지 제시된 생각이 어느 정도 의미가 있다면, 이 장의 마지막 단계에서는 어렵지만 중요한 문제인 '해방'과 연결해보고자 한다. 결국, 학습이 길들이기 도구가 된다는 것이 대체적으로 맞다면, 혹 그렇지 않더라도 랑시에르 번역가에게 감사해야 할 '바보 만들기의 도구'라는 아름다운 단어를 사용한다면(Rancière 1991a 참조), (우리) 교육자들에게 중요한 질문은 해방의 기회, 더 구체적으로 학습 없는 해방의 기회를 여전히 상정할 수 있는가 하는 것이다. 이 도전적 질문에 중요하게 기여한 두 사상가가 있는데, 한 사람은 미셸 푸코이고 다른 한 사람은 자크 랑시에르이다. 이 장의 후반부에서는 학습 없는 해방을 이해하는 예시로서 푸코의 아이디어를 제시하는 데 집중하려 한다. 5장에서는 랑시에르로 돌아갈 것이다. 이 장에서는 먼저 해방의 '근대적' 이해에서 학습이 어떤 역할을 하는지에 대해 말하고, 다음 장에서는 푸코를 통해 학습 **없는** 해방을 상상할 수 있는지 살펴볼 것이다.

해방을 위해서 학습이 필요하다는 생각은 부분적으로는 계몽주의와 칸트의 제안에서 유래했다. 여기서의 주장은 우리가 자신의 이성적 능력을 사용할 용기를 가진다면 타인에 의한 결정이라는 미성숙으로부터 탈피 혹은 극복할 수 있다는 것이다. 그러나 해방과 학습의 연관은 마르크스의 아이디어에서 더 명시적으로 발견할 수 있는데, 그는 우리 자신을 억압적 권력으로부터 해방시키기 위해서는 권력이 어떻게 작동하는지를 폭로할 필요가 있다고 보았다. 여기서 비판적 해방교육에 강한 영향을 미친 핵심 아이디어는 이데올로기 개념이다. 이 개념이 드러내는 주장은 모든 사고는 사회적으로 결정된다는 것, 그리고 이른바 이데올로기적 사고는 이 결정을 **부정**하는 사고라는 것이다. '이데올로기의 곤경'은 권력이 우리 의식에 작동하는 방식을 우리가 볼 수 없는 이유는 정확히 바로 그 권력이 우리의 의식에 작동하는 방식 때문이라는 주장에 놓여있다. 이에 대해서는 다음 장에서 더 자세히 설명할 것이다. 이것은 권력의 작동으로부터 우리 자신을 해방시키기 위해서는 권력이 우리의 의식에 작용하는 방식을 폭로해야 한다는 것을 의미한다. 뿐만 아니라, 우리가 해방을 성취하기 위해서는 의식이 권력의 작동에 종속되지 않는 **다른 누군가**가, 우리의 객관적인 상태에 대해 설명해 주어야 한다는 것을 의미한다. 따라서 이 논리에 따르면 해방은 궁극적으로 우리의 객관적 조건에 대한 진실에 달려있는 우연적인 것이며, 이 진실은 이데올로기의 영향력 밖에 있는 누군가에 의해서만 생성될 수 있다.

이 해방의 '논리'를 교육적으로 '번역하면' 기본적으로 두 가지 형태를 취하게 된다. 하나는 **독백적**(monological)이고 다른 하나는 **대화적**(dialogical)인 것으로 특징지을 수 있다. 독백적 접근은 위에서 설명한 아이디어를 가장 직접적으로 번역한 것이다. 이 접근은 해방을 위해 외부로부터의 개입이 필요하다는 가정, 즉 극복해야 할 권력의 지배를 받지 않는 누군가의 개입이 필요하다는 가정에 기대고 있다. 따라서 해방은 누군가에게 **행해지는** 것으로 나타나며, 따라서 해방자와 해방될 자 사이의 근본적인 **불평등**에 의존하고 있다. 이러한 이유로 평등은 해방의 결과물이 되며, 미래에 놓여있는 어떤 것이 된다. 더욱이 이 결과물을 위해 해방자의 개입이 정당화된다. 이것이 해방교육의 '논리'로서, '식민지적'이라고 불릴 수도 있는 논리이다(예를 들어, Andreotti 2011 참조). 여기에서 교사는 알고 학생들은 아직 모르며, 교사의 과업은 학생들에게 세계를 설명하는 것이고, 학생의 과업은 궁극적으로 교사만큼 지식이 풍부한 사람이 되는 것이다. 이러한 설정에서는 학생에게 명확한 학습의 과업이 있으며, 이 과업은 교사-해방자의 통찰력과 이해를 획득하는 것을 목표로 한다는 점에서 기본적으로 **재생산적**이다.

프레이리의 "은행저금식 교육" 개념에서 해방은 교사-해방자가 진리를 말하는 과정이지만, 이에 대한 대화적 대안을 제공한 것은 그의 주요 업적 중 하나이다. 이 대안에서 교육은 억압적 구조, 과정, 실천에 대한 집단적 발견의 과정이자 교사와 학생이 "공동주체"로서 자리하는 과정(Freire 1972, p. 135)이다. 프레이리는 억압의 특징에 관하여 개인들이 세계로부터 단절되어 자신의 행위에 대한 주체로서가 아니라 억압자의 행위의 대상으로 존재하는 상황으로 기술한다. 따라서 억압은 민중의 자연스러운 '실천적 존재'의 방식이 방해 혹은 억압될 때 발생하는 "비인간화"의 과정으로 이해된다(ibid.). 이러한 관점에서 해방은 인간과 세계 사이의 연결을 회복하는 것, 프레이리의 용어로 **프락시스**, 즉 **실천**을 회복하는 것을 목표로 한다. 이 과정에서 교사의 역할은 대화와 성찰을 통해 실천을 회복하여 사람들을 세계와 다시 연결되도록 하는 것이다(ibid., p. 30). 따라서 프레이리의 해방에는 학습도 수반되며, 그 학습은 아마도 은행저금식 해방 모델에서보다 더 지속적이고 어떤 의미에서 평생의 과정이라고도 할 수 있다. 이때 학습은 여전히 진리를 지향하기는 하지만 재생산적이지 않고, 오히려 구성적이고 생성적이다. 그리고 이때의 진리는 학생 스스로 그러한 통찰을 획득할 수 없다는 가정하에서 교사가 학생의 객관적 상태에 관해 직접 전달해주는 단선적 모델에서의 진리는 아니다.

사례: 푸코와 위법의 실천

독백적 접근과 대화적 접근에서 진리가 서로 다른 위치를 차지한다는 것을 설명했지만, 궁극적으로 두 접근 모두 진리의 가능성, 더 구체적으로는 권력에 오염되지 않은 진리의 가능성에 기대고 있다. 독백적 접근에서는 이 진리를 교사로부터 학습하지만, 대화적 접근에서 이 진리는 집단적 학습 과정을 통해 발견된다. 두 접근 모두 권력에 오염되지 않은 진리 개념에 의존하는 것은 독백적 접근에서 해방이 이데올로기적 왜곡을 극복하는 과정으로 간주된다는 사실과 관련이 있다. 여기서 해방은 **탈신비화**의 과정으로 작동한다. 대화적 접근에서 해방은 진정한 인간 존재를 회복하는 과정으로서, 프레이리의 표현을 빌리자면 진정한 인간 실천을 회복하는 과정이다. 두 경우 모두 진리는 소외를 극복하는 데 필요하다. 그것이 거짓 의식에 의한 소외이든 억압에 의한 소외이든, 소외를 극복하기 위해서는 진리가 필요하다. 진리가 이러한 '작업'을 수행할 수 있으려면, 반드시 진리와 권력 사이에 근본적인 구별이 있다고 가정되어야 한다. 정말로 이 구분은 계몽의 근대적 기획에 토대가 되었으며(그 예로 Habermas 1990), "권력에 진실 말하기"라는 아이디어에서 그 증거를 발견할 수 있다.

바로 이 가정에 도전했던 사상가 중 한 명이 푸코이다. 그는 권력과 지식은 **절대** 분리되어 발생하지 않으며 언제나 "권력/지식"의 아이디어에 표현된 것으로서 함께 작동한다고 주장하였다. 이 때문에 그는 "지식은 권력이 중단된 곳에서만 존재할 수 있다고 상정하는 모든 전통", 즉 해방의 독백적 접근과 대화적 접근 모두의 근간을 형성한 이 전통을 버려야 한다고 주장했다(Foucault 1975, p. 27). 그러나 특정 전통을 버려야 한다고 주장하는 것은 더 이상 변화가 가능하지 않다는 것이 아니다. 오히려 그것은 우리가 항상 권력/지식의 '별자리(constellation)' **안에서** 작동하고 있다는 것을 부각시켜 준다. 이는 지식 대 권력 또는 권력 대 지식이 아니라, 권력/지식 **대** 권력/지식의 관계라는 것이다. 따라서 행위, 변화, 비판을 위한 잠재성이 있지만, 해방은 권력으로부터의 **탈출**이라는 아이디어와는 근본적으로 다른 관점에서 이것을 이해할 필요가 있다.[4]

푸코는 칸트와 같은 계몽주의 사상가들이 비판은 "한계에 대한 분석과 성찰로 구성된다"고 한 것에 동의한다(Foucault 1984, p. 45). 그러나 "칸트의 질문은 지식이 넘지 말아야 할 경계의 한계를 아는 것이었다면, 오늘날 그 비판적 질문은 긍정적 질문으로 다시 제기되어야 한다... 즉 보편적이고, 필수적이고, 의무적인 것으로 주어진 것 속에서 단수적이고, 우연적이고, 자의적인 제약의 산물들이 차지하는 자리는 어디인가?"(ibid., p. 45). 그의 저작 어딘가에서 푸코는 이러한 접근을 "사건화(eventalization)"라고 불렀다(Foucault 1991, p. 76). 사건화란 "역사적 상수, 즉각적인 인류학적 특성, 모두에게 일률적으로 부과되는 명백함을 촉구하는 유혹이 있는 곳에서 특이점을 가시화하는 것을 의미한다"(ibid.).[5] 사건화는 "바로 그 특이한 사건 주변으로... 그 면의 수가 미리 주어져 있지 않고, 결코 유한한 것으로도 볼 수 없는

4) 내가 푸코를 독해한 바는 푸코가 권력의 작동에 관한 궁극적 지식을 주었다고 주장하는 견해와는 다르다. 내가 보기에 이것은 푸코에 대한 매우 흔한 오독이라 할 수 있다. 그와 같은 독해는 여전히 지식과 권력이 별개로 '작동한다'는 가정에 기대고 있으며, 푸코가 도전했던 것은 정확히 이 가정인 것이다. 이것은 권력에 관해 아무것도 알 것이 없다는 것을 의미하는 것이 아니며, 그러한 지식 자체가 권력의 작동 '너머'에 있지 않다는 것을 의미한다.

5) 이 장의 초두에서 내가 '학습'의 개념으로 시도했던 비판적 작업은 정확히 이런 방식으로 이해될 수 있다.

'다각형' 또는 지성의 다면체를 구성함으로써" 작동한다(ibid., p. 77). 따라서 사건화는 사건, 요소, 관계, 참조 영역에 관한 우리의 이해를 복잡하게 하고 다원화한다는 것을 의미한다.

사건화는 근본적인 구조나 원인에 대한 더 깊은 이해로 귀결되지는 않으며, 이 점에서 그러한 구조나 원인의 작동으로부터 우리를 해방시켜주는 그런 종류의 지식을 생성하지도 **않는다**. 그러나 푸코는 이것이 곧 그러한 분석이 효과가 없다는 의미는 아니라고 단호하게 말한다. 푸코의 주장에 따르면, 사건화가 산출할 수 **없는** 것은 우리가 행해야 할 것에 관한 조언이나 안내, 지침이다. 사건화가 가져다주는 것은 오히려 사람들이 "'더 이상 무엇을 해야 할지 알지 못하는' 상황이며, 그래서 그때까지 아무렇지도 않은 것처럼 우리가 해왔던 행위, 제스처, 담론을 문제시하고 그것을 어렵고 위험하게 만드는 상황"이다. 그 효과는 전적으로 **의도적**이다(ibid., p. 84). 그러므로 사건화는 권력의 작동을 더 깊게 혹은 참되게 이해하는 것도 아니고, 행동 지침을 산출하는 것을 목표하는 것도 아니며, 오직 당연시되던 것을 불안정하게 만들 뿐이다. 따라서 이런 종류의 분석은 문제해결을 위한 것도 아니고 '사회운동가'나 '개혁가'를 위한 지식 같은 것도 아니다. 이것은 오직 행위하는 주체들을 위한 것이다. 푸코는 다음과 같이 설명한다.

> 비판은 연역이 결론짓는 것의 전제일 필요는 없다. 그렇다면 그

> 것은 **실행되어야 할**(to be done) 필요가 있는 작업이다(강조는 역자의 것). 그것은 싸우는 자들, 당연한 것에 저항하고 거부하는 자들을 위한 도구여야 한다. 그것은 갈등과 대립, 거부의 에세이를 위한 과정에 사용되어야 한다. 법을 위한 법을 만들 필요는 없다. 이것은 프로그래밍의 단계가 아니다. 그것은 당연하게 이미 있는 것을 향한 도전이다(ibid., p. 84).

푸코는 해방을 권력으로부터의 탈출로 생각하기보다는 "하나의 가능한 위반(transgression)의 형태를 취하는 **실천적** 비판"(Foucault 1984, p. 45; 강조는 저자의 것)으로 그린다. 위반의 비판적 실천은 한계를 극복하는 것을 의미하지 않는다. 한계가 제약일 뿐만 아니라 언제나 우리로 하여금 뭔가 할 수 있게 해주기 때문만은 아니다(Simons 1995, p. 69). 차라리 위반은 실천적이고 실험적인 "한계에 대한 조명"(Foucault 1977, pp. 33-38; Boyne 1990)이다. 예를 들어 학습의 존재 자체를 부정하는 데 있어, 혹은 학습은 우리와 관계있는 모든 것이라거나 우리는 학습과 모든 것에서 관계가 있다는 주장을 부정하는 데 있어, 우리가 얼마나 멀리 갈 수 있는지를 확인하려는 시도에서 이러한 위반 행위를 할 수 있다.

따라서 푸코가 근대 계몽주의의 근본적인 구분인 지식과 권력의 구분을 거부한 것은 해방 가능성의 종말과 비판 가능성의 종말을 함의하는 것이 아니다. 오히려 해방은, 교사-해방자에 의해 주어진 진리이든 집단적 비판 학습을 통해 발견된 진리이든, 그러한 진리에 기반한 노고로부터의 해방을 **위반**이라는 실천적 과업으로 나아가게 만든다. 사물이 다르게 존재할 수 있으며, 우리가 꼭 평생학습자가 **아닐** 수도 있는 것처럼, 사물이 존재하는 방식이 반드시 그래야만 하는 것은 아니라는 것을 보여주기 위해 (푸코는 입증하기 위해라고 말할 것이다) 다르게 행하는 것, 그것이 위반의 의미이다. 따라서 위반의 해방적 잠재성은 "더 이상 우리 자신이 존재하고 행하고 생각하는 바대로 존재하고, 행동하고, 생각하지 않을 수 있는" 가능성에 놓여 있다. 정확히 이런 의미에서 푸코는, "위반은 자유라는 규정되지 않은 작업에 새로운 추동력을 주려 하는 것"이라고 주장한다(Foucault 1984, p. 46).

그리하여 우리는 푸코와 함께 해방에 대한 이해와 접근의 전혀 다른 그림을 보기 시작한다. 여기서 해방은 더 이상 탈신비화를 통한 권력으로부터의 탈출이 아니다. 그것은 바로 위반의 실천으로서, 사물이 현재 있는 방식대로 있을 필요는 없다는 것을 보이기 위해 전혀 다른 권력/지식의 조합 혹은 별자리를 향한 실천적인 대결을 펼치는 것이다. 이와 관련해서 해야 할 비판 작업은 권력에 진실 말하기라는 탈신비화의 과정이 아니라, 사건화의 하나로서 진리의 **다원화**라 할 수 있다. 이것은 내 논의를 위해서도 매우 중요한데, 해방에서 학습의 역할은 전적으로 다른 것이 된다는 것을 의미하기 때문이다. 한편으로, 만약 푸코를 따르면, 우리는 학습할 것이 아무것도 없게 된다. 적어도 해방을 **위한**

조건으로 학습을 보는 것이 아니라면 말이다. 더 정확하게 말하자면, 우리의 객관적 조건에 관해 학습할 것이 아무것도 없는데, 왜냐하면 푸코를 따른다면, 우리의 객관적 조건과 이 조건에 관한 우리의 왜곡된 이해 사이를 구분할 수 있다는 생각을 포기해야 하기 때문이다. 마찬가지로 진정한 인간 존재에 대해서도 학습할 것이 없다. 푸코에 따르면 진정한 인간 존재가 하나라는 생각도 포기해야 하기 때문이다. 즉, 진정한 인간 존재는 많이 있다. 그렇다고 하여 이것이 곧 그들이 모두 동등한 가치를 가진다거나 인간 존재에 한계가 없다는 것을 암시하지는 않는다.

따라서 더 이상 진리를 드러내 주는 특정한 종류의 학습이 해방을 가지고 올 것이라는 주장은 있을 수 없지만, 이것이 위반과 다원화로부터 아무것도 건질 것이 없다는 것을 의미하지는 않는다. 이 과정이 그 자체로 학습에 의해 추동되지 않는다는 사실을 유념하기만 한다면 말이다. 먼저 와야 할 것은 위반과 다원화이다. 그러한 해방적 실험에의 참여로부터 우리가 얻는 것이 다음에 온다. 그것으로 우리가 무엇을 하는가는 여전히 다른 문제이다. 이 점에서 푸코의 접근은 학습과 해방 간의 다른 관련을 제시한다. 혹자는 자유가 할 수 있는 것이 무엇인지 푸코에게는 규정되지 않았다는 사실을 감안할 때 그 과정은 끝이 없고, 이 점에서 해방은 평생 도전이라는 면에서, 용어는 다르지만 프레이리가 염두에 두었던 것과 별로 다르지 않으며, 자유는 우리가 도달할 수 있는 지점이나 상태가 아니라고 말할지도 모른다.

결론

이 장에서 나는 '학습'의 개념, '학습'의 언어, '학습'의 담론에 관한 비판적인 질문들을 제기하고자 했다. 나의 의도는 교육자들, 교육학자들, 그리고 더 나은 변화를 위해 일하는 사람들이 학습에 관해 가지고 있는 좋은 감정들까지는 아니어도 긍정적인 생각들을 뒤흔드는 데 있었다. 이를 위해 나는 학습의 개념을 통해 이루어지고 있는 정치적 '작업', 특히 우리로 하여금 다르게 행동하고, 다르게 존재할 수 있도록 돕기보다 우리를 제자리에 머무르게 하고 길들이고 무지하게 만드는 그런 정치적 작업을 보이고자 했다. 나는 이 작업을 위해 무엇보다도 교육의 맥락에서 학습의 언어가 지닌 문제들을 보이고자 하였고, 학습의 언어가 교육을 교육적으로 만들어주는 차원들을 모호하게 만드는 경향이 있다는 사실을 강조하였다. 이 부분에서 나는 특히 교육을 개인주의적이고 개인화하는 과정, 즉 학습의 언어로 말하기 시작할 때 내용, 목적, 관계에 관한 질문이 쉽게 시야에서 사라져버리는 방식에 집중하였다. 나는 평생학습 분야에서의 변화를 논의하면서 어떻게 '학습'이라는 아이디어를 통해 정치적 작업이 상당한 정도로 이루어지는지를 부각하여 보여주었고, 심지어 평생학습의 '장'의 구축이 이미 학습의 정치가 작동하고 있는 사례라는 것을 보여주었다. 이러한 배경에 비추어 나는 학습의 정치에 대한 중단이 필요하다고 주장하였다.

그러한 중단을 위한 출발점은 학습이 마치 우리의 통제를 넘어 있는 것처럼 자연적 과정이며 단지 '일어나는' 것이라는 주장에 저항하는 것이다. 덧붙여 나는 학습자 정체성, 더 상세하게는 평생학습자 정체성을 거부하는 것이 중요하다는 것을 강조하였는데, 이 거부는 학습의 정치의 작업을 **폭로**하는 동시에 **반대**하는 것이다. 마지막 단계에서 나는 이것을 해방의 논의와 연결 지었는데, 이는 학습의 언어를 포기하는 것이 해방의 아이디어를 포기하는 것이 아니라는 것을 보이기 위함이었다. 나는 학습-없는-해방(푸코에게는 위반-으로서-해방)이 어떤 것일 수 있는지를 푸코를 통해 예시로 들었다. 특히 학습의 정치에 대한 비판이 그 자체로 어떻게 위반의 시도로 이해될 수 있는지를 보이고자 하였다. 이것은 학습의 아이디어를 전부 다 거부하는 것이 (아직) 아니다. 왜냐하면 나는 여전히 학습이 좋음(the good)을 위해 작동할 수 있는 가능성을 열어두고 싶기 때문이다. 여기서 핵심 쟁점은 우리가 학습할지 말지, 학습자 정체성을 받아들일지 말지, 혹은 학습을 위한 지속적인 요구와 평생학습자로서 우리 자신을 맞추라는 지속적인 요구에 복종할지 말지, 즉 학습의 의무에 굴복할지 말지 그 여부를 결정하는 것이 우리에게 달려 있다는 것이다. 다시 말해서, 핵심 질문은 우리가 학습의 아이디어에 익명의 형이상학적인 힘을 빌려줄 것인가, 아니면 원하는 만큼 학습을 강하게 혹은 약하게 만들 수 있도록 그 힘을 우리가 장악할 것인가 하는 것이다. 후자의 경우, 이런 표현이 말이 된다면, 우리가 학습을 위해 일해야 하는 것이 아니라 학습이 우리를 위해 일할 수 있을 것이다.

5장
해방
Emancipation

평등은 주어지는 것도 주장되는 것도 아니다.
그것은 실천되며 입증되는 것이다.
- 자크 랑시에르

이 장에서는 좀 더 세부적으로 들어가서, 보다 어렵고 확실히 더 논쟁적인 교육적 질문 한 가지를 다루려 한다. 이 질문은 교육은 인간 주체의 자유에 기여할 수 있는가, 만약 그렇다면 어떻게 기여할 수 있는가 하는 것으로서, 바로 **해방**에 대한 질문이다. 해방이라는 아이디어는 교육적 사유와 실천에서 유수한 역사를 가지고 있으며, 그 역사는 적어도 계몽주의까지 거슬러 올라간다. 해방을 교육과 연결하기 어려운 한 가지 이유는 모종의 모순과 관련이 있다. 이 모순은 교육이 사람을 해방시키는 '강력한 개입'이라고 생각할 때 가시화된다. 이런 식으로 해방을 생각하는 순간, 해방되어야 할 자로 속단된 이들의 부자유뿐만 아니라 해방자에게 투여된 권력에 관한 질문이 즉시 제기된다. 이에 더하여, 평등의 역할과 지위에 관한 질문도 제기된다. '강력한 개입'으로서의 해방이라는 아이디어는 해방이 불평등한 관계에서 평등한 관계로 변형되는 과정이며, 따라서 평등은 해방교육의 바람직한 '결과물'로 만들어진다는 생각에 기대고 있는 것 같다. 이 장에서는 교육에서 해방의 역사를 탐색하고, 그것의 핵심적 모순 몇 가지를 확인할 것이다. 그런 뒤에 랑시에르의 작업을 논의함으로써 교육에서 해방이라는 주제에 조금 다른 방식으로 접근해보고자 한다.

해방의 논리

근대 교육이론과 교육실천에서 해방의 아이디어는 중추적 역할을 담당했다. 수많은 교육자들은 자신의 할 일이 단지 학생의 행동을 교정하거나 조건화하는 것이라고 보지 않는다. 그들은 학생들이 독립적이고 자율적이며, 스스로 사고할 수 있고, 독자적인 판단을 내릴 수 있으며, 자신만의 결론을 도출할 수 있기를 원한다. 해방의 추동력은 특히 비판적 전통 및 접근에서 두드러졌다. 이 전통에서는 교육의 목적을 억압적 실천과 구조 아래 있는 학생들을 사회정의와 자유의 이름으로 해방시키는 것에 있다고 생각하였다(예를 들어 Gur Ze'ev 2005). 그리하여 비판적 전통의 교육자들은 해방을 위해 필요한 것은 권력의 작동에 관한 설명이라고 주장한다. 왜냐하면 오직 권력이 어떻게 작동하는지를 보고 이해할 때에만 그것의 영향을 진술할 수 있고, 그런 의미에서 그것으로부터 탈출하는 것이 가능하기 때문이다. 이것이 바로 "탈신비화"나 "독단주의로부터의 해방" 같은 개념들이 비판적 교육에서 중심 역할을 하는 이유이다(예를 들어 Mollenhauer 1976,

p. 67; McLaren 1997, p. 218; Biesta 1998, 2005 참조). 자신이 처한 상황을 이해하는 방식에도 권력이 작동한다고 가정되기 때문에, 비판적 전통에서 해방은 '바깥으로부터', 즉 권력의 작동에 오염되지 않은 위치로부터 초래된다고 주장하는 주요 흐름이 있다. 이러한 사고의 노선은 마르크스의 "이데올로기"와 "허위의식"의 개념으로 거슬러 올라가며, 보다 최근의 표현은 부르디외의 "오인(misrecognition)" 개념에서 발견된다(Rancière 2003, pp. 165-202 참조). 따라서 비판적 교육자의 과업은 자신들이 해방적 노력을 기울이는 대상들에게 감추어진 것을 가시화하는 것이다. 유사하게는, 비판적 사회과학의 과업도 일상의 시선에서 감추어진 것을 가시화하는 것이다.

이상의 특정 해방 모델의 논리에 대하여 랑시에르는 몇 가지 중요한 질문을 제기한다. 랑시에르에 의하면, 세계가 '실제로' 어떻게 되어 있는지에 대한 설명이 해방을 가져오지만, 이 논리가 해방을 가져오는 대신 해방의 '논리' 자체에 근원적으로 의존하게 만든다. 왜냐하면 해방될 자는 해방자에 의해 드러난 '진리'나 '지식'에 여전히 의존적인 상태로 남기 때문이다. 그가 『미학의 정치학(*The Politics of Aesthetics*)』에서 제기한 문제는 "표면 아래 감추어진 것을 찾는 곳에서 주인의 지위가 성립된다"는 것이다(Rancière 2004, p. 49). 『무지한 스승』(Rancière 1991a)에서 랑시에르는 이러한 해방의 논리에 근거한 교육실천이 어떻게 해방보다는 "바보 만들기"로 이끄는지 매우 상세하게 보여주었다. 그는 다른 저서, 특히 『철학자와 그의 빈자들(*The Philosopher and His Poor*)』(Rancière 2003)에서 이와 같은 의존 관계는 어떤 면에서 서구철학과 사회이론을 보다 일반적으로 구성한다고 주장하였다. 랑시에르의 공헌은 해방의 논리에 내재한 모순을 부각하였다는 것만이 아니다. 랑시에르는 전 작업에 걸쳐 해방을 이해하고 '실천'하는 대안적인 접근 방식을 지속적으로 논증하고 개진하였다. 그는 주인의 위치를 피하려는 글쓰기를 하였다는 점에서 해방에 대한 자신의 아이디어와 일관된 형식을 사용하였다. 랑시에르는 이러한 글쓰기를 "위상학적(topographical)" 글쓰기 방식으로 지칭하고, 이를 "위에서 아래로의 수직적 관계를 전제하지 않는 평등하고 무정부적인 이론적 위치"로 설명하였다(Rancière 2004, pp. 49-50; Rancière 2009 참조). 이 장에서 나는 랑시에르의 해방에 관한 아이디어를 정치이론, 정치실천, 교육이라는 세 가지 각도에서 논하고자 한다. 나는 랑시에르가 극복하고자 했던 모순을 부각하기 위해 해방의 역사를 간략하게 개관함으로써 이 논의를 시작하려 한다.

해방과 곤경

해방의 개념은 로마법에 기원을 두고 있다. 로마법에서 그것은 '*pater familias*(the father of the family)', 즉 가부장의 법적 권위로부터 아들이나 아내를 자유롭게 해 주는 것을 말한다. 문자적으로 **해방**은 '소유권을 양도하는 것'을 의미한다(emancipation에서 ex는 넘김, mancipium은 소유권을 의미함). 보다 광범위하게는 자신의 권위를 다른 사람에게 양도하는 것을 의미한다. 이것은 해방의 '대상', 즉 해방되어야 할 사람이 해방의 결과로 독립적이고 자유롭게 되는 것을 내포하고 있다. 이러한 의미는 오늘날 이 용어의 법적인 사용에도 반영되어 있다. 여기서 해방은 다른 사람의 통제로부터 누군가를 자유롭게 해주는 것을 의미하는데, 특히 부모가 어린 자녀에게 권위와 통제권을 양도하는 형태에 반영되어 있다. 해방은 17세기에는 종교적 관용, 18세기에는 노예 해방, 19세기에는 여성 및 노동자 해방과 관련하여 사용되었다. 이 용어의 로마적 배경은 이미 교육과의 연관성을 가리키는데, 여기서 해방은 의존적 아동이 독립적 성인이 되는 순간과 과정을 지칭한다.

해방의 사상적 궤적에서 결정적 전환은 18세기에 이루어졌다. 이 시기에 해방은 계몽과 밀접하게 연관되면서 계몽은 곧 해방의 과정으로 이해되었다. 우리는 이것을 칸트의 "계몽이란 무엇인가?"라는 글에서 가장 명시적으로 볼 수 있다. 이 글에서 칸트는 계몽을 "자신에 의해 초래된 미성숙으로부터의 해방"으로 정의하고, 미성숙을 "타인의 지도 없이는 자신의 오성을 사용할 수 없는 무능력"이라고 본다(Kant 1992[1784], p. 90). 칸트는 "이성의 부족이 아니라 타인의 지도 없이는 그것을 사용할 결단과 용기의 부족에 그 원인이 있을 때"(ibid.) 미성숙은 자신으로부터 초래되는 것이라고 본다. 따라서 계몽은 독립적 혹은 자율적으로 되는 과정을 수반하며, 칸트는 이 자율성을 자기 이성의 사용 위에 근거 지웠다. 칸트는 두 가지 아이디어를 심화함으로써 이러한 사유의 흐름에 기여하였다. 첫째로 칸트는 "자유로운 사고의 성향과 소명"은 우연적, 역사적 가능성이 아니라 인간 본성에 고유한 그 무엇이라고 주장하였다. 그것은 인간의 "궁극적 지향점"이자 "존재의 목적"이다(Kant 1982, p. 701, 저자 번역). 따라서 계몽의 진보를 방해하는 것은 "인간 본성에 반하는 범죄"(Kant 1992, p. 93)이다. 둘째로 칸트는 이 '능력'이 출현하기 위해서는 교육이 필요하다고 주장하였다. 칸트가 보기에, 인간은 오직 "교육을 통해서만" 합리적 자율성의 존재로서 진정한 '인간'이 될 수 있다(Kant 1982, p. 699, 저자 번역).

칸트가 분명하게 제시하고 있는 일련의 아이디어들은 근대 교육적 사유의 중심이 되었고, 근대의 교육적 실천과 긴밀한 연관을 맺으며 심대한 영향을 미쳤다. 칸트는 미성숙한 존재와 성숙한 존재 사이에는 근원적인 차이가 있으며, 이는 아동기와 성인기 사이의 차이와 관련된다고 가정한다. 그는 성숙을 이성의 적절한 사용이라는 합리성의 관점에서 정의하며, 합리성을 독립과 자율의 기초로 간주한다. 교육은 미성숙에서 성숙으로 이행할 수 있도록 해주는 '지렛대'로 간주되며, 따라서 교육은 자유의 질문과 긴밀하게 연결되어 있다. 이 모든 것은 교육적 역설로 알려져 있는 칸트의 정식, "강제를 통해 어떻게 자유를 계발할 것인가?"에 잘 요약되어 있다(Kant 1982, p. 711, 저자 번역).

이 시점부터 우리는 해방의 개념이 교육적 · 철학적으로 두 가지 노선을 따라 출현하는 것을 추적할 수 있다. 교육은 개인을 기존의 질서에 편입시키는 것이 아니라 자율과 자유라는 지향점을 수반한다는 아이디어는 19세기 말과 20세기 초 독일에서 교육이 학문으로 성립하는 데 중요한 역할을 했다(예를 들어, Tenorth 2008[2003]; Biesta 2011a 참조). 이는 또한 20세기 초반 전 세계 많은 나라에서 등장했던 "개혁교육학", "새 교육", "진보주의 교육"에서 핵심 요소였다. 대부분의 경우 적응에 반대하는 주장이 아동을 위한 주장으로 표현되어 나타났다. 많은 교육가들이 외적인 사회 질서에 적응하는 것은 아동을 망칠 수 있다는 루소의 통찰을 추종했다. 그러나 이것은 아동을 위한 선택은 사회에 **대항**하는 선택만을 의미한다는 생각을 낳았다. 더 나아가 이것은 '아동'을 자연적 범주로서 '주어진 것'으로 보는 한편, 사회적 · 역사적 · 정치적 용어로 이해되어야 하는 것은 아니라고 보는 이론에 의해 지지되었다.

교육이 개별 아동의 해방에 관한 것이라는 아이디어는 교육이 독자적인 학문으로 확립되는 데 중요한 역할을 했지만, 이 견해는 제2차 세계대전 이후 나치즘과 파시즘을 비롯한 이데올로기 체제에 의해 쉽게 채택될 수 있다는 사실이 드러나면서 고통스러운 한계를 드러내었다. 이 때문에 2차 세계대전 후, 무엇보다 독일에서 교육가들은 더 큰 맥락의 사회변혁 없이는 어떠한 개인의 해방도 있을 수 없다고 주장하기 시작하였다. 이것은 비판적 관점의 교육에서 핵심 강령이 되었다. 독일에서는 하버마스의 (초기) 연구에서 영감을 얻은 몰렌하우어(Klaus Mollenhauer)의 비판적-해방적 접근이 크게 기여했다(Mollenhauer 1976 참조). 20년 후, 듀이, 카운츠(George Counts), 프레이리와 같은 사상가들의 선구적인 저작과 함께, 북미에서도 비슷한 작업이 등장했는데 여기에는 애플(Michael Apple), 지루(Henry Giroux), 매클래런(Peter McLaren)이 공헌을 했다. 교육에 관한 비판 이론으로서 비판적 교육학의 해방적 관심은 억압적인 구조, 실천 및 이론의 분석에 초점이 있다. 그 핵심 아이디어는 사람들이 자신의 상황을 구성하는 권력 관계에 대해 적절한 통찰력을 얻으면 해방에 이를 수 있다는 것인데, 이것이 바로 앞서 언급한 "탈신비화"의 개념이 비판 교육학에서 중추적 역할을 하는 이유이다.

바로 여기서 교육에서 해방이라는 아이디어의 역사를 더 큰 철학적 논의와 연결할 수 있는데, 적어도 이 역사가 마르크스주의와 신마르크스주의 철학의 발전의 일부를 이룬다는 점에서는 그러하다. 결국, 억압적인 권력의 작동으로부터 우리 자신을 자유롭게 하고 해방을 성취하기 위해서는 무엇보다도 권력의 작동 기제를 **폭로**할 필요가 있다는 것, 그것이 이 전통의 핵심 통찰이다. 마르크스주의 전통이 여기에 추가하고, 이것이 다시 비판적 해방교육학에 영향을 준 것은 **이데올로기**라는 개념이다. 이 개념의 정확한 의미는 지속적인 논쟁의 주제이지만(Eagleton 2007 참조), 이데올로기의 개념에 표현된 중요한 통찰 중 하나는 "인간의 존재를 결정하는 것은 인간의 의식이 아니며, 이와 반대로 그 의식을 결정하는 것은 그들의 사회적 존재이다"(Marx, Eagleton 재인용, 2007, p. 80)라는 마르크스의 명제를 따라, 모든 사상은 사회적으로 결정된다는 것이다. 이뿐만 아니라 더 중요한 것은 이데올로기라는 것이 "이러한 결정론을 **부정하는** 생각"(ibid., p. 89)이라는 점이다. 후자의 주장은 엥겔스의 허위의식에 대한 개념, 즉 "[행위자를] 움직이는 진짜 동기는 그도 모르는 채 남아 있다"(Engels, Eagleton 재인용, 2007, p. 89)는 생각과 연관되어 있다. 이데올로기의 곤경은 다음과 같은 주장에 있다. 권력이 우리 의식에 어떻게 작동하는지 우리가 알 수 없는 이유는 정확히 권력이 실제 우리 의식에 작동하는 바로 그 방식 때문이라는 것이다. 이것이 함의하는 것은 단지 권력의 작동으로부터 해방되기 위해서는 권력이 우리 의식에 작동하는 방식을 폭로해야 한다는 사실뿐만이 아니다. 이것은 또한, 우리가 해방을 성취하기 위해서는 권력의 작동에 의식이 종속되지 않은 **다른 누군가**가 우리의 객관적 조건에 관한 설명을 제공해주어야 한다는 사실도 함의한다. 따라서 이 논리에 따르면 해방은 궁극적으로 우리의 객관적 조건에 관한 진실에 기생하는 것이며, 이 진실은 이데올로기의 영향 바깥에 위치해 있는 누군가에 의해서만 산출될 수 있다. 마르크스의 전통에서 이 위치는 과학이나 철학이 점유하는 것으로 간주된다.

해방의 철학적 · 교육적 등장에 관한 이상의 개관으로부터 해방의 특정 논리, 즉 해방이 상상되고 이해되는 특정한 방식의 윤곽이 드러난다. 이 논리에는 여러 측면이 있다. 하나는 해방은 '바깥'으로부터의 개입, 즉 극복해야 할 권력에 종속당하지 않은 누군가에 의한 개입을 요청한다는 것이다. 이것은 해방이 누군가에게 행해져야 할 어떤 것으로 이해될 뿐만 아니라 해방자와 해방될 자 간의 근본적인 **불평등** 위에 자리한다는 것을 드러낸다. 이 점에서 평등은 해방의 결과물로서, 미래에 놓여있는 어떤 것이다. 더욱이 그 결과물은 해방자의 개입을 합법화하는 데 사용된다. 이 해방의 관점은 특히 이데올로기 개념을 중심으로 한 철학적 고려로부터 어느 정도는 직접 뒤따라 나오지만, 동시에 이 설명 속에서 상정되는 특정 교육학의 모습도 그리 어렵지 않게 짐작할 수 있다. 즉, 이 교육학에서 교사는 알고 학생은 아직 알지 못하며, 교사의 과업은 학생에게 세계를 설명하는 것이고, 학생의 과업은 궁극적으로 그 교사처럼 알 수 있는 자로 되는 것이다. 그러므로 해방의 논리가 또한 특정 교육학의 논리도 된다고 말할 수 있다. 이 설명의 상당 부분이 우리에게 익숙하게 들린다는 점이 이와 같은 근대적 해방의 논리가 얼마나 영향력이 있었는지를 입증한다. 그러나 이 해방의 '논리'는 문제가 없지 않다. 더 정확하게 말하자면, 모순이 없지 않다.

첫 번째 모순은 해방이 평등, 독립, 자유를 지향하지만, 실제로 해방이라는 행위의 심장부에는 의존이 **장착**되어 있다는 점이다. 즉 해방될 자는 결국 해방자의 개입에 의존하며, 이 개입은 근본적으로 해방될 자가 접근할 수 없는 종류의 지식 위에 기반하고 있다는 것이다. 따라서 개입이 없으면 해방도 없다. 이것은 실제로 언제 의존이 사라지는가라는 질문을 제기한다. 그것은 해방이 성취된 순간인가? 혹은 해방될 자는 해방자가 가져다준 해방의 선물에 영원히 감사한 채로 남아있어야 하는가? 노예는 자신을 자유롭게 해준 주인에게 계속 감사한 채로 남아있어야 하는가? 여성은 자신을 자유롭게 해준 남성에게 계속 감사한 채로 남아있어야 하는가? 아이들은 자신을 자유롭게 해준 부모에게 계속 감사한 채로 남아있어야 하는가? 혹은 아마도 그들 모두는 애초에 왜 자신들이 자유로운 존재로 여겨지지 않았는지를 물었어야 하는가?

근대적 해방은 의존에 기초하고 있을 뿐만 아니라 해방자와 해방될 자 간의 근본적인 **불평등**에 기초하고 있다. 근대적 해방의 논리에 따르면, 해방자는 더 좋은 것, 최선의 것을 알고 권력의 작동을 폭로하는 탈신비화의 행위를 수행할 수 있다. 근대적 해방의 논리에 따르면 해방자는 단지 최고의 위치만 점하는 것이 아니다. 최고가 존재하기 위해서 해방자는 실제로 해방되어야 할 열등한 사람들을 필요로 한다고까지 말할 수 있다. 다시, 우리는 이 불평등이 실제로 사라지는 것은 언제인지를 묻게 된다. 결국 주인이 주인으로 남는 한, 노예는 영원히 노예였거나 해방된 노예만 될 수 있을 뿐, 주인은 아닌 것이다. 다시 말하여 노예는 이러한 해방의 논리에서 항상 뒤처지게 될 것이다.

근대적 해방의 논리상 세 번째 모순은, 해방의 관심사는 해방될 자들에게 있지만 그 해방이 근본적으로 자신들의 경험에 대한 **불신**과 **의심** 위에 기초하고 있다는 사실과 관련된다. 결국 해방의 논리가 진술하고 있는 바는, 우리는 실제로 자신이 보고 느낀 것을 신뢰할 수 없으며 우리가 실제로 경험하고 있는 것이 무엇인지, 진짜 우리의 문제가 무엇인지를 말해줄 다른 누군가를 필요로 한다는 것이다. 다시 말하여 우리는 사태의 모호함을 벗겨줄 누군가, 저 모호한 깊은 데서 명료한 표면으로 옮겨다 줄 누군가, 반대로 거짓된 외양의 표면에서 이성의 비밀 깊은 데로 데려다줄 누군가를 필요로 한다(Rancière 2010, p. 4). 여기서 다시 한번 우리는 해방을 '기다리는' 사람들이 그들 자신에 관해, 그들의 상황에 관해, 그들의 문제에 관해 '진리'를 듣는다는 것이 무엇을 의미하는지 질문할 수 있다.

이 모순은 해방의 일반적 논리에 스며들어 있을 뿐만 아니라, 특히 근대교육학, 즉 랑시에르가 진보교육학이라고 했던 것이 명시화되는 방식에도 존재한다(Rancière 1991a, p. 121; Pelletier 2009). 이제 랑시에르의 저작으로 돌아가서, 랑시에르가 이러한 해방의 특정한 이해 방식을 어떻게 문제 삼았는지, 그리고 해방의 문제를 출발점에 놓고 해방을 이해하고 '실천하는' 상이한 방식을 어떻게 설명하려고 했는지를 보이고자 한다.

해방, 정치, 민주주의

랑시에르는 『정치적인 것의 가장자리에서(*On the Shores of Politics*)』라는 저작에서 "해방"을 "소수자로부터의 탈출"로 특징지었다(Rancière 1995, p. 48). 비록 이 문장은 소수자라는 상황을 끝내는 것을 언급하기 때문에 해방에 관한 형식적 정의처럼 읽히지만, **탈출**이라는 단어의 사용은 이상에서 개관한 내용과는 상이한 해방의 역학을 이미 암시하고 있다. 왜냐하면 여기서 해방은 누군가**에게** 행해지는 것이라기보다 해방을 '성취하는' 사람의 활동과 결부되어 있기 때문이다. 정말로 랑시에르는 "자신의 노력 없이는 아무도 사회적 소수자에서 탈출할 수 없다"(ibid.)라고 쓰고 있다. 그러나 해방은 단순히 소수자에서 다수자로 위치를 이동하는 것이 아니다. 즉 소수자 집단에서 다수자 집단으로 구성원 자격을 이동하는 것이 아니다. 그보다 해방은 "사물의 질서에 파열"을 수반한다(Rancière 2003, p. 219). 심지어 이 파열은 주체성의 외양을 가능하게 하거나, 더 정확하게는 그 파열이야말로 주체성의 외양(appearance)**이다**. 이런 방식으로 해방은 **주체화**(subjectification)[1]의 과정으로 이해될 수 있다. 랑시에르는 주체

1) 랑시에르가 주체화 개념을 사용하는 방식과 내가 그 개념을 발전시킨 방식 간에는 분명 유사점이 있다. 그리고 랑시에르와 나는 동일한 이유로 주체화의 질문에 관심을 가진다. 또 랑시에르가 주체화를 질서의 일부분이 되는 것과 정반대로 정의한 것은 내가 주체화를 사회화와 정반대되는 것으로 정의한 것과 방법상 동일하다. 그러나 랑시에르가 주체화를 이론화하는 방식은 내가 이 사안에 접근하는 방식, 특히 1장에서 다루고 제안한 방식과는 다르다는 점에 유의하길 바란다.

화를 "주어진 경험의 장에서 이전에는 동일시할 수 없었던 일련의 신체적 행위와 선언의 역량을 생산하는 것으로서 이 동일화(identification)는 경험의 장의 재배치의 한 부분"이라고 정의한다(Rancière 1999, p. 35).

이 정의에서 중요한 것이 두 가지 있는데, 이 둘은 밀접하게 연관되어 있다. 한 가지는 주체화의 보충적(supplementary) 본성이다(Rancière 2003, pp. 224-225). 랑시에르는 주체화가 동일화(identification)와 다르다고 주장한다(Rancière 1999, p. 37 참조). 동일화는 기존의 정체성을 취하는 것과 관련된다. 즉, 기존 질서 내에서, 랑시에르 표현으로는, 기존의 지각의 장 혹은 감각적 세계 내에서 이미 가능한 존재하기와 말하기 방식으로서, 식별 가능하고 눈에 보이는 방식이다(Rancière 2003, p. 226). 이와 대조적으로 주체화는 항상 탈정체화, 즉 장소의 자연성 제거라고 말할 수 있다(Rancière 1995, p. 36). 주체화는 "공동체 내 이미 식별된 부분과는 다른 존재로서 주체라는 이름을 기입한다"(ibid., p. 37). 이 맥락에서 랑시에르가 '외양(드러남)'의 개념을 사용할 때, 그것은 "실재의 실상을 가리는 허상"을 지칭하는 것이 아니다(Rancière 2003, p. 224). 주체화는 외양(드러남)에 관한 것으로서, 내가 다른 곳에서 "출현하는 것(coming into presence)"이라고 불렀던 바와 같이(Biesta 2006a), 기존 사물의 질서에서는 아무런 장소도 부분도 가지지 못한 존재의 방식이 출현하는 것이다. 따라서 주체화는 기존 질서의 **보충**이다. 이 질서에 무엇인가를 더하기 때문이다. 바로 이 때문에 보충은 기존 질서, 즉 기존의 "감각적인 것의 분할"을 **분할**한다(Rancière 2003, pp. 224-225).[2] 따라서, 주체화는 "각자에게 자기 몫의 정체성을 주었던 경험의 장을 재정의한다"(Rancière 1995, p. 40). 그것은 공동체의 지각 가능한 조직을 정의하는 행위 방식, 존재 방식, 말하기 방식 간의 관계들을 해체하고 재구성한다(ibid.).

두 번째로 중요한 것은 주체화가 지극히 정치적이라는 사실이다. 이것은 감각적인 것, 즉 "감각으로 파악할 수 있는 것"(Rancière 2004, p. 85)을 분할하고 분배해 온 기존의 사물 질서에 개입해서 그것을 재배치하기 때문이다. 주체화의 보충적 본질, 즉 정치 그 자체의 보충적 본질을 포착하기 위해 랑시에르는 정치적인 것 안에서 **치안**(혹은 치안적 질서)과 **정치**라는 두 개념을 구분한다.[3] 랑시에르는 치안이 "실천 방식, 존재 방식, 말하기 방식의 분배를 정의하는 신체들의 질서"이며, 이 질서는 그 신체들이 그것의 이름에 따라 일정한 장소에서 일정한 과제를 부여받

---

2) 이것을 불어로 'partage'라고 하는데 '분할(division)' 혹은 '나눔/분배(distribution)'로 번역할 수 있다. '나눔/분배'는 감각적인 것의 개별적인 나눔이 모든 것에 장소를 준다는 사실을 강조하는 반면, '분할'은 주체화가 감각적인 것의 나눔을 재분배하여 그 결과 분배하는 동시에 중단한다는 사실을 강조한다.

3) 랑시에르는 불어에서 가끔 번역하기 어려운 구분을 할 때가 있는데, "정치(la politique)"와 "정치적인 것(le politique)"이 그렇다. 전자는 일반적인 의미에서 정치 영역을 지칭하는 반면, 후자는 치안 질서를 중단하는 순간을 지칭한다. 랑시에르에 따르면, 후자는 정치의 '타당하고 적절한' 아이디어로서, 그는 여러 저작에서 특정 정치 철학뿐만 아니라 특정 정치 형식이 정치적 '순간'을 얼마나 억압해왔는지를 보여주었다.

도록 만든다(Rancière 1999, p. 29)고 정의한다. 이것은 "볼 수 있는 것과 말할 수 있는 것의 질서로서, 어떤 행위는 가시적인 것으로, 다른 행위는 비가시적인 것으로 만들고, 어떤 말은 담론으로, 어떤 말은 소음으로 이해하게" 만든다(ibid.). 치안을 단순히 국가가 사회의 삶을 구조화하는 방식이나 체제로 이해해서는 안 된다. 이를 하버마스의 용어로 표현하자면, 치안은 생활세계에 대한 체제의 "지배"(Habermas 1987)가 아니라 생활세계와 체제 **둘 다**를 모두 포함한다. 랑시에르가 설명하고 있듯이, "한 치안 체제를 정의하는 장소와 역할의 분배는 국가 기능의 경직성에서 비롯되는 것만큼이나 사회적 관계로 가정된 사람들의 자발성에서 비롯된다"(Rancière 1999, p. 29). 따라서 치안은 신체를 훈육하는 것이라기보다 그들의 외양을 지배하는 규칙, **직업**들의 배치, 이 직업들이 분배되는 공간의 속성이다(ibid., 강조는 원문). 치안의 정의를 독해하는 한 가지 방법은 **모든 것을 포괄하는** 질서로 그것을 생각하는 것이다. 즉 모든 이가 그 질서 안에서 특정 장소, 역할, 위치를 가지고 있고, 모든 이가 그 질서 안에서 정체성이 있다고 생각하는 것이다. 그렇다고 하여 모두가 질서를 운영하는 데 포함된다고 말하는 것은 아니다. 단적으로 말하여, 핵심은 아무도 그 질서에서 배제되지는 않는다는 것이다. 궁극적으로 여성, 아이, 노예, 이민자는 아테네 민주정에서 분명한 장소를 가지고 있었지만, 그들이 정치적 결정에 참여하는 것은 허용되지 않았다. 정확히 이 점에서 모든 치안 질서는 포괄적이다.

다음으로 '정치'는 "이 배열을 교란하는 행위 양식"을 지칭하며(Rancière 2003, p. 226), 평등의 이름으로, 평등과 관련하여, 그렇게 한다. 따라서 랑시에르는 치안에 적대적인 극히 단호한 활동을 위해 **정치**라는 용어를 사용한다. 즉 "정의상 그 안에 아무 장소를 가지지 못한다는 전제에 의해 규정되는 정당과 부분들 혹은 이것들의 부재들로 구성된 명시적 짜임을 파괴하는 무엇이든" 정치이다(Rancière 1999, pp. 29-30). 이 파괴는 정당이나 부분들, 이것들의 부재가 정의되어온 공간을 다시 짜는 일련의 행위에서 명시화된다(ibid., p. 30). 그렇게 그려진 정치적 행위는 "스스로에게 부과된 장소로부터 신체를 이동하는 모든 것이다... 그것은 눈에 보이지 않던 일들을 보이게 만들고, 소음의 장소였던 곳에서 담론이 들리게 만든다"(ibid., p. 30).

> 정치적 행위는 언제나 치안 질서의 지각적 분할을 무효화하는 표현 양식이다. 이는 기본적으로 몫이 없는 자들의 몫이라는 이질적인 가정, 즉 종국에는 치안 질서가 순전히 우연적 질서라는 사실과 모든 말하는 존재들 간의 평등을 그 자체로 진리로 입증하는 가정을 실행함으로써 가능하다(ibid.).

따라서 정치는 치안의 과정과 **평등**의 과정이라는 두 가지 '이질적 과정'이 마주치는 사건을 지칭한다(ibid.). 이 중 후자는 모든 말할 수 있는 존재들 간의 평등의 가정에 의해, 그리고 이 평등을

시험하려는 관심에 의해 추동되는 일련의 열린 실천들과 관련된다.[4)]

랑시에르에게 이런 방식으로 이해된 정치는 항상 **민주** 정치이다. 그러나 민주주의는 "통치 체제나 사회적 삶의 양식"이 아니다. 다시 말하여 그것은 치안 질서의 일부분이 아니며 그렇게 될 수도 없다. 그것은 "정치라는 제도 그 자체"로 이해되어야 한다(ibid., p. 101). 모든 정치가 민주적인 것은 일련의 제도들이라는 의미에서 그러한 것이 **아니라** "치안 질서의 논리에 평등의 논리를 대면시키는" 표현 양식이라는 의미에서 그러하다(ibid.). 그래서 민주주의는 평등을 위한 '주장'이라고 말할 수 있을지 모르겠다. 보다 정확하게 민주주의, 즉 민주주의의 외양은 단지 이전에 정치의 영역에서 배제되었던 집단이 태양 아래 자신의 공간을 주장하며 앞으로 나아가는 상황에 국한되지 않는다. 동시에 그것은 전에는 존재하지 않았던 특정 정체성을 가진 집단을 **창조**하는 것이다. 민주적 활동의 예는 19세기 노동자들에게서 발견되는데, 그들은 이전에는 사적 개인들 간의 무수히 많은 관계의 산물로 간주되었던 노동 관계를 위해 집단적 기반을 세웠다(ibid.,

---

4) 비록 랑시에르의 저작 일부는 그의 주된 관심사가 (배타적으로) 사회 계층과 관련된 불평등의 질문에 있었다는 인상을 주지만, 그의 해방의 구성은 결코 여기에 국한되지 않는다. 해방은 모든 말하는 자와 다른 말하는 자 간의 평등을 입증하는 것이다. 따라서 불화는 '소음'과 '목소리' 간의 경계를 재분배하는 것에 관련된다. 이는 인정의 정치학의 관점에서 목소리를 가진 자들이 지금까지 오직 '소음'만 낼 줄 아는 것으로 여겨졌던 사람들에게 목소리를 부여하는 것의 문제가 아니다. 이것은 오히려 사람은 누구나 '소음'이 아니라 '목소리'를 내고 있다는 '단순한' 주장에 기초한다.

p. 30). 따라서 민주주의는 기존 질서의 일부가 아니며 그 안에 존재하지 않는 새로운 정치적 정체성을 확립하는데, 정확히 이 의미에서 그것은 주체화의 과정이다. 랑시에르에 의하면, "민주주의는 사회나 국가의 정당과 일치하지 않는 주체들을 지명하는 것이다"(Rancière 2003, p. 225).

더 나아가, "사람들이 출현하는 장소"는 "논쟁이 일어나는" 장소라는 것을 의미한다(ibid., p. 100). 랑시에르는 민주주의의 적절한 "형식"인 이 논쟁이 "사회적 당파들 간의 사적 관심사나 의견의 대립이 아니다"(Rancière 2003, p. 225)라고 강조한다. 그는 이를 다음과 같이 설명한다.

> 민주주의는 각자의 이해관계에 관한 다양한 사회 정당 간 협의도 아니고, 모든 사람에게 똑같이 부과되는 관습법도 아니다. 그 이름대로 민중(demo)은 통치하는 이상적 국민도 아니고 사회 정당의 총합도 아니며, 심지어 이 사회의 가난하고 고통받는 집단도 아니다(ibid.).

정치적 논쟁은 바로 그런 정당의 무리들 간의 갈등이다(Rancière 1999, p. 100). 그것은 장소 분배에 대한 치안 논리와 평등 행위에 대한 정치 논리 간의 논쟁이다(ibid.). 따라서 정치는 "주로 공통 무대의 존재, 그리고 그 위에 나타나는 이들의 지위와 존재를 둘러싼 갈등"이다(ibid., pp. 26-27). 따라서 민주주의/정치의 본질은 합의(consensus)보다는 불화(dissensus)이다(Rancière 2003, p. 226). 그러나 "불화는 관심사나 견해의 반대"가 아니다. 그것은 "결정된 감각적 세계 내에서 그것과 이질적으로 주어진 것을 생산하는 것이다"(ibid.). 정확히 이 점에서 정치는 특정 종류의 정치적 주체성에 의존한다기보다 주체성을 생성해내며, 이 때문에 정치는 생산적 혹은 시적이라고 말할 수 있다. 그러나 이것은 "무로부터의 주체"를 창조하는 것이 아니다. 정치는 "주체화의 양식"으로서, "자연적 질서에서 규정된 정체성을 변형함으로써" 주체를 창조한다(Rancière 1999, p. 36). 이 때문에 랑시에르는 "지각의 장에서 배제되었던 것이 보이게 하고 들리지 않던 것이 들리게 한다"는 점에서 정치는 미학이라고 주장한다.

랑시에르는 정치적 주체는 "자신의 집단을 '알고' 그 집단의 목소리를 찾으며 사회에 무게를 부과하는 집단이 아니다"라고 강조한다. 자신을 주체로 세우는 것은 정치 행위 이전에 발생하는 것이 아니라 그 행위 안에서 그것을 통해서 발생하기 때문이다(ibid., p. 40). 랑시에르에 의하면, 정치적 주체의 특징은 "치안 질서의 분배 방식들 안에서, 이미 기입된 평등이 무엇이든, 그리고 그 기입이 아무리 연약하고 덧없는 것이라도, 주어진 경험의 배열 내에 현존하는 상이한 영역과 지역, 정체성, 기능, 역량들을 연결하고 단절하는 작동자"로 규정된다(ibid.). 랑시에르는 1849년 자신이 출마할 수 없는 국회의원 선거에 후보로 참여한 잔 드루앵(Jeanne Deroin)의 예를 든다. 이를 통해 "그녀는 자신의 성별을 보편성이라는 것으로부터 배제하는 보편적 참정권 내에 있는 그 모순을 입증하였다"(ibid., p. 41). "치안 논리와 정치 논리 사이의 바로 그 모순을 무대 위로 올리는 것"(ibid.), 바로 이것이 정치적 행위로 만드는 것이다. 그것은 두 개의 연결되지 않은 관계를 가지고 오는 것이며, 이것이 두 질서 간에 비교할 수 없는 것의 척도가 된다. 이것은 자유 안에 새로운 평등의 기입을 새기며 동시에, 더 많은 입증을 위한 새로운 가시성의 영역을 만들어낸다(ibid., p. 42). 바로 이 때문에 랑시에르는 정치가 권력 관계로 만들어지는 것이 아니라 세계 간의 관계로 만들어지는 것이라고 하였다(ibid.).

중요한 것은, 랑시에르에게 있어 정치의 요점은 끊임없는 혼돈과 파열의 창조에 있는 것이 아니라는 것이다. 비록 랑시에르가 정치는 근본적으로 좋은 것이라고 주장하지만, 이것이 반드시 치안 질서가 나쁘다는 것을 의미하는 것은 아니다. 그의 저작에서 이것이 그다지 부각되지 않아 간과되기 쉽지만, 랑시에르는 역설하기를, 민주적 논쟁은 "평등의 기입"을 남기고(ibid.), 변형된 치안 질서 뒤로 흔적을 남긴다는 점에서 치안 질서에 긍정적인 영향을 미칠 수 있다. 이것이 랑시에르가 더 나은 치안과 더 나쁜 치안이 있다고 강조하는 이유이다(ibid., pp. 30-31). 그러나 더 나은 치안은 "자연스러운 것으로 추정되는 사회 질서나 입법자의 과학을 고수하는 것"이 아니다. 그것은 "평등주의 논리에 의해 침투된 모든 균열과 진입이 '자연적' 논리로부터 불현듯이 벗어나게 되는 것"이다(ibid., p. 31). 따라서 랑시에르는 치안이 "모든 종류의 선을 생산할 수 있으며 하나의 치안은 다른 치안보다 무한정 더 좋을 수 있다"는 것을 인정한다(ibid.). 그러나 치안이 '다정하고 친절하다'고 해서 정치와 덜 반대되는 것은 아니다. 랑시에르가 의미하는 바는 정치는 매우 드물다는 것이다. 그가 『정치의 가장자리에서』에 덧붙이고 있듯이, 정치나 민주주의는 매우 "간헐적"이다(Rancière 1995, p. 41). 정치는 치안 질서의 중단으로 구성되기 때문에 질서 자체는 될 수 없다. 정치는 "언제나 국지적이고 가끔씩" 있다. 이 때문에 그것이 실제로 사라지는 것도 완벽하게 사실이며, 자체의 미래를 그릴 수 있는 어떤 정치과학도 존재하지 않는 만큼이나, 자신의 존재를 오로지 의지의 대상으로 만드는 어떤 정치윤리도 존재하지 않는다.

랑시에르가 정치, 민주주의, 해방에 관해 말하는 모든 것에 평등의 아이디어가 관통하고 있다는 것을 어렵지 않게 볼 수 있다. 랑시에르의 입장에서 가장 중요한 것은 그가 평등을 정치를 통해 성취되어야 할 것으로 상정하지 않는다는 것이다. 랑시에르에게 민주주의는 우리가 평등하게 되는 상황을 나타내지 않으며, 마찬가지로 해방도 불평등에서 평등으로 이동하는 과정, 즉 우리가 불평등을 극복하고 평등하게 되는 과정이 아니다. 랑시에르에게 평등은 정치나 다른 수단을 통해 성취되어야 하는 목표가 아니다. 그가 설명하기를 평등은 "전제이자, 최초의 공리이다. 그렇지 않으면 아무것도 아니다"(Rancière 2003, p. 223). 우리가 할 수 있는 것, 그리고 어떤 의미에서 정치를 추동하고 어떤 것을 정치적으로 만들어주는 것은 구체적인 상황에서 평등의 가정을 시험하고 검증하는 것이다. 랑시에르가 설명하기를, 한 행위를 정치적으로 만드는 것은 "그것이 수행된 장소나 대상이 아니라 오로지 그 형식으로서, 이는 분할을 통해서만 존재하는 하나의 논쟁, 그리고 하나의 공동체의 설정에 평등의 배열이 기입되는 형식"(Rancière 1999, p. 32)이다. 따라서 어떤 사물이 정치적인 것이 되기 위해서는 결코 미리 설정되지 않는 마주침, 즉 치안 논리와 평등 논리의 마주침이 일어나야만 한다(ibid.). 이것은 그 어떤 것도 그 자체로 정치적이지 않다는 것을 의미한다. 하지만 이 두 논리의 마주침이 일어난다면 그 어떤 것도 정치적으로 될 수 있다(ibid.). 따라서 평등은 정치를 통해 압박하여 봉사할 필요가 있는 하나의 원리가 아니다. "그것은 그것을 시행하는 실천 안에서 식별되어야 하는 가정일 뿐이다"(ibid., p. 33). 그러나 평등이 정치를 발생시키는 때는 "오직 불화의 개별 사례에 대한 특수한 형식에서 평등이 시행되는 그 순간"이다(Rancière 2004, p. 52). 바로 그때, 사회 내 계산된 수의 집단, 장소, 기능과의 관계 속에서 초숫자적인 특정한 주체가 구성된다(ibid., p. 51).

해방의 실천

'전통적' 해방이 불평등의 전제에서 출발하여 바깥으로부터의 '강력한 개입'을 통해 누군가를 평등하게 만드는 행위라면, 랑시에르의 해방은 사람들이 그들 스스로의 힘으로 이루는 것으로 상정된다. 해방을 위해 그들은 다른 누군가가 그들의 객관적 조건을 설명해줄 때까지 기다릴 필요가 없다. 해방은 '단순하게' 평등의 전제 혹은 공리에 기초하여 행동하는 것이다. 이 점에서 그것은 일종의 "평등 시험하기"이다(Rancière 1995, p. 45). 전통적 방식의 해방은 여전히 극복해야 할 불평등에서 출발한다는, 해방에서 해결되어야 할 문제를 정식화하는 방식의 정당함을 수용하고 있다. 랑시에르는 이 전통적 방식을 뒤집는 것 이상으로 해방의 '어휘'를 전치시켜, 새로운 해답만큼이나 새로운 질문들을 제시한다.

그가 『프롤레타리아의 밤(*The Nights of Labor*)』(Rancière 1991b)에서 제시한 테제는, 노동자 계층의 해방은 노동자의 세계에 자신들의 객관적 조건에 관한 지식이라는 과학적 사고를 수용하는 것도 아니었고, 노동자 문화를 긍정한 것도 아니었다는 것이다. 그보다는 "누군가에게는 사유의 특권을 할당하고, 또 다른 누군가에게는 생산하는 일을 할당하는 전통적 분할에 대한 파열"이었다(Rancière 2003, p. 219). 따라서 랑시에르는 "19세기에 신문이나 조합을 결성하고 시를 쓰고 유토피아 모임에 참여했던" 프랑스 노동자들이 주장했던 것은 온전히 말하고 생각하는 존재로서의 지위였다는 것을 보여주었다(ibid.). 따라서 그들의 해방은 "지능의 평등이 진정으로 실제적이고 효과적인 것처럼 행동하는... 위반 의지"에 기초하고 있었다. 랑시에르는 그 노동자들이 했던 것은 전통적으로 해방이 상상되던 방식과는 달랐다고 주장한다. 그는 이것을 "해방의 삼단 논법"으로 설명한다(Rancière 1995, p. 45). 이 삼단논법의 대전제는 "모든 프랑스인은 법 앞에 평등하다"(ibid.)이다. 소전제는 직접 경험으로부터 파생되는데, 예를 들어 파리의 재봉사가 임금을 평등하게 대우받지 못했기 때문에 파업을 했다는 사실에서 도출된다. 따라서 여기에는 진짜 모순이 있는 것이다. 그러나 랑시에르가 주장하듯이 이 모순이 그려질 수 있는 두 가지 방법이 있다. 첫 번째 방식은 "우리에게 익숙한 것으로서", "법적/정치적 용어들은 허상이고 (법에) 선언된 평등은 단지 불평등의 실상을 가리기 위해 고안된 외관일 뿐"이라는 생각이다(ibid., p. 46). "따라서 탈신비화는 (해방에 필요한) 좋은 것으로 추론된다"(ibid., p. 47). 그러나 노동자들은 대전제를 진지하게 취함으로써 다른 선택을 했다. 1833년 재봉사들의 파업은 논리적 증거의 형식을 취하였다. 파업을 통해 그들이 입증해야 했던 것은 정확히 평등이었다.

이 사건에 관해 랑시에르는 재단사들의 요구 중 하나는 그 주인과의 평등한 관계에 관한 것이었기 때문에 "이상하게 보였다"는 관찰을 적었다(ibid., pp. 47-48). 그들이 이것을 통해 하려던 것은 그들과 주인 간에 존재했던 경제적 의존 관계를 부정하거나 극복하려는 것이 아니었다. 법적 평등의 하나인 다른 종류의 관계를 주장함으로써, 즉 경제적 불평등의 세계를 법적 평등의 세계와 대치시킴으로써, 그들은 랑시에르의 표현으로 "평등 위에 세워진 다른 사회적 실재"를 생성했다(ibid., p. 48). 여기서 중요한 것은, (이것이 내가 상세한 예시를 들어 강조한 이유인데) 이 사례에서 해방은 경제적 불평등을 극복하는 것이 아니라 새로운 사회적 관계를 세우는 것으로 구성되며, 이 경우 노동자들과 주인들 간의 협상의 대상은 그들 관계의 관행적 요소, 바로 그것이었다는 점이다. 랑시에르는 여기서 쟁점이 되는 사안을 다음과 같이 요약한다.

> 이 사회적 평등은 단지 법적/정치적 평등도 아니고 경제적 평준화도 아니다. 그것은 법적/정치적 텍스트에 잠재적 역량으로 안치되고, 일상으로 번역되고 전위되고 최대화된 평등이다. 그것은 평등의 전부도 아니다. 그것은 평등과 불평등 간의 관계를 살아내는 방식, 그것을 살고 동시에 그것을 긍정적으로 전위시키는 방식이다(ibid.).

따라서 여기서의 해방은 "노동을 새로운 사회의 설립 원리로 만드는" 문제가 아니다. 그보다는 노동자들이 소수자의 지위에서 일어나 "그들이 진정으로 사회에 속해 있다는 것, 그들이 진정으로 공적 공간에서 모두와 소통한다는 것을 입증하는 것”이다(ibid.). 그들은 자신의 행위를 통해서, “단지 욕구와 불평과 투쟁의 동물이 아니라 담론과 이성의 동물이며, 이성 대 이성으로 반대할 수 있고, 시위의 형식을 빌려 행동할 수 있다는 것”을 입증한다(ibid.). 이 맥락에서 랑시에르가 말하는 “자기 해방”은 “공동 세계의 공유자로서 자기 긍정”이다(ibid., p. 49). 랑시에르가 주장하기를, “자신이 옳다는 것을 증명하는 것은 다른 사람이 틀렸다는 것을 인정하도록 강요하는 것이 아니다”(ibid.). 이 때문에 “공유된 의미의 공간”은 합의의 공간이 아니라 불일치와 위반의 공간이다. 그것은 공동 세계에로의 “강제 진입”이다. 이것은 평등에의 요구가 “자신의 공간을 정의하지 않고는 결코 들리게 할 수 없고”(ibid.), 또한 “타자가 항상 나 자신의 주장을 이해할 수 있다고 가정하면서 명료하게 표현되어야” 하기 때문이다(ibid.). 랑시에르는 일반적 근거 위에 있으면서 다른 사람이 자신을 이해할 수 없고 공통의 언어가 없다고 말하는 자들은 자신의 권리가 인정받을 어떠한 근거도 잃게 될 것이라고 경고한다(ibid.). 그렇기 때문에 “해방의 좁은 길”은 “분리된 세계들을 수용하는 것”과 “합의라는 허상” 두 선택지 어느 것도 아니며, 그 사이를 통과할 뿐이다.

랑시에르는 결론적으로 말하기를, 이 “새로운 해방의 아이디어”의 심장부에는 “지능의 평등”이라는 개념이 놓여있으며, 이 지능의 평등은 이해가능성(intelligibility)과 공동체 둘 다의 공통

전제이자, 각 사람이 자신의 말로 입증하려고 애써야 하는 전제이다(ibid., p. 51). 따라서 정치적 주체 혹은 정치학의 주체인 "민주적 인간"은 "말하는 존재"이며, 이 점에서 "시적 존재"(ibid., p. 51)이기도 하다. 랑시에르는 "말과 사물 간의 거리는 사기나 속임수가 아닌 인간성"이며, 민주적 인간은 이 거리를 포용할 수 있다고 덧붙인다(ibid.). 민주적 인간은 랑시에르가 "재현의 비현실성"이라고 언급한 것을 포용할 수 있는데, 이 용어는 언어의 자의적 본질뿐만 아니라 평등이라는 아이디어의 비현실성을 의미한다. 그러나 평등이 현실적이지 않다고 해서 그것이 곧 허상이라는 의미는 아니다. 바로 이 지점에서 랑시에르는 더 이상 탈신비화할 필요에 의존하지 않는 입장을 기술한다. 그는 우리가 반드시 평등으로부터 출발해야 한다고 주장한다. 즉, "가능한 모든 자유와 평등"을 최대화하기 위해, "평등을 확신하고, 주어진 것으로 상정하기, 평등으로부터 작업하기, 그것이 얼마나 생산적일 수 있는지 작업해보기"를 제안한다(ibid., pp. 51-52). 여기에서 출발하지 않고 불신에서 출발하는 자, "불평등을 가정하고 그것을 감소시키는 것을 제안하는 자"는 단지 "불평등의 위계를 설정하는 데만 성공할 뿐... 불평등을 무한으로 산출할 것이다"(ibid., p. 52).

교육과 해방

평등의 전제에서 출발할 것인가 불평등의 전제에서 출발할 것인가라는 문제는 비단 정치학의 질문만은 아니다. 특히 해방이라는 계몽적 '기획'에서 교육의 주도적 역할, 그리고 보다 일반적으로는 교육적 사유를 고려해볼 때, 그것은 교육의 핵심 질문이기도 하다. 혹자에 따라서는 전통적 해방의 '교육학'은 전통적 교육의 교육학과 동일하다고 주장할지도 모르겠다. 즉 교육은 종종 아는 자들이 아직 모르는 자들에게 지식을 전수하는 실천으로 상정되었다는 점에서, 따라서 평등과 해방의 궤적을 알고 있는 자들에게 의존한다는 점에서 그렇다. 교육은 교육하는 자와 교육받는 자(교육이 필요한 자) 간의 근본적인 불평등에서 출발한다. 랑시에르의 질문은 이것이 교육의 논리, 해방의 논리를 이해할 수 있는 유일한 방법인가 하는 것이다. 『무지한 스승』(Rancière, 1991a)에서 그는 자코토의 이야기를 다시 소환한다. 자코토는 외국인 프랑스 선생이었는데 19세기의 처음 십 년간 '보편적 가르침'으로 불리는 교육법을 개발했다. 보편적 가르침은 교육을 불평등에서 출발해서 평등에 도달하는 과정으로 생각하지 않고, 모든 인간의 지능은 근본적으로 평등하다는 가정에 근간하고 있다.

자코토의 방법은 자코토가 학생들이 말하는 언어를 모르면서 그들을 가르치도록 부탁받았을 때 그가 발견한 결과물이다. 그가 노력한 결과 그는 언제나 교육의 본질적 요소라고 생각해왔던 '설명'이 실제로는 학생들이 배우는 데 필수적인 것은 아니라는 것을 배웠다. 그리하여 자코토는 설명이 교육적 활동의 핵심이 된다기보다는 학생들을 무지하게 만든다는 것을 보게 되었다. 왜냐하면 랑시에르가 설명하듯이, 누군가에게 무엇인가를 설명하는 것은 "무엇보다 그는 스스로 이해할 수 없다는 것을 보여주는 것"이기 때문이다(Rancière, 1991a, p. 6). 이것이 랑시에르가 설명을 "교육학의 신화, 세계를 아는 정신과 무지한 정신으로 나누는 우화"로 지칭하는 이유이다(ibid.). 설명자의 "특별 책략"은 "이중의 취임 제스처"로 구성된다. 즉, "지금부터 학습이 시작된다는 절대 시작의 선언", 그리고 "배워야 할 모든 것에 무지의 베일을 던지고, 그것을 벗겨내는 과업에 자신을 지목하는 것"이다(ibid., pp. 6-7). 교육학의 신화는 세계를 둘로 분할하고, 지능을 "열등한 지능과 우등한 지능"의 둘로 분할한다. 이 관점에서 설명은 "강요된 무지화"가 된다(ibid., p. 7).

반면에 자코토는 학생들에게 아무것도 가르치지 않았다. 학생들은 책과 같은 자료들에 직접 참여함으로써 배웠다. 이것은 스승 없이 배웠다는 것을 의미하지 않는다. 다만 "설명자-스승" 없이 배웠다는 것을 의미할 뿐이다(ibid., p. 13). 자코토는 그들에게 무언가 중요한 것을 가르쳤지만, 그는 그들과 아무런 소통도 하지 않았다(ibid., p. 13). 자코토가 한 것은 그의 학생들이 "의지 대 의지의 관계"에서 자신의 지능을 사용하도록 그들을 소환한 것이었다(ibid., p. 12). 설명은 "하나의 지능이 다른 지능에 종속될 때마다" 이루어진다. 반면에 해방은 하나의 지능이 자신에게 복종할 때, "심지어 의지가 다른 의지에 복종할 때도" 일어난다(ibid.). 이 관점에서 교육의 '주된' 문제는 "지능을 자신에게" 드러내는 것이 된다(ibid., p. 28). 이것이 요구하는 것은 설명이 아니라 주의력으로서, 자신의 지능을 사용하려고 노력하는 것이다. 랑시에르가 쓰고 있듯이, 필요한 것은 보고 또 보고, 말하고 반복하는 절대적 주의력이다(ibid., p. 23). 이것에 응하여 학생들이 취할 경로는 알 수 없지만 학생들이 피할 수 없는 것은 "자유를 행사하는 것"이라고 랑시에르는 주장한다. 이것은 세 부문으로 구성된 질문으로 소환된다. "무엇을 보는가? 무엇을 생각하는가? 무엇을 할 것인가? 등등"(ibid.).

따라서 자코토의 방법에는 스승을 위한 오직 두 가지의 "근본적인 행위"가 있다. 한편으로 "그는 **질문**하고, 말을 요구한다. 즉 그 자체를 인식하지 못했거나 포기해 버렸던 지능을 표현하도록 요구한다." 다른 한편으로 "그는 지능의 작업이 이루어지는지 주의 깊게 **확인**한다"(ibid., p. 29, 강조는 원문). 랑시에르는 이 질문이 소크라테스의 방법으로 이해되어서는 안 된다고 강조한다. 소크라테스의 방법에서 질문의 유일한 목표는 스승이 이미 알고 있는 지점까지 학생을 안내하는 것이다. 여기서 중요한 것은 이것이 "학습에 이르는 길일 수는 있어도 해방에 이르는 길은 결코 아니다"라는 사실이다(ibid.). 교육에서 해방의 핵심은 "하나의 지능을 다른 지능과 동등하게 여기고 다른 어떤 지능도 그것과 동등하다고 여길 때, 지능이 무엇을 할 수 있는지"를 의식하는 것이다(ibid., p. 39). "모든 말하는 존재들의 평등의 원리", 이것은 끊임없이 확인될 필요가 있다(ibid.). 확인되어야 하는 것은 "**지적 역량**에는 위계가 없고", 오직 "지능의 **표현**만이 동등하지 않다"는 믿음이다(ibid., p. 27).

따라서 랑시에르는 이런 식으로 이해된 해방은 "학자에 의해, 그 사람들의 지능의 **수준에 맞는** 설명에 의해 **주어진**" 것이 아니라고 결론짓는다. 해방은 언제나 "자신이 스스로를 가르칠 때, 심지어 학자에 대항하여 쟁취된 해방"이다(ibid., p. 99, 강조 원문). 여기서 필요한 유일한 것은 다른 사람들도 자신의 지능을 사용하도록 소환하는 것이며, 이것은 모든 말하는 자들의 평등의 원리를 입증하는 것을 의미한다. 결국, "평범한 사람들을 무지화하는 것은 부족한 가르침이 아니라 그들의 지능이 열등하다는 믿음"이다(ibid.). 유일하게 필요한 것은 사람들에게 그들 스스로 보고 생각할 수 있으며, 자신을 위해 보고 생각해 줄 다른 사람에게 의존하지 않도록 상기시키는 것이다.

이것은 해방이 지능의 평등이라는 명제의 진리성에 의존한다는 것을 함의하는가? 이것은 랑시에르가 보는 방식이 아니다. 그에게 있어 과업은 "그 가정하에서 무엇이 이루어질 수 있는지"를 보는 것이다(ibid., p. 46). 이 가정하에서 이루어질 수 없는 한 가지는 해방을 사회적 방법으로 만드는 것이다. 랑시에르는 오직 인간만이 인간을 해방시킬 수 있다고 주장한다(ibid., p. 102). 설명식 교수법에는 백 가지의 방법이 있고 학습은 바보로 만드는 자들의 학교에서도 일어난다(ibid.). 그러나 해방은 학습에 관한 것이 아니다. 해방은 지능의 평등이라는 가정하에서 자신의 지능을 사용하는 것에 관한 것이다. 따라서 "해방에는 오직 한 가지 방법"만이 있을 뿐이다. 이에 대해 랑시에르는 모든 제도는 항상 불평등의 "극화" 혹은 "구현"이기 때문에(ibid., p. 105) "어떤 정당, 정부, 군대, 학교, 제도라도 단 한 사람도 해방시킬 수 없다"고 덧붙인다(ibid.). 따라서 평등의 가정에서 출발하기 때문에 해방을 가능하게 만드는 가르침은 "오직 개인들을 향할 뿐 결코 사회를 향하지 않는다"(ibid.). 『무지한 스승』의 마지막 장에서 랑시에르는 보편적 가르침을 하나의 교수 방법으로 바꾸고 이를 제도화하고자 했던 모든 시도들이 어떻게 해방의 관점에서 실패했는지를 상기시킨다.

랑시에르는 특히 교육, 보다 정확히는 학교와 학교교육을 사용해서 평등을 실현하려는 시도를 경계한다. 물론 이것은 정신을 해방하고 대중의 능력을 향상시키기 원하는 "진보주의자들"의 열망이다(ibid., p. 121). 하지만 그렇게 상정된 진보의 아이디어는 랑시에르가 "교육학적 허구"로 지칭했던 것에 기반하고 있는데, 여기서 불평등은 개인의 발달에서의 **지연**으로 표상된다(ibid., p. 119, 강조는 원문). 이것은 해방되기 위해 교육받을 필요가 있는 사람들보다 교육자를 언제나 앞선 위치에 놓는다. 그러나 랑시에르가 경고하기를, 불평등의 가정에서 출발하는 궤도에 승선하는 순간 우리는 결코 평등에 도달할 수 없다. “학생은 결코 스승을 따라잡을 수 없을 것이고, 민중은 결코 계몽된 엘리트를 따라잡을 수 없을 것이다. 하지만 그곳에 도달할 수 있다는 희망으로 그들은 선한 길, 즉 완벽한 설명의 길을 따라 전진한다”(ibid., p. 120). “진보주의자들”은 잘 조직된 공적 교수 시스템을 통해 평등을 실현하기 원한다(ibid., p. 121). 랑시에르는 자코토의 방법이 그러한 공적 시스템에서도 어떻게 통합될 수 있었는지를 보여준다. 실제로 이 방식이 채택되었지만 “한두 가지 사소한 문제들”이 있었다. 자코토의 방법을 사용하는 교사들이 더 이상 그들이 모르는 것을 가르치지 않고 더 이상 지능의 평등이라는 전제로부터 출발하지 않았던 것이다(ibid., p. 123). 그러나 이 “사소한 문제들”은 물론 중요하다. 따라서 “평등한 자들로부터 불평등한 사회를 만들 것인가, 아니면 불평등한 자들로부터 평등한 사회를 만들 것인가 사이에서 선택해야 한다”(ibid., p. 133). 랑시에르에게 그 선택은 분명하다. “사람들은 불평등한 사회에서 어떻게 평등한 인간이 되는지를 배울 필요가 있다.” 왜냐하면 이것이 바로 “**해방된다**”는 것의 의미이기 때문이다(ibid., 강조는 원문). 그러나 이 “단순한 사실”이 실제로는 가장 이해하기 어렵다. 왜냐하면 “진보의 새로운 설명은 평등과 그 반대를 불가분하게 혼동해왔기 때문이다”(ibid.). 랑시에르는 다음과 같이 결론짓는다.

공화주의자들이 온 마음으로 헌신하는 과업은 불평등한 사람들로부터 평등한 사회를 만드는 것, 즉 불평등을 한없이 **감소시키는 것**이다. 그러나 누구든 이러한 입장을 취하게 되면 그것을 끝까지 수행할 수 있는 유일한 방법은 사회의 통합적인 교육화로서 그것을 구성하는 각 개인들을 일반적으로 유아화하는 것이다. 후에 이것은 평생교육으로 불리게 될 것인데, 다시 말하여 설명 기관과 사회를 공동 확장하는 것이다(ibid., 강조는 원문).

해방과 제도로서의 학교

앞 절에서 나는 해방에 관한 랑시에르의 아이디어를 정치이론, 정치실천, 교육이라는 세 가지 각도에서 재개념화하였다. 비록 세 가지 설명은 그 강조점과 맥락, 또 어휘의 정도도 다르지만 그들 사이에 흐르는 공통된 아이디어들을 어렵지 않게 발견할 수 있다. 또한 랑시에르의 저작임을 알려주는 그 기저에 깔린 '헌신'도 어렵지 않게 분간할 수 있다. 이 헌신에 이름 붙이는 것이 쉽다는 의미는 아니다. 랑시에르의 작업에서 부각되는 것은 평등, 민주주의, 해방이라는 일련의 맞물려있는 개념들에 대한 그의 헌신이다. 그러나 랑시에르 작업의 중요성은 이 개념들 각각에 대한 그의 헌신에 있지 않으며, 적절한 표현일지 모르겠지만 랑시에르의 '토론 적수들'[5] 또한 바로 이 동일 개념들에 헌신하기 때문만은 더더욱 아니다. 랑시에르 작업의 독창성은 무엇보다도 평등, 민주주의, 해방의 이름으로, 또는 그 미명 아래서 이루어진 것들이 불평등을 재생산하며 사람들을 그 자리에 머물게 둔다는 점에서, 종종 정반대의 결과를 초래했다는 것을 보였다는 점이다. 그러므로 중요한 것은 우리가 평등, 민주주의, 해방에 헌신하고 있다는 **사실**에 있는 것이 아니라, **어떻게** 헌신하고 있는가, **어떻게** 이 헌신을 표현하고 기술하는가에 있다. 랑시에르는 해방, 평등, 민주주의에 관한 담론 내에 중요한 차이를 만들어 낸다.

랑시에르의 핵심 통찰 중의 하나는, 평등을 미래에 투사해서 기존의 불평등을 극복하기 위해 대중 교육이나 사회의 통합 교육화와 같은 특별한 개입이나 활동을 통해 실현되어야 할 무엇인가로 간주하는 한, 결코 평등에 도달할 수 없고 단지 불평등을 재생산할 뿐이라고 주장하는 점이다. 이 곤경을 벗어나는 길은 평등을 바로 지금 여기로 가지고 오는 것이다. 다시 말하여, 랑시에르가 『무지한 스승』에서 모든 인간의 지능의 평등을 제시한 것처럼, 모든 인간 존재가 평등하다는 전제 위에서 행위하는 것이

5) '토론 적수'라는 아이디어는 랑시에르의 작업이 이미 규정된 공간 내에서의 목소리일 뿐이라고 가정할 수도 있다. 하지만 해방에 관한 논의에 그의 목소리를 추가하는 대신, 그의 작업을 하나의 개입으로, 혹은 그의 용어로는, 불화를 선보이는 것으로 읽을 수도 있다. 이 점에서 그의 작업은 그 자체로 정치적 행위 혹은 정치학적 행위로 볼 수 있다.

다. 이 전제 위에서 행위하려면 그것에 대한 끊임없는 입증이 필요하다. 즉 그 전제가 진리인지를 추상적 수준에서 확인하는 것이 아니라 그 전제가 진리임을 **실천**하기 위해, 즉 항상 구체적인 상황에서 진리가 **되도록** 이 전제에 대한 지속적인 검증이 필요하다. 랑시에르가 『무지한 스승』에서 밝힌 것처럼, 문제는 모든 지능은 평등하다는 것을 입증 혹은 반증하는 것이 아니라 이 가정하에서 무엇이 이루어질 수 있는지를 보는 것이다. 평등의 가정을 확인하는 실천의 이름은 '정치'이다. 따라서 정치는 평등을 실현하거나 생산하기 위한 실천이 아니며, 정치활동을 통해 진보되어야 할 원리도 아니다. 한 행위를 정치적으로 만드는 것은 치안 질서의 논리와 평등의 논리 간의 모순이 무대 위에 등장할 때이다. 다시 말하여 두 개의 연결되지 않고 이질적이며 통약 불가능한 세계인 치안 질서와 평등의 관계를 가지고 올 때이다. 이것이 정치적 행위의 심장부에 불화가 놓여있는 이유이다. 그러나 불화는 갈등이나 싸움으로 이해되어서는 안 된다(Rancière 2010, p. 15). 갈등이나 싸움에서는 분쟁에 개입된 정당들이 이미 존재하고 있고, 이들이 정체성을 가지고 있다고 가정된다. 불화는 "감각적인 개념들의 배치에서의 괴리, 존재의 방식과 행위의 방식 간, 보는 것과 말하는 것 간의 대응에서의 불협"이다(ibid.).

평등은 즉시로 모든 사회와 통치 질서의 최종 원리이며 '정상적인' 기능 작동의 생략된 원인이다. 그것은 관습적 시스템 형식에서

> 나 사회적 풍습의 형식 안에 거하지 않고, 공화국의 아이들에 대한 획일적 가르침에도, 시장 진열대의 저렴한 상품의 이용 가능성에도 거하지 않는다. 평등은 근원적이면서도 부재하며, 시의적절하면서도 부적절하다. 평등은 언제나 그것을 입증하려는 위험, 그 입증을 위해 개인적 · 집단적 형식을 발명하려는 위험을 감수하는 개인과 집단의 창발성에 달려있다(ibid.).

이것이 또한 정치적 행위가 "사회 모든 부문의 몫과 관련하여 잉여로 기입된 보충적 주체들의" 행위인 이유이다(Rancière, Panagia, and Bowlby 2001). 정치적 주체, 즉 랑시에르에게는 항상 민주적 주체인 데모스로서 이 정치적 주체는, 정치적 행위를 통해 구성되기 때문에 랑시에르는 정치가 주체화의 과정이라고 주장한다. 따라서 랑시에르의 핵심 개념인 평등, 민주주의, 정치는 서로 교차한다고 말할 수 있다. 왜냐하면 정치적 행위는 평등의 입증으로 구성되며, 우리가 불화를 시연함으로써 이것을 입증할 때 민주주의는 정치 체제로서가 아니라 치안 질서의 중단으로 '발생하기' 때문이다. 이것은 '해방'의 개념에도 마찬가지로 적용되는데, '해방**된다**'는 것이 평등의 전제 위에서 행하는 것을 의미하기 때문이다. 이것은 내가 설명하였던 바, 공동 세계로의 '강제 진입점'의 특징을 가진다. 평등의 요구는 그 자신의 공간을 규정함으로써 자신이 들리게 만들 수 있다는 것을 의미할 뿐만 아니라, 다른 사람도 언제나 나 자신의 주장을 이해할 수 있다는 전제 위에서 진행되어야 하기 때문이다. 따라서 해방은 특정 교육적 궤적의 산물로 나타나지 않는다. 해방은 지능의 평등의 가정하에서 자신의 지능을 사용하는 것에 관한 것이다.

결론

랑시에르의 공헌 중 중요한 것은 이상에서 개관한 바, 해방에 관한 전통적 설명과 급진적으로 다른 설명을 제시했다는 것만이 아니다. 랑시에르가 중요하게 공헌한 바는 해방을 **다르게** 이해하도록 도와준다는 사실뿐만이 아니라, 전통적으로 해방을 이해하고 '행하는' 방식, 특별히 해방이 의존과 함께 시작하고 근본적 불평등으로부터 출발한다는 아이디어 내에 존재하는 근본 모순을 극복할 수 있다는 사실에 있다. 랑시에르의 이해는 더 이상 해방될 자의 경험이 '적절하고' '올바른' 이해로 대체될 때만 일어날 수 있다고 보는 식으로 해방될 자의 경험에 대한 근본적 불신에 근거하고 있지 않다. 이런 점에서 랑시에르의 해방에 대한 설명은 **약한** 설명이라고 특징지을 수 있는데, 해방자가 그들에게 맡겨진 사람들의 해방을 단순히 산출할 수 있다고 보장하지 않는다는 점에서 그러하다. 이것은 역사와 사회 분석을 통해 배울 수 있는 교훈이 하나도 없다는 것을 암시하지 않는다. 다만 그러한 교훈은 누군가 '올바른' 결론을 도출한다면 해방은 자연히 뒤따를 것으로 상정한다는 점에서 더 이상 해방의 '동력'으로 볼 수 없다는 것이다. 다르게 말하면, 그런 학습은 세계가 아는 정신(해방자/설명자)과 무지한 정신으로 분할되어 있는 "교육학의 신화"의 관점에서 시연되어서는 안 된다. 여기서의 차이는 단지 스승이 있는 학습과 스승이 없는 학습 간의 차이가 아니다. 해방교육의 실천을 이해하기 위해 랑시에르가 설명하려고 하는 이 차이를 음미하는 것은 중요하다. 이 차이는 '설명자-스승'이 있는 학습과, '설명자-스승'이 없는 학습의 차이이다. 다시 말하여 랑시에르가 암시하는 바는 교사 없는 학교, 스승 없는 학교가 아니다(Pelletier 2009 참조). 그가 해방의 주요 방해물로 본 것은 '설명자-스승'의 위치이다. 그러므로 해방교육 내에서도 권위는 존재하며, 이 권위는 지식이나 통찰, 이해의 차이에 근거하지 않는다. "무지한 스승은 지능 대 지능의 관계를 행사하지 않는다. 그는 단지 권위이며 단지 의지일 뿐이다. 다시 말하여, 이미 소유한 역량에 불을 붙이기 위해 무지한 사람을 길에 내려놓는 의지인 것이다"(Rancière 2010, pp. 2-3).

이 모든 것은 단지 학교를 위한 쟁점만은 아니다. 이는 동시에, 아마도 가장 우선으로는 사회의 쟁점이기도 하고, 크게는 우리가 해방을 생각하는 방식이기도 하다. 랑시에르의 아이디어는 해방이 바깥으로부터의 '강력한 개입', 특히 설명에 기반한 개입을 요청한다고 가정하는 해방의 특정 '논리'에 대한 비판을 함의하고 있다. 이 점에서 랑시에르의 비판은 설명이 해방의 핵심 열쇠로 등장하는 모든 상황을 겨냥한다고 말할 수 있다. 학교는 이것의 한 가지 사례이지만, 사회 자체가 학교교육의 설명 논리에 따라 모델링될 정도로 학교교육의 특정 '논리'는 다른 곳에서도 역시 발생할 수 있다 (이에 대하여 Bingham과 Biesta 2010, 8장, "세계는 학교가 아니다" 참조). 이런 식으로 랑시에르의 비판은 가장 우선적으로 해방의 특정 논리에 대한 비판으로서, 그 논리는 특정 개념의 학교교육에 예시되는 논리이지만 학교라는 제도에 국한되는 것은 아니다.

6장
민주주의
Democracy

복수성은 인간 행위의 조건이다.

- 한나 아렌트

'결정적인 것'이 해방의 문제라면 랑시에르는 우리로 하여금 교육과 정치가 친밀하게 연결되어 있는 방식을 보도록 했다. 만약 이것이 사실이라면 이 장에서 나의 논의의 동반자가 될 아렌트는 반대 극단에 있는 지적 입장의 저자이다. 왜냐하면 그녀는 교육과 정치는 서로 관련이 있다는 아이디어에 대해 가장 거침없이 비판한 학자들 중의 한 사람이기 때문이다. 그녀는 교육의 영역은 모든 다른 영역, 그중에서도 정치적 삶의 영역과 가장 멀리 '분리'되어 있어야만 한다고 주장한다. 그리하여 교육과 해방, 민주주의, 정치 간의 상호 관계에 관심을 갖는 이라면 누구에게나 심오한 도전이 되는 질문을 제기한다. 그러나 이 도전은 민주적 교육의 특수한 개념적 조합을 옹호하거나 반대하는 논변들이 기반으로 하는 특정 가정들을 조명하는 데 도움이 될 수 있기 때문에 중요하다. 이 장에서 논의될 그러한 가정 중의 하나는 랑시에르가 "교육학적 허구"라고 언급하는 것, 그리하여 "불평등이 인간 발달에서 저능아 범주로 재현"(Rancière 1991a, p. 119)되는 것과 관련이 있다. 이러한 "교육학적 허구"는 교육 담론과 실천에서 훨씬 광범위한 문제로 드러난다. 이 담론과 실천은 교육을 전적으로 심리학적 관점에서, 보다 정확하게 심리학적 **발달**의 관점에서 사유하는 경향을 말한다.

이 장에서 나는 교육 영역이 정치 영역과 엄격하게 분리되어야 한다고 주장하는 아렌트의 논변이 어떻게 교육에 대한 이러한 '발달적' 이해에 의해 추동되는지 보일 것이다. 이러한 가정들은 아렌트의 작업 중 교육을 명시적으로 다루는 논의에서는 핵심적 역할을 하지만, 정치적 논의에서는 전혀 등장하지 않는다. 후자에서 그녀 작업의 '논조'는 두드러지게 정치적이며, 이 책의 좀 더 광범위한 논변에 보다 중요한 것으로 다루어진다. 왜냐하면 그것은 정치적으로 존재한다는 것, 즉 복수성의 조건하에서 존재한다는 것이 무엇을 의미하는지에 초점을 둔다는 의미에서 특별히 실존적이기 때문이다. 나는 교육과 민주적 정치 영역을 구분하는 아렌트의 주장에 반대하는 논변을 구축하기 위하여 이러한 실존적 관점을 활용할 것이다. 나의 논변은 동시에 민주적 교육이라는 질문 전체를 심리학적 발달론과 분리시키고, 그것을 (아렌트의 용어로 이해되는) 인간 행위의 영역에 단단히 위치시키고자 한다. 민주주의라는 질문을 발달론적이 아니라 실존론적으로 만들어서 교육과 민주주의 간의 관계를 약한 관계로 만드는 방식으로 아렌트를 독해해 보려고 한다. 여기서 약한 관계란 교육이 민주적 인간을 발달시킬 수 있거나 산출하는 직접적인 원인이 되는 것이 아니라, 단지 그러한 상황을 촉진하는 데에 지속적인 관심을 가진다는 의미에서 그러하다. 이러한 약한 형태의 인간적 연대야말로 아렌트가 말한 것처럼 자유가 출현할 수 있는 곳이다.

민주 교육과 심리학적 발달론의 문제

민주주의 사회에서 교육의 역할은 교육자와 교육학자들, 그리고 정치가나 정책입안자들 모두에게 지속적인 관심의 대상이었다. 이러한 논의에 중대하게 걸려 있는 문제는 민주 교육과 민주 시민을 위한 교육의 적절한 형태나 모습에 대한 기술적 질문만이 아니다. 그것은 오히려 민주주의의 본성 및 민주주의 사회 내 시민들 간의 집단적 배열에 대한 보다 철학적인 질문이다. 그러나 연구 문헌들에서 훨씬 덜 주목받은 질문은 교육과 민주주의 간의 **관계**에 대한 것이다. 지배적인 견해에 따르면, 이 관계는 민주 시민을 생산하는 궤적으로 이해되어야 하는 교육의 바깥에 있는 관계, 즉 교육 **외적** 관계로 간주되어야 한다는 생각이었다(Biesta & Lawy 2006; Biesta 2007a 참조). 민주 시민을 향한 유일한 길이 민주적 과정과 실천에의 참여를 통해서라고 주장되는 경우조차도 그러한 참여는 민주적 인간을 산출해야만 한다는 가정이 있는데, 이때 민주적 인간이란 민주적 지식과 기술, 가치, 성향을 소유한 이를 말한다(예를 들어 Apple & Beane 1995 참조). 우리는 이것을 민주 교육에 대한 **심리학적** 견해로 부르고자 한다. 왜냐하면 이때 교육의 과업은 개인의 마음과 몸에 작용하는 것을 통해 특수한 종류의 개인을 생산하는 것으로 이해되기 때문이다. 그리하여 민주 교육은 특수한 일련의 도덕적 자질과 성향을 가진 개인을 만들어내는 것을 그 과업으로 간주하기 때문에 도덕교육의 한 형태가 된다. (이러한 관점을 보기 위해서 '시민성 차원'으로서 그러한 일련의 자질을 언급한 Kerr[2005] 참조)

이러한 일련의 가정들이 전 세계적으로 교육실천에서 중요한 역할을 한다고 하더라도 이것이 문제가 없는 것은 아니다. 교육과 민주주의의 관계를 외적인 것으로 간주하는 이러한 아이디어는 **교육적** 관점에서 볼 때 문제가 있는데, 문제가 되는 교육과정의 정치적 성격 자체를 인정하기 어렵게 만든다는 점에서 그러하다. 민주주의를 민주 교육의 최종 종착점으로 놓음으로써, 즉 교육활동 **이후에** 오는 것으로 봄으로써, 교육의 과정에서 일어날 수 있는 중요한 학습들 자체가 민주주의 정치의 특징과 문제들에 영향을 받지 않는 것으로 제시되기 때문이다. 민주주의의 관점에서 볼 때 이러한 노선의 생각의 문제는, 민주주의의 보장이 적절하게 교육받은 시민의 존재에 달려있다고 가정하는 것에 있다. 그리하여 일단 모든 시민이 적절하게 교육되기만 한다면 민주주의는 단순히 따라올 것이라고 생각하는 것이다.

내가 탐구하고 싶은 질문은 교육과 민주주의의 관계를 이와는 다르게 사유하는 것이 가능한가 하는 것이다. 이것은 민주 교육의 정치적 성격을 인정할 수 있기 위해서만 중요한 것이 아니라, 민주 정치 자체의 정치적 '토대'를 인정하기 위해서도 중요하다. 아렌트는 20세기의 가장 '정치적인' 사유가 중의 한 사람인[1] 동시에, 교육과 정치는 서로 관계 맺어야 한다는 견해에 대해 가장 거침없이 비판한 학자이기도 하다. 아렌트의 작업을 민주 교육의 영역에 도입하고자 하는 이들에게 이것은 진짜 문제를 제기한다(Gordon 1999, 2002; Pols 2001; Schutz 2002 참조). 자신의 에세이 「교육의 위기」에서 "교육의 영역은 다른 영역, 무엇보다도 공적이고 정치적인 삶과 단호하게 분리되어야 한다"(Arendt 1977a, p. 195)고 주장할 때, 아렌트는 교육에 대해 철학자들이 말할 때 자주 저지르는 실수의 희생자가 되었다. 비록 철학자들만이 이러한 실수를 저지르는 것은 아니지만 말이다. 그 실수란 바로 교육에 대한 논의의 어휘를 심리학적 어휘로 정한 것이다. 그리하여 '발달', '준비', '정체성', '통제'와 같은 어휘를 사용하고, '행위', '복수성', '주체성' 혹은 '자유'와 같은 개념들은 아이들이 일단 그들에게 고유한 발달과 교육적 궤적을 거친 후에야, 즉 성인의 상태에 이른 후에야 중요해지기 시작한다고 보는 것이다. 다시 말하면 이때의 실수란 '아동기'와 '성인기'를 자연적 범주로 가정할 뿐, 사회적이고 정치적인 범주로 가정하지 않는 것이다. 그리하

1) 여기서 나는 아렌트를 정치철학자가 아니라 정치적 사유가로 언급한다. 왜냐하면 그녀 자신이 특별히 명시적으로 정치철학자로 불리는 것을 거부했기 때문이다(Arendt 2003 참조).

여 자유는 오직 후자와 관련이 있고 전자와 아무 상관이 없는 것으로 본 것이다.

이 장의 목적은 아렌트 자신이 스스로가 명시적으로 한 말과 다르게, 교육과 민주 정치 간의 관계가 오직 심리학적으로만 매개될 수 있다고 보는 오늘날 지배적인 견해에 반대하는 가장 강력한 논변 중의 하나를 제공하고 있음을 보이는 것이다. 이 논변의 핵심은 아렌트의 다음과 같은 주장에 담겨있다. 공적 영역, 즉 '자유가 출현하는 영역'의 기초는 도덕적인 것이 아니다. 그것은 성공적인 도덕적 사회화의 결과가 아니라 그 자체가 정치적이다. 다시 말하면, 아렌트에게 자유의 출현은 일련의 특수한 도덕적 자질을 소유하는 개인의 존재에 달려 있는 것이 아니라, 특수한 방식의 함께-있음, 즉 '복수성 속에 함께-있음'에 의존한다는 것이다. 이것의 핵심적 논지는 자유라는 것이 교육을 통해 생산될 수 없고 오직 정치적으로만 성취될 수 있다는 것이다. 심리적이지도 않고 도덕적이지도 않지만, 그럼에도 불구하고 철저하게 교육적인 민주 교육을 이해하는 한 가지 방식은 정확히 이 차이라고 나는 주장할 것이다.

행위, 자유, 복수성

아렌트 철학은 인간을 **활동적인**(active) 존재로 이해하는 것을 중심으로 한다. 즉 인간성은 단순히 사유하고 성찰하는 능력에 의해 규정되는 것이 아니라 그가 **행하는** 모든 것과 관련되어 있다는 것이다. 아렌트는 여기서 활동적인 삶(*vita activa*)의 세 가지 양태들 간의 차이를 구분한다. 노동, 제작, 행위가 그것이다. **노동**은 인간 몸의 생물학적 과정에 상응하는 활동이다. 그것은 생명을 유지하고 그것의 지속에 전적으로 초점을 두는 필연성으로부터 파생된다. 끊임없는 반복 속에서 움직이는 것으로서 "노동하기 위해 우리는 먹어야만 하고, 먹기 위해서 노동해야만 한다"(Arendt 1958, p. 143). 그리하여 노동은 어떤 영속적인 것도 생산하지 못한다. 그것의 노력은 삶을 유지하기 위하여 영구히 재생되어야 한다. 한편 **제작**은 인간이 능동적으로 자신의 환경을 변화시키고 이를 통해 내구성으로 특징지을 수 있는 세계를 만들어내는 방식과 관계가 있다. 생산, 창조 그리고 '도구성'과 관계가 있는 것이다. 그것은 만드는 것, 그리하여 "수단과 목적의 범주에 의해 전적으로 결정되는 것에" 관심을 가진다(ibid.). 이러한 양태의 활동에서 인간은 '노동의 동물'이기보다는 "호모 파베르(*homo faber*)"로서 인간적 삶이 펼쳐질 수 있는 안정된 맥락을 구축하는 존재이다. 노동과 제작이 도구성과 필연성, 그리고 그 활동에 외재적인 목적이나 목표들과 관련이 있다면, 활동적 삶의 세 번째 양태인 행위는 목적 그 자체이고, 그것을 규정하는 질성은 바로 **자유**이다.

아렌트에게 행위한다는 것은 무엇보다도 시작을 취하는 것,

어떤 새로운 것을 시작하는 것, 새로운 것을 세계에 가져오는 것을 의미한다. 아렌트는 인간을 **시작하는 자**(*initium*), 즉 "시작함과 시작하는 **자**"(Arendt 1977b, p. 170)로서 특징짓는다. 그녀는 우리 각자를 고유하게 만드는 것이 우리가 몸을 가졌고 그 몸을 유지하기 위해 노동할 필요가 있다는 사실이나, 제작을 통해 우리가 사는 환경을 변화시킨다는 사실에 있다고 생각하지 않았다. 그것은 이전에 한 번도 한 적이 없었던 어떤 것을 하는 우리 자신의 잠재력에 있다. 이것이 바로 아렌트가 모든 행위는 어떤 의미에서 기적, 즉 "기대될 수 없었던 어떤 것"(ibid., p. 170)이라고 썼던 이유이다. 아렌트는 우리 각자의 탄생과 더불어 "고유하게 새로운" 어떤 것이 세상에 오기 때문에, 행위를 탄생의 사실과 연결시킨다(Arendt 1958, p. 178 참조). 그러나 새로운 어떤 것이 세계로 오는 것은 탄생의 순간만은 아니다. 우리는 행하고 말하는 것을 통해 **지속적으로** 새로운 시작을 세계로 가지고 온다. "말과 행위로써 우리는 우리 자신을 인간 세계에 집어넣고 이 끼워넣음이야말로 바로 두 번째 탄생과 같다."(ibid., pp. 176-177)고 말한다. 우리 자신만의 '독특한 고유성'이 드러나는 것은 노동이나 제작을 통해서가 **아니라** 바로 이 행위를 통해서이다.

그리하여 행위는 자유와 밀접히 관련되어 있다. 그러나 아렌트에게 자유는 의지의 현상이 아니다. 즉 우리가 뭐든지 선택하는 자유가 아니다. 오히려 그것은 "이전에 존재하지 않았던 어떤 것이 등장하도록 하는"(Arendt 1977b, p. 151) 자유로 이해되어야 한다. 사실 이러한 주권으로서 자유와 시작으로서 자유 간의 미묘한 차이는 훨씬 큰 결과를 초래하는 것이다. 이 차이가 함의하는 것은 매우 중요한데, 자유는 "내적 느낌"이나 사적 경험이 아니라 필연성에 의한 공적이고 정치적인 현상의 어떤 것이라는 점이다. "정치의 핵심적 원리는 자유이고, 그것의 경험 영역은 행위"(ibid., p. 146)라고 아렌트는 말한다. 그리고 자유는 그것의 출현을 가능하게 하는 "공적 영역"(ibid., p. 149 참조)을 필요로 한다고 반복적으로 강조한다. 더욱이 자유는 오직 **행위 안**에서만 존재한다. 이것은 단순히 "자유의 선물을 소유하는 것"과는 구분되는 것으로서, **자유롭다**는 것, 즉 "이전에도 없었고 이후에도 없을"(ibid., p. 153) 방식으로 행위하는 한 자유롭다는 것을 의미한다. 그러나 이러한 자유는 어떻게 출현할 수 있는가?

이 질문에 답하기 위해 '시작'이 행위를 오직 반 정도만 설명한다는 사실을 아는 것이 중요하다. 행하고 말하는 것을 통해 우리가 우리의 독특한 고유성을 드러낸다는 것이 사실이라고 하더라도, 이것을 이미 존재하는 정체성을 드러내는 과정으로 생각해서는 안 된다. 아렌트는 "행위나 말을 통해 자신을 드러낼 때 어느 누구도 그가 드러낼 것을 미리 알지 못한다"(Arendt 1958, p. 180)고 말한다. 여기서 모든 것은 다른 사람들이 우리의 시도에 어떻게 반응할 것인가에 달려 있다. 이것이 바로 주체는 저자나 생산자가 아니라, 주체라는 말의 두 가지 의미로서 행위를 시작하는 자이자 그 행위의 결과로부터 고통받고 그것에 종속되는 자라고 아렌트가 말한 이유이다. 행위를 이해하는 아렌트의 기본적 아이디어는 매우 단순하다. **우리는 고립 속에서 행위할 수 없다**는 것이다. 내가 무엇인가를 시작하지만, 어느 누구도 이것에 반응하지 않는다면 나의 시작으로부터 어떤 것도 뒤따라오지 않고, 그 결과 나의 시작은 세계로 나오지 않을 것이다. 나는 세계에 출현하지 않을 것이다. 그러나 **내가** 어떤 것을 시작하고, 다른 사람들이 나의 시작에 기꺼이 반응한다면, 나는 세계에 나오는 것이며 바로 이 순간에 나는 **자유롭다**.

이것은 행위를 위한 우리의 '능력', 즉 우리의 자유는 다른 사람들이 우리의 시작을 받아들이는 방식에 달려있다는 것을 의미한다. 그러나 여기서 '문제'는 다른 사람들이 우리가 예측할 수 없는 방식으로 우리의 시작에 반응한다는 것이다. 아렌트가 말하듯이, 우리는 항상 "자기 자신만의 행위 능력을 가진"(ibid., p. 190) 이들에게 행위한다. 비록 이것이 우리의 시작을 좌절시키더라도 "우리가 하는 것의 고유한 주인으로 스스로 남아있을 수 없는 이 불가능성"(ibid., p. 244) 자체가 동시에 우리의 시작이 세계로 올 수 있게 하는 바로 그 조건 혹은 **유일한** 조건이라고 아렌트는 반복적으로 강조한다. 물론 우리는 다른 사람들이 우리의 시작에 반응하는 방식들을 통제할 수 있다. 아렌트는 그러고 싶은 우리의 유혹도 인정한다. 그러나 그렇게 한다면 우리는 다른 사람들에게서 그들이 시작할 기회를 박탈하게 될 것이다. 그들로부터 스스로 행위할 기회를 박탈하는 것은 곧 그들의 자유를 박탈하는 것이다. 그리하여 행위는 결코 고립 속에서 가능하지 않다. 아렌트는 "고립된다는 것은 행위 능력이 박탈되는 것이다"(ibid., p. 188)라고 주장하는 데까지 나아간다. 행위할 수 있기 위하여 우리는 타자들, 우리의 행위에 반응하고 우리의 시작을 수용할 타자를 필요로 한다. 그러나 이것은 또한 행위는 복수성 없이 결코 가능하지 않다는 것을 의미하기도 한다. 복수성을 제거하자마자, 즉 우리의 시작에 반응하는 그들의 방식을 통제하고자 타자의 타자성을 제거하자마자, 우리는 타자로부터 그들의 행위와 자유를 박탈하는 것이고, 그 결과 우리 자신에게서 행위의 가능성인 자유를 박탈하게 된다. 이것이 바로 아렌트가 "복수성은 인간 행위의 조건, 바로 그것이다"(ibid., p. 8)라고 주장하는 이유이다.

이를 통해 아렌트는 자유에 대한 매우 정치적인 이해를 우리에게 제공한다. 이것은 그녀가 공적 영역에서 우리가 출현하는 것의 관점에서 자유를 이해하기 때문만은 아니다. 오히려 자유주의적 정치이론의 경우에서처럼 자유를 궁극적으로 사적인 어떤 것으로서 보지 않고, 보다 중요하게 근원적으로 타자의 자유와 상호 연관되어 있음을 보인다는 점에서 그렇다. 후자는 단순히 경험적 사실로서가 아니라 아렌트 철학의 규범적 핵심으로서 이해되어야 한다. 아렌트는 모든 이가 행위하고 출현하며 자유롭게 되는 기회를 가지는 세계에 헌신하고 있다. 이것이 함의하는 중요한 논지는 공적 영역, 자유가 출현하는 공적 영역은 물리적 용어로 이해되어서는 안 되고, 인간적 상호작용의 특수한 질성을 가리키는 것으로 이해되어야 한다는 점이다. 아렌트는 이를 다음과 같이 설명한다.

> 적절하게 말해서 **폴리스**는 물리적 위치의 의미에서 도시-국가를 말하는 것이 아니다. 그것은 함께 행위하고 말하는 것에 기원이 있으며, 사람들의 조직에 대한 것이다. 그것의 진정한 공간은 이러한 목적을 위하여 사람들이 함께 사는 것에 놓여있다. 그들이 어디에 있게 되든 말이다... 그것은 그 용어의 가장 광범위한 의미로서 출현의 공간에 대한 것이다. 즉 다른 사람이 나에게 출현하듯이 내가 다른 사람들에게 출현하는 공간으로서, 이곳에서 인간은 단지 다른 생명체나 생명 없는 사물과 같이 존재하는 것이 아니라 눈에 보이게 자신을 출현시킨다(ibid., pp. 198-199).

"출현의 공간"은 "인간이 말과 행위의 방식으로 함께 있을 때" 존재하게 된다(ibid., p. 199). 이것은 "우리 손의 작업 공간과 달리", 즉 제작을 통해 만들어지는 공간과 달리, "그것을 존재하게 했던 운동의 현실성(actuality)을 견뎌내지 못하고 사라진다... 활동 그 자체가 사라지거나 멈추는 것이다"(ibid., p. 199).

그리하여 행위는 "전적으로 타자의 끊임없는 현전"(ibid., p. 23)에 의존한다는 사실로 특징지어진다. 이것은 아렌트가 사적 영역과 공적 영역을 구분하는 방식 중 하나이다. 즉 노동과 제작은 "타자의 현전을 필요로 하지 않지만"(ibid., p. 22), 행위는 그렇다[2]는 의미에서 그러하다. 이러한 방식으로 우리는 아렌트가 활동적 삶의 각 차원에 적절한 자리를 할당했다고 말할 수 있다. 사적 영역, 즉 집안 일(*oikos*)의 영역은 필연성의 규칙하에 수행되는 노동과 제작에 의한 물질적 필요의 충족에 관심을 가진다. 공적인 영역은 "그것이 우리 모두에게 공통되는 한 세계 자체를 의미한다"(ibid., p. 52). 그러나 그것은 "지구나 자연과 동일하지 않다." 오히려 "인간이 만든 세계에 함께 거주하는 사람들 간에 진행되는 사태뿐만 아니라 인간의 손으로 제작한 인공물"(ibid.)과 관련된다. 그리하여 사적이고 공적인 이 두 가지 영역의 "가장 기본적인 의미"는 "그것들이 존재하기 위해서는 숨겨져야 할 필요가 있는 사물과 공적으로 전시될 필요가 있는 타자들이 있다"(ibid., p. 73)는 것이다. "테이블이 그것을 둘러싸고 앉아있는 사람들 사이에 놓여 있는 것처럼, 제작은 그러한 공통의 세계, 즉 공통으로 그것을 가지는 이들 사이에 있는 사물의 세계의 제작에 대한 것인 정도로"(ibid.), 공적인 질성을 가지기도 한다. 그러나 행위와 달리 제작은 "타자의 현전"을 필요로 하지 않는다. 그리고 이것은 정확히 행위가 정치적이라는 의미로 제작이 정치적이지 않은 이유를 보여준다.

2) 아렌트가 모든 인간의 활동은 "인간들이 함께 산다는 사실로 조건 지어진다"(Arendt, 1958, p. 22)고 주장한다는 점에서 여기서 그녀의 논지는 실제 약간 더 미묘하다. 노동과 제작은 타자의 현전 없이 수행될 수 있다. "오직 혼자 스스로 거주하는 세계를 만들고 제작하고 구축하는 존재가 호모 파베르는 아니지만 여전히 제작자인" 것처럼, "완전한 고독 속에서 노동하는 존재는 인간이 아니라 노동하는 동물"이라고 하더라도 말이다(ibid.).

활동적 삶의 세 가지 양태를 묘사하는 아렌트의 방식에는 분명 위계가 있지만, 근대성에 대한 그녀의 비판에서 핵심적인 것은 이러한 위계가 근대성에서 전복되어 왔다는 주장이다. 아렌트는 특히 "사회적인 것의 등장"에 관심을 가지는데, 사회적인 것은 "동물적 노동의 승리"에 대한 것이자, 삶 자체가 "궁극적 참조점" 및 "최고선"(ibid., p. 320)이 되었다는 사실과 관련된다. 그리하여 사회적인 것의 등장은 곧 정치적인 것의 소멸과 일치한다. 아렌트의 기획을 읽는 한 가지 방법은 고유하게 정치적인 것을 위한 공간을 새롭게 주장하려는 시도로 그것을 읽는 것이다. 그녀에게 정치적인 것은 동시에 고유하게 인간적인 것이다. 이것이 제기하는 한 가지 질문은 교육이 이 전체 배열에서 어디에 위치하는가 하는 것이다.

교육의 위기

아렌트는 교육에 대한 자신의 견해를 1958년 처음 출간된「교육의 위기」(Arendt 1977a)라는 에세이에서 가장 명시적으로 논의한다. 여기에서 아렌트는 교육의 적절한 위치는 공적 영역에서 발견되는 것이 아니며, 이런 의미에서 교육은 정치적으로 이해되어서는 **안 된다**고 주장한다. 그러나 아렌트의 주장, 즉 "교육의 영역은 다른 영역, 무엇보다도 특별히 공적, 정치적 삶과 분리되어야 한다"(ibid., p. 195)는 주장이 곧 교육의 적절한 자리가 사적 영역이라고 말하는 것은 아니다. 아렌트는 교육이 단지 삶에 대한 것이어야만 한다는 생각에는 분명히 반대한다. "아동이 단순히 아직 완성되지 않은 살아있는 생명체라면, 교육은 단지 삶의 기능이고, 생명 유지에 대한 관심 외에, 그리고 모든 동물들이 자신들의 새끼들에게 관심을 갖는 삶의 훈련과 연습 외에 아무것도 아닐 것이다"(ibid., p. 185)라고 말한다. 물론 그러한 생명 유지가 어린 아동에게 중요하기는 하다. 그들은 "삶과 성장이라는 단순한 사실이 인격이라는 요인보다 더 중요한 삶의 단계에 있으며, 방해받지 않는 채 성숙하기 위하여 공적 시선에 숨겨지는 안전성이 본성상 요구되는" 시기에 있는 것이다. 그러나 상황은 "더 이상 어린아이가 아닌 젊은이들을 향한 교육 영역에서 전적으로 달라진다." 후자는 "자신이 알지 못하는 이미 존재하는 세계에서 태어난 새로 온 자이자 그 세계에 낯선 자이다"(ibid., p. 188). 여기서 초점은 "성장하는 존재의 핵심적 복지에 대한 책임"이 아니라, "우리가 특징적 자질과 재능의 자유로운 발전이라고 일반적으로 부르는 것, 즉 모든 사람들을 다른 사람들로부터 구분 짓는 고유성"(ibid., p. 189)이라는 것에 있고, 이때 상황은 완전히 달라진다. 아렌트가 학교의 특수한 과업을 말하는 것은 바로 여기에서이다. 그러나 학교의 영역은 사적이지 않다. 즉 생명의 유지에 초점을 두지 않는다. 그렇다고 학교가 공적인 영역인 것도 아니다. 아렌트에게 학교는 이 사이 '중간쯤'에 위치하는 그런 종류의 기관이다. “학교는 가정에서 세계로의 이동을 가능하게 하기 위해 가정이라는 사적 영역과 세계 사이 중간에 위치 지어져 있는 기관”이다(ibid., pp. 188-189).

학교의 과업의 일부는 아동을 점차적으로 세계에 소개하는 것이다(ibid., p. 189 참조). 이 과정에서 “있는 그대로의 세계와의 관계에서 이 새로운 것이 열매를 맺도록 배려해야 한다”(ibid.). 그리하여 아렌트는 교육활동은 보수주의적 요소를 가질 필요가 있다고 주장하는데, “세계에 대하여 아이를 소중히 여기고 보호하는 것이 교육활동에 본질적”(ibid., p. 192)이기 때문에 보존의 의미에서 그러하다. 이것은 “매 세대가 세계에 부딪힐 때 그 세대의 맹습에 의해 그 세계가 과용되거나 파괴되는 것으로부터”(ibid., p. 186) 세계를 보호하는 것이 교육의 과업인 것과 마찬가지이다. 그리하여 “교육이 보수적이어야만 하는 것은 (정확히) 모든 아이들 안에 있는 새롭고 혁신적인 것을 위해서”이다. “교육은 이 새로움을 보존하고 세계에 새로운 것으로서 그것을 소개해야 한다”(ibid., p. 193). 아렌트에게 이것은 또한 “교육자들이 가정해야만 하는 책임을 위하여 세계의 대변자로서 젊은이들과의 관계 속에 이들이 서 있다”는 것을 의미한다. “비록 교사 자신들이 그 세계를 만들지 않았다고 하더라도 그리고 비록 비밀스럽게나 공개적으로 그것이 다른 것이기를 바란다고 하더라도 말이다”(ibid., p. 189). 이 책임, 즉 아렌트에 따르면, 아이들이 단순히 삶에 소환되는 것이 아니라 세계에 태어난다는 그 사실과 함께 오는 이 책임을 회피하는 것은, 교육을 (집단적인) 학습 과정으로 바꾸는 것이며, 그런 의미에서 그것은 교육의 종말을 의미하는 것이다(Biesta 2004b 참조). 이것은 아렌트의 진보교육에 대한 비판의 핵심적 논점이다(Arendt 1977a, pp. 180-185 참조). 그것은 또한 아렌트가 '교육의 위기'로 진단하는 것의 핵심이다. 아렌트는 우리의 교육의 위기는 무엇보다도 어른들이 세계에 대해 책임지기를 거부하는 것에 있다고 주장한다.

교육에서 세계에 대한 이 책임은 "권위의 형태를 취한다"(ibid., p. 189). 그리고 교육에서 어른과 아동, 그리고 '구세대'와 '신세대' 간의 관계의 특별한 성격을 특징짓는 것은 바로 이 권위이다. 교육적 권위는 억압과 혼동되어서는 안 된다고 아렌트는 경고한다. "비록 아동을 해방의 필요가 있는 억압된 소수자로 다루는 그러한 불합리성이 근대교육의 실천에서 시도되었다"(ibid., p. 190)고 하더라도 말이다. 우리가 만약 아동을 어른의 권위로부터 해방시킨다면, 그리하여 아동을 그들 자신의 문화 속에 내버려 둔다면, 우리는 아이들을 해방시키는 것이 아니라 "훨씬 더 끔찍하고 진정으로 독재적인 권위, 즉 다수의 독재 속에 종속시키는 것"(ibid., p. 181)이 될 것이기 때문이다. 아렌트는 "그러한 상황을 견딜 수 있는 매우 소수의 어른들은 있을 수 있지만, 아이들은 단순히 그리고 전적으로 그럴 능력이 없다"(ibid., p. 181)고 말한다. 어린아이들이기 때문에 그들은 자신들이 속한 집단의 독재에 대항하여 따질 수도 없고, 진보교육에서의 경우 어른의 세계가 그들로부터 막혀있기 때문에 다른 어떤 세계로 도피할"(ibid., pp. 181-182) 수도 없다는 것이다. 그리하여 아렌트에게 세계에 대한 책임으로서 보수, 권위, 책임은 아이들이 "새로운 어떤 것, 우리에 의해 예견되지 못한 어떤 것에 착수할" 기회를 갖게 하기 위하여 교육에서 필수적이다. 그러나 이것은 **오직** 교육의 영역에서만, 즉 "어른과 아이 사이의 관계를 위해서만" 타당하지, "정치의 영역, 즉 동등한 자로서 어른들 사이나 어른들과 함께 행위하는 정치 영역을 위해서는"(ibid., p. 192) 타당하지 않다고 말한다. 교육적 관점에서 볼 때 우리가 너무 일찍, 즉 여전히 "성장의 과정 중에 있고 아직 완성되지 않은 상태에 있는"(ibid., p. 187) 아이들을 "공적 존재의 관점"에 노출되도록 강제한다면, 그들로 하여금 세계에 새로움을 가지고 올 수 없게 한다고 아렌트는 경고한다. 그러나 정치적 관점에서 볼 때 이렇게 보수적인 태도에는 문제가 있다. 왜냐하면 "세계의 창조자이자 거주자들이 사멸한다는 사실에 비추어볼 때 세계를 보존하기 위하여 세계는 끊임없이 새로운 것으로 설정되어야 하기 때문이다"(ibid., p. 192).

아렌트의 인간 발달론적 전제

바로 앞선 문단에서 아렌트는 우리에게 교육과 정치는 아무런 관련이 없고 또 관련이 없어야만 한다는 단순한 선언 이상을 제시한다. 그녀는 교육 영역과 정치 영역은 분리된 채 유지되어야 한다는 자신의 주장을 지지하는 일련의 상세하고도 도전적인 논변을 제시한다. 교육 영역에서 관계는 권위에 의해 규정되고 보수적인 것에 초점을 두어야 한다. 이것은 부분적으로 새로 오는 자로서 아이들이 이미 존재하는 기존 세계에 대해 책임을 질 수 없기 때문이다. 이 책임을 수행해야 할 자는 어른/교사이다. 이들은 세계를 대변하고 "이것이 바로 세계다"(ibid., p. 189)라고 말함으로써 새로 오는 자에게 세계를 대변할 필요가 있다. 이에 비해 정치 영역에서 관계는 동등성에 의해 규정되고 재생/새로움에 초점이 있다. "세계의 진행 과정에 대한 동등한 책임"(ibid., p. 190)을 질 기회가 생기는 것은 바로 여기에서이다. 아렌트가 관찰했듯이 비록 근대 세계에서는 어느 누구도 공통의 세계에 책임을 지고 싶어하지 않지만 말이다(ibid., p. 190).

그러나 아렌트의 논변은 단지 교육적 **관계**와 정치적 **관계** 간의 차이에 대한 것만이 아니다. 그것은 또한 아동을 "발달 중인 인간"으로 간주하고, "아동기를 성인기를 위한 준비 단계로서 일시적인 것"(ibid., p. 184)으로 간주하는, 아동기에 대한 특수한 견해에 기반한다. 아렌트는 아이와 어른이 세계에 같이 살아간다는 사실을 부인하지는 않지만, 아이와 성인 간에는 근본적인 구분이 있다고 주장한다. "우리는 성인을 교육할 수 없고 아이들을 마치 어른인 것처럼 다룰 수 없다"(ibid., p. 195)고 말한다. 그리하여 아렌트에게 교육은 항상 **준비**의 영역에서 작동한다. 이것은 내가 주장하고자 하는 논변을 위해 중요한 논점이다. 정치적 삶이 시작되는 것은 성인기에 도달할 때, 즉 교육이 끝나는 때이다. 이것은 또한 **자유**라는 용어가 왜 교육에 대한 아렌트의 논변에 등장하지 않는지 그 이유를 설명한다. 그녀에게 자유란 정치적 개념으로서 정치 영역에서만 존재하기 때문이다. 즉 아렌트에게 자유는 그저 교육적 개념이 아닌 것이다.

비록 아렌트의 견해가 일관되고 어느 정도 설득력이 있다고 하더라도 한 가지 중요한 질문에 대해서는 답하지 못한 채 있다. 그것은 바로 교육이 끝나고 정치가 시작되는 지점에 대한 것이다. 이것에 대한 아렌트 자신의 대답은 아동기와 성인기 사이의 구분에 기반한다. 비록 그녀가 이 둘 간의 구분의 기준을 "일반적인 규칙으로 결정될 수 없는 것"이라고 서둘러 덧붙이지만 말이다. "그것은 시대에 따라 그리고 나라와 문명, 개인에 따라 자주 바뀌기 때문이"(ibid., p. 195)라는 것이다. 그럼에도 불구하고 그녀는 **시간의** 틀로, 즉 (심리적) 발달과 전환의 문제로 이 질문에 대한 답을 찾는다. 만약 이 접근을 따른다면 다음과 같은 질문이 바로 제기될 수 있다. 아동기에서 성인기로 전환되는 시점을 결정하는 것은 무엇인가? 다시 말하자면 아동은 언제 정치를 위한 '준비'가 마무리되는가? 아동이 충분히 성장한 때는 언제인가? 아동이 이성의 능력을 갖추었을 때인가? 아동이 세계에 대한 책임을 질 수 있을 때인가?

내가 여기서 제기하고 싶은 문제는 이러한 질문에 대한 올바른 답이 아니다. 그것에 대한 아렌트의 가설적 답은 더더욱 아니다. 내가 보기에 보다 중요한 질문은 이것이 올바른 질문인가 하는 것이다. 우리는 교육과 정치 간의 차이를 **시간적**이고 발달적인 용어, 즉 아동기와 성인기 간의 구분이라는 관점으로 생각해야만 하는가? 보다 정확히 말하자면 아동기와 성인기를 **시간적**으로 구분하고, 성인기는 아동기 **다음에** 오는 것으로 생각해야 하는가? 이것에 대하여 다음 두 가지 논점을 제시하고자 한다.

물론 어른의 권위 없이 자신들끼리 내버려져 있는 상황에서 나타나는 "다수자의 횡포"를 아이들 스스로 다룰 수 없다는 아렌트의 주장에는 일리가 있다. 그러나 아렌트 자신이 이미 지적하듯이 그러한 상황을 실제로 견딜 수 있는 어른도 극히 적다. 이것은 이미 여기서의 사안이 아이와 어른 간의 구분이 아니라 인간 공동성(human togetherness)의 양태, 즉 함께-있음의 양태에서의 차이에 대한 것이라는 것을 보여준다. 즉 "다수의 횡포"로 특징지어지는 함께-있음의 양태와 자유가 출현하는 함께-있음의 양태 간의 차이 말이다. 아마도 아렌트는 어른이 된다는 것은 후자적 의미의 함께-있음의 양태를 위한 필수적인 조건이기는 하지만 충분한 조건은 아닌 것으로 주장하는 것 같다. 이것은 자유란 결코 아이들이 함께 있을 때는 출현할 수 없다는 것을 암시한다. 그러나 이런 식으로 말하는 것은 '아이'와 '성인' 사이의 구분이 사실상 정의상의 구분이라는 것을 보여준다. 즉 '성인'은 정치적 공간을 만들어낼 능력이 있고 '아이들'은 그럴 능력이 없는 이들이라는 것이다. 그러나 많은 '성인들'이 그럴 능력이 없다는 것을 우리는 잘 알고 있다. 물론 그렇다고 그들을 어린아이로 부를 수는 없다. 이것은 아이들이 정치에 준비되는 시기가 언제인가라고 묻는 것이 잘못된 질문이라는 것을 드러낸다. 우리가 던져야 할 질문은 정치, 행위, 자유를 위한 조건은 무엇인가 하는 것이다. 이 질문에 대하여 발달론적 심리학은 답을 줄 수가 없다. 왜냐하면 자유는 교육을 통해 생산될 수 있는 것이 아니라 정치적으로만 성취될 수 있는 것이기 때문이다.

우리가 이 질문을 반대 방향에서 접근해도 이와 유사한 결론이 나온다. 교육의 영역을 정치의 영역과 분리시켜 유지함으로써 아렌트는 정치 영역의 역동성, 즉 시작과 반응, 혹은 복수성 속의 행위 역동성이 교육의 영역에서는 일어나지 않거나 교육자에 의해 저지되어야 한다고 가정하는 것처럼 보인다. 아이들은 단순히 말과 행위의 능력이 없고 '소음'만을 생산한다고 가정함으로써, 행위와 자유는 아이들 사이에서는 결코 출현할 수 없는 것으로 주장될 수 있다. 우리가 아이에 대한 정의를 그렇게 받아들이지 않는 한, 아이들이 함께 있을 때 자유는 결코 출현하지 않을 것이고 행위는 결코 일어나지 않을 것이라고 가정하기 어려운 것처럼, 어른에 대한 정의를 그렇게 받아들이지 않는 한, 어른들이 함께 있을 때 자유가 항상 출현하고 행위가 항상 일어날 것이라고 가정하기도 어렵다. 우리는 다시 다음과 같은 결론에 도달한다. 정치, 행위, 자유에 대한 조건은 단순히 성인기라 불리는 발달적 단계와 일치하지 않는다. 어른이 된다는 것이 행위와 자유를 보장하지 않듯이, 아이가 된다는 것이 곧 행위와 자유의 부재를 보장하지도 않는다. 다시 질문은 무엇이 정치와 행위, 그리고 자유를 위한 조건인가 하는 것이다.

교육의 위기에 대한 분석에서 아렌트가 성인들이 세계에 대한 책임을 거부하고 있다고 본 점은 옳지만, 교육과 정치 영역의 분리를 옹호한 것은 타당하지 않다고 생각한다. 혹은 최소한, 두 영역 간의 구분을 표시하는 그녀의 방식은 그렇게 설득적이라고 생각되지 않는다. 문제는 아렌트의 '발달론적' 전제에 있다. 그녀는 '아이'와 '성인' 간의 구분을 당연하게 받아들이고 있다. 이로 인하여 아렌트는 교육의 과정과 실천이 수반하는 정치적 차원을 인정하지 못할 뿐만 아니라, 동시에 정치와 행위, 그리고 자유의 조건에 대하여 심리학적 관점으로 사유하지 않을 수 없는 것으로 보인다. 다음 절에서 나는 교육과 정치의 관계가 심리학적으로 매개된다는 생각에 반대하는 아렌트 자신의 논변을 보일 것이다. 이 논변은 교육과 민주 정치 간의 관계에 대한 상이한 사유 방법을 우리에게 열어 보인다.

정치적 존재

아렌트 저술에서 반복되는 주제 중의 하나는 자유에 대한 관심이다. 아렌트의 용어로 말하자면 이것은 자유가 출현할 수 있는 공간, 즉 사람들이 행위할 수 있고 또 그 행위가 가능한 공간에 대한 관심이다. 이것이 상실될 때 우리는 우리 자신의 독자적인 고유성이 사라진 존재로, (아렌트의 표현으로) 오직 생명 유지와 보존의 존재 상태로 추락한다. 더 이상 인간이 아닌 존재 방식으로 추락하는 것이다. 그리하여 자유가 출현할 수 있는 공간을 어떻게 가져올 것인가라는 질문에는 중요한 많은 것이 걸려 있다. 아렌트는 이것을 위해 단순히 공적 영역이 필요하다고 말하지 않는다. 우리가 필요로 하는 것은 특수한 질성을 가진 공적 영역이다. 왜냐하면 자유는 오직 **복수성**의 조건하에서만 출현할 수 있기 때문이다. 그리하여 정치적 삶과 관련하여 핵심적인 질문은 "우리가 다른 사람, 낯선 사람과 함께 같은 세계에서 영원히 살아가는 것을 가능하게 하고, 그들이 우리와 함께 살아가는 것을 견딜 수 있게 하는 것은 무엇인지"(Arendt 1994, p. 332)를 결정하는 것이다. 자신의 에세이 「이해하기와 정치」(Arendt 1994)에서 아렌트는 이 질문을 이해의 과제와 연결시킨다. 이해하기는 "옳은 정보와 과학적 지식과는 구분되는 것으로서, …지속적인 변화와 변형 속에서 우리 자신을 현실과 화해시키는 것, 즉 세계 속에서 편안하게 되도록 하는 끝이 없는 활동이다"(ibid., pp. 307-308). 이해하기는 매개되지 않는 직접적인 경험의 표현도 아니고 단순한 지식도 아니다. 그것은 판단과 어떤 것을 공유한다(ibid., p. 313 참조). 이해하기는 "특수하게 인간적인 방식으로 살아있는 것인데 왜냐하면 모든 한 사람 한 사람은 자신이 이방인으로 태어났고, 그 자신의 독자적인 고유성의 정도만큼 언제나 그렇게 남아 있을 세계와 화해할 필요가 있기 때문이다"(ibid., p. 308). 그리하여 아렌트는 특별히 정치적으로 함께-있음의 방식을 암시하는데, 이것은 함께 **존재하는 것**에 헌신하기 때문이다. 즉 그것은 우리의 사적인 존재 방식이 아니고 **복수성**을 유지하는 방식으로 존재하는 것이다.[3] 그것은 우리가 이방인을 견디고, 그들이 우리를 견디는 그러한 방식으로 함께 존재하는 방식에 대한 것이다.

그러한 방식의 존재를 가능하게 하는 것은 관용이나 존중과 같은 자질들이라고 가정하는 것은 그럴듯하다. 이것은 궁극적으로 **도덕적** 자질들이다. 한센(David Hansen)이 제안하듯이 이 말은 "도덕성이 이방인으로서 우리가 서로를 견디는 능력의 일차적인 기초이자 표현"(Hansen 2006, p. 5)이라는 것을 의미한다. 그러나 「이해하기와 정치」에서 아렌트는 정치 영역과 사회 영역, 법과 관습 영역, 그리고 궁극적으로 정치와 도덕 영역 간의 구분에 초점을 두면서, 이것을 다르게 바라보는 방식을 발전시킨다(Hansen 2006, p. 5 참조). 아렌트는 법적 올바름이 훼손될 때 국가가 쇠락하기 시작한다고 주장하면서 자신의 논변을 전개한

3) 나는 여기서 일부러 '정치적으로 사는 것'이 아니라 '정치적으로 존재하는 것'이라는 어구를 사용하는데, 왜냐하면 아렌트의 어휘로 '정치적으로 사는 것'은 모순어법이기 때문이다.

다. 이것이 일어날 때 정치적 체제를 함께 지탱하는 것은 그 사회의 관습이자 전통, 즉 "습관적 도덕성"(ibid., 참조)이다. 그러나 "전통은 제한된 기간 동안에만 최악의 상태를 막을 수 있을 뿐이다. 모든 우연한 사건은 관습과 도덕을 파괴시킬 수 있고 그것은 더 이상 법적 올바름에 토대를 두지 않는다. 모든 우연성은 시민에 의해 더 이상 보장되지 않는 사회를 위협한다"(Arendt 1994, p. 315). 그리하여 "관습과 전통에 의해서, 즉 단지 우리를 묶는 도덕성이라는 힘에 의해서만 지탱되는"(ibid.) 정치적 체제는 진짜로 위험하다. 이것은 "상당히 충격적인 주장"(Hansen 2005, p. 6)인 다음과 같은 주장, 즉 "이해하기, 판단하기, 이방인과 견디기 그 자체는 도덕성을 명시화하는 것이 아니고, 오히려 도덕성과는 다른 토대 위에 서있다"(ibid.)는 주장을 암시한다. 정치를 가능하게 하는 것은 도덕성이 아니고, 오히려 도덕성을 가능하게 하는 것이 정치적 존재라고 아렌트는 제안한다. 아렌트가 이러한 입장을 취하는 충분히 타당한 이유가 있다. 그녀는 "스스로 사유하거나 판단할 수 있었던 이들이 도덕적 규범을 소유한 이들보다 나치 치하에서 그 정권에 더 잘 저항했기"(ibid.) 때문이라는 것을 자신 있게 보여 주었기 때문이다.

그리하여 우리의 질문은 '정치적으로 존재한다'는 것이 무엇을 의미하는가 하는 것이다. 이것에 대한 간결한 버전의 대답은 다음과 같다. 정치적으로 존재한다는 것은 복수성 속에서 함께 존재한다는 것이다. 이것은 복수성을 근절하지 않고 "서로 협력 속에서"(Arendt 1958, p. 57) 행위한다는 것을 의미한다. 그러나 복수성 속에 함께 존재한다는 것을 이해하거나 수행하는 상이한 방식이 있을 수 있다. 그리하여 이 질문은 다음과 같이 다시 제기되어야 한다. "공동의 행위가 수많은 관점과 측면의 동시적 현전 속에서" 어떻게 가능한가 하는 것이다. "공동의 세계는 수많은 관점과 측면에서 현전되고, 이 안에서 어떤 공통의 특성과 분모는 결코 만들어질 수 없는 것"(Arendt 1958, p. 57)이다. 이 지점에서 다음을 보는 것은 중요하다. 아렌트는 한편으로, 공통의 정체성에 기반한 '협력 속에서'만 우리가 행위할 수 있다고 생각하지는 않았다. 다른 한편, 그녀는 공동의 행위라는 것이 단순히 복수성이 존재하도록 한다고 해서 가능한 것은 아니라는 점 또한 분명히 인정했다. 공동의 행위는 **단지** 복수성에 기반한 것만으로는 가능하지 않다. 그리하여 아렌트적 의미에서 정치적으로 존재한다는 것은 내가 '단절된 복수성'이라고 부르는 것을 거부한다. 아렌트에게, 연결은 가능하지만 이때 연결은 항상 차이 속의 연결이다. 복수성의 조건하에서 이루어지는 공동의 행위는 "시작하는 자들"이 단순히 자신의 시작을 타자들에게 강제하는 적대적 투쟁의 방식으로 이해될 수 없다. 공동의 행위는 결정을 요구하고 그리하여 숙고와 판단을 요구한다. 그러나 아렌트가 **판단 없는 복수성**을 거부한 것처럼, 그녀는 내가 **복수성 없는 판단**이라고 이름 붙인 것 또한 거부한다. 다시 말하면 그녀는 복수성의 네트워크 바깥 상황에서 이루어지는 정치적 판단의 어떤 형태도 거부한다.

아렌트는 칸트의 『판단력 비판』에 대한 논의(Arendt 1982)에서 정치적 판단에 대한 자신의 아이디어를 명료하게 표현한다. 정치적 판단은 인간 간의 함께-있음(human togetherness)에 대한 관심이기 때문에 대표성을 가질 필요가 있다. 다시 말하면 그것은 일종의 일반성(generality)의 형태, 혹은 아렌트가 선호하는 표현으로, **공공성**(publicity)을 요구한다. 그녀는 그것을 "다른 사람들의 사유와의 접촉으로부터 나오는 검증하기"(ibid., p. 42)로 정의한다. 그러나 아렌트는 칸트가 옹호하는 아이디어, 즉 "다른 모든 사람의" 입장에서 사유하기 위해 자신의 우연적 상황으로부터 **추상화**하는 형태의 대표적 사유(representative thinking)라는 아이디어에 반대하여, **복수-관점적 이해** 형태로서의 대표적 사유를 제안한다(Disch 1994, pp. 152-153 참조). 아렌트에게 "그것은 추상적 사고가 아니라 확장된 사유를 설명하는 것으로서, 특수성에 대한 배려된 주목"이다(ibid., p. 153). 그리하여 아렌트에게 대표적 사유는 특수자들, 즉 "자기 자신의 '일반적 입장'에 도달하기 위해 우리가 거쳐야 할 필요가 있는 입장들의 특수한 조건들"(Arendt 1982, p. 44)과 밀접한 관련이 있다.

이것을 성취하기 위해 판단의 행위는 사유하기와 결정하기 이상의 것으로 구성되어야만 한다. 그것은 **상상력**의 도움을 필요로 한다. 그러나 상상력을 보편적 입장의 가정을 가능하게 만드는 비판적 거리의 정립에 필요한 것으로서만 가정한 칸트와는 달리, 아렌트에게 상상력은 "사물을 그것의 적절한 거리에 두기" 위해서, **그리고** "타자들과의 심연에 다리를 놓기 위해서"(Disch 1994, p. 157) 필요한 것이었다. 판단할 때 요청되는 상상력의 후자적 활동은 "방문하기"로 불린다. 디시(Disch)가 설명하는 것처럼, 방문하기는 "말하는 것에 관심을 가지는 복수적 관점들 각각의 관점에서 사건의 이야기를 구성하는 일"에 연루될 뿐만 아니라 **동시에**, "나 자신의 관점과 매우 다른 이야기에 내가 하나의 인물로서 어떻게 반응할지를 상상하는 일"(ibid., p. 158)에 연루되는 것이다. 방문하기는 **편협주의**(parochialism)와 같은 것이 아니다. 후자는 다른 곳을 방문하는 것이 아니라 그저 집에 머무는 것이다. 방문하기는 또한 **관광하기**(tourism)와 같은 것이 아니다. 이것은 "우리가 여행할 때조차도 자신의 집에 있는 것과 같은 온갖 편안함을 누리고자 하는 것"이다(ibid., pp. 158-159). 그러나 방문하기는 또한 **공감하기**(empathy)와도 구분되어야만 한다. 이것은 "동화주의"의 한 형태로서 "상대의 관습을 전유하는 것을 통하여 자신의 집이 아닌 곳에서 억지로 편안해지려고 하는 것"이다(ibid., p. 159).

관광하기와 공감하기가 지니는 문제는 둘 다 복수성을 제거하는 경향이 있다는 데 있다. 전자는 "하나의 렌즈로서 '우리가 일상적으로 하는 방식'을 그대로 유지하면서, 그 렌즈를 통해 상이한 문화가 오직 타자성을 가진 것으로만 나타나게 하는 객관주의적 태도를 취함으로써" 그렇게 한다. 후자는 이러한 관망적인 렌즈를 "토착적 렌즈"로 바꾸어, "낯선 장소에서 느끼는 불편함을 피하기 위해 새로운 문화와 스스로를 동일시하고자" 한다(ibid.). 이와 대조적으로 방문하기는 "내가 실제로 존재하지 않는 곳에서 나 자신의 정체성을 가지고 존재하고 사유하는 것이다"(Arendt 1977c, p. 241). 이것은 **자신만의** 사유를 하지만 자신의 관점과 매우 다른 이야기 속에서 그렇게 하는 것이다. 그리하여 "세계가 다른 사람에게 다르게 보이는 방식을 이해하는 데에 필수적인 방향감각의 상실"(Disch 1994, p. 159)을 스스로에게 허락하는 것이다.

방문하기라는 아이디어의 독창적인 측면은 이것이 관광하기와 다르다는 사실에 있는 것이 아니다. 그것은 오히려 복수성의 제거를 원치 않는 모든 정치적 판단에의 접근은 타자나 타자성과 관계할 필요가 있다는 사실을 분명히 보여주는 데 있다. 방문하기는 물리적으로든 가상적으로든 자신의 집에 안전하게 머물러 있을 수가 없다. 한편, 관광하는 자는 결코 낯선 곳에 갈 수 없는데, 왜냐하면 그는 항상 자신의 여정의 끝에서 만날 것을 이미 알고 있기 때문이다. 방문하기의 혁신적 측면은 그것이 **공감하기**의 대안을 제공한다는 사실에 있다. 공감하기의 문제는 우리가 단순히 그리고 편안하게 타자의 입장을 취할 수 있다고 가정한다는 데 있다. 이를 통해 우리 자신이 보거나 생각하는 것의 상황성과 타자의 그러한 상황성 모두를 부정한다. 방문하기는 내가 아닌 다른 사람의 눈을 통해서 보는 것이 **아니라 나 자신의 눈으**

로 보지만, 나 자신의 것이 아닌 입장, 즉 나 자신과 다른 이야기 속에서 보는 것이다.

그리하여 정치적으로 존재한다는 것은 위에서 개략적으로 소개된 방식으로 판단하는 것을 요청한다. 그리고 이해하기의 핵심에 놓여있는 것이 이러한 의미의 판단 개념이다. 그러나 정치적 존재를 가능하게 만드는 '능력'으로서 이해하기를 생각하기보다는, "동일한 세계 속에서 다른 사람, 이방인들과 함께 영원히"(Arendt 1994, p. 322) 살아가는 것으로서의 이해하기야말로 정치적으로 존재하는 것**이다**. 한센이 결론 내린 것처럼, "이성과 감정을 결합하는 것 같은 이해하는 가슴은, 개인 의지들의 융합, 혹은 일종의 형제애로부터 초래되는 것이 아니라, 사람들 간의 세계적 연대를 요구하고 그것을 가능하게 하는 특정 종류의 거리 유지로부터 초래되는 것이다"(Hansen 2005, p. 6). 그리하여 정치적으로 존재하는 것은 '형제애', 즉 공통의 정체성이나 공통의 본성을 토대로 하지 않는다. 오히려 그것은 세계적 연대를 가능하게 만드는 유일한 것인 거리와 이방인성의 보존을 토대로 한다. 다르게 말하자면 정치적으로 존재한다는 것은 공통의 **토대**에 대한 것이 아니라 공동의 **세계**에 대한 것이다(Gordon 2002 참조). 만약 정치적 존재와 도덕성 사이에 어떤 관계가 있다면 그것은 도덕성이 정치적 존재의 기초를 보장할 수 있거나 형성하기 때문이 아니다. 기껏해야 도덕성을 가능하게 만드는 것이 정치적 존재이기 때문이다(Hansen 2005, p. 11 참조). 이것은 다시 정치의 토대는 그 자체로 정치적이라는 것을 의미한다. 그리하여 정치적 존재는 자유가 출현할 수 있는 공간을 위한 욕망에 의해서만 동기화될 수 있다고 말할 수 있다.

결론

아동은 언제 정치적 존재로 '준비되는지'에 대한 질문으로 되돌아간다면 이제 다음의 두 가지 답변을 제시할 수 있다. 첫째, 정치적 존재란 어떤 특수한 준비성을 기반으로 하지 않는다는 단순한 이유로, 아동은 정치적 존재로 **결코** 준비되지 않는다는 것이다. 이것은 부분적으로는 철학적 논점이다. 이해하기, 판단하기, 그리고 이방인 견디기, 세계 속에서 편안함을 찾으며 화해하기와 같은 아렌트의 개념들은 정치적으로 존재할 수 있기 위해 우리가 배울 필요가 있거나 배울 수 있는 것이 아니다. 그것들은 오히려 정치적으로 존재하는 것이 무엇을 **의미하는지**를 묘사한다. 그러나 우리는 또한 그것을 경험적으로 생각할 수 있다. 아동이 얼마나 타자를 관용하고 존중하는 것을 배울 수 있는지, 혹은 아동이 실제로 이방인과 함께 잘 견뎌내고 복수성 속에서 행위할 수 있는지 등은 항상 상황의 특수성에 달린 열린 질문이라는 것을 알 수 있다. 이와 관련하여 아동은 결코 정치적 존재로 준비가 될 수 없는 한편, 항상 이미 그렇게 준비될 필요가 있다고 말할 수 있다. 이방인과 함께 견뎌내는 것과 같은 정치적 존재는 우리가 불편하다고 해서 단순히 나중으로 미룰 수 있는 그런 문제가 아닌 것이다.

그러나 정치적 존재가 되기 **위한** 학습은 없다고 말하는 것이 곧 정치적 존재**로부터** 우리가 아무것도 학습할 수 없다고 말하는 것은 아니다. 내가 보기에 이 구분은 매우 중요한데, 왜냐하면 교육과 민주 정치를 연결시키는 새로운 방식, 즉 준비나 발달의 관점과는 다른 방식을 허용하기 때문이다. 정치적으로 존재하는 것, 복수성을 제거하지 않고 '협력적으로' 행위하는 것은 매우 어려운 '작업'(아렌트적인 의미가 아닌 이 단어의 의미에서)이다. 왜냐하면 각 경우는 어떤 측면에서 고유하고, 그 결과 각 상황에서 우리는 어느 정도 정치적 존재가 의미할 수 있는 것, 즉 우리가 복수성과 차이성을 견뎌낼 수 있는 방법, 세계 속에서 편안함을 느끼도록 애쓰는 것을 계속 할 수 있는 방법을 재발명해 낼 필요가 있기 때문이다. 이것은 정치적 존재를 위한 우리의 욕구에 긍정적이든 부정적이든 분명히 영향을 미칠 것이다. 학교만의 고유성은 정치적으로 존재하려는 시도에 반성의 과정을 끼어넣을 수 있다는 점이다. 이것은 교육자의 특수한 권위 때문이라기보다는, 비록 그것이 모종의 역할을 하기는 하겠지만, 그보다 더 중요한 것으로서 보다 평범한 이유로 그러하다. 학교라는 설정된 맥락 속에서 아이들과 젊은이들은 어느 정도—사실 **오직** 어느 정도로만—'볼모로 잡혀 있는 청중'이기 때문이다. 이것은 만약 학교를 정치적 존재를 목적으로 '하지 않는 영역'으로 선언한다면, 즉 학교를 오직 지식과 기술의 습득 장소로만 간주하고 자유가 출현할 수 있는 곳으로 간주하지 않는다면, 무엇이 문제가 될지를 극명하게 보여준다. 그럴 경우 정치적 존재가 되는 데에 중요한 어떤 배움도 박제되고 진짜 경험으로부터의 연결이 끊기게 될 것이기 때문이다. 정치적 존재를 학교로부터 거리를 두게 하려는 시도는 무책임할 뿐만 아니라 불가능하다. 학교 안과 밖 곳곳에서 복수성 속에서 함께 함에 대한 질문들은 아이들과 젊은이들의 삶 깊숙이 이미 스며들어 있기 때문이다.

이러한 설명에는 또 다른 측면이 있다. 만약 교육과 민주주의 간의 관계를 준비의 관점에서 계속 사유한다면, 그리하여 그 준비가 끝났을 때 민주주의가 시작될 수 있다고 생각한다면, 우리는 '성인' 세계의 정치적 존재로부터 학습할 수 있는 기회를 내다 버리는 것이 된다(Biesta 2011b 참조). 다시 말하면 우리는 정치적 존재의 실험적 성격, 정치적 존재는 결코 보장될 수 없고 항상 다시 발명될 필요가 있다는 사실, 즉 정치적 존재의 취약한 성격을 부정하게 된다. 어떤 의미에서 정치적 존재의 이러한 교육적 차원을 떼어내어 버리는 것은 학교로부터 정치적 차원을 떼어내어 버리는 것보다 훨씬 더 문제가 된다. 왜냐하면 학교와 달리 사회는 성찰과 학습을 정치적 차원에 '끼워넣을' 수 있는 장치를 갖고 있지 않기 때문이다. 이것은 어느 누구도 정치적 존재를 위한 책임을 지지 않는다는 것을 말하는 것이 아니다. 정치적 존재가 미래를 향해 열려 있도록 유지하는 것은 오히려 집단적 책임감, '사회'(여기서도 아렌트적인 의미의 사회가 아니다)의 책임이다. 결국 우리가 정치적 존재로부터 더 이상 배우려고 하지 않고 정치적 존재는 단순히 일어날 것이라고 기대한다면, 우리는 더 이상 세계 속에서 편안함을 느끼는 집을 만들려는 노력을 하지 않는다는 것, 그리고 아렌트가 궁극적으로 인간적 존재 방식이라고 묘사한 정치적 존재가 애당초 가능하다는 희망을 이러한 방식으로 포기하는 것이라고 말할 수 있다.

그리하여 정치와 정치적 존재의 본성에 대한 아렌트의 풍부하고 도전적인 통찰을 활용하기 위해 우리가 극복할 필요가 있는 것은, 아이들은 어른과 근본적으로 다르기 때문에 특별한 주목과 특별한 조치가 필요하다는 그녀의 견해, 즉 그녀의 '(심리학적) 발달주의'이다. 조금이라도 우리의 특별한 주목을 필요로 하는 것이 있다면 그것은 바로 아동과 어른 모두를 위한 정치적 존재, 그리고 정치적으로 존재하는 것 그 자체에 대한 질문이다. 교육자로서 우리의 주목이 필요한 어떤 것이라도 있다면 그것은 바로 정치적으로 존재할 기회에 대한 관심일 필요가 있다. 그것은 세계 속에서 편안함을 느끼고 이방인을 견뎌내려고 노력하는 것에 대한 관심이다. 이것은 교육적이면서 동시에 정치적인 책임인데, 왜냐하면 공동의 세계 내에서 우리가 인간적으로 존재할 바로 그 가능성이 여기에 중대하게 걸려 있기 때문이다.

7장
교육적 감식력
Virtuosity

이 책의 마지막 장에서 나는 가르침과 교사라는 주제로 되돌아간다. 어떤 의미에서 이 주제는 이제까지의 장들을 전체적으로 꿰는 핵심적 주제로 간주될 수 있다. 왜냐하면 이 장들은 모두 학습이 아닌 교육의 이해를 명료화하려고 했을 뿐만 아니라 항상 가르침과 가르쳐짐이라는 질문으로 되돌아갔기 때문이다. 내가 지금까지 논의하지 않은 것은 이것이 실제로 교사에게 요청하는 것은 무엇인가 하는 것이다. 이 장에서는 이 질문을 보다 구체적으로 살펴볼 것이다. 나는 교사교육의 관점을 통해 이 작업을 할 것이다. 교사가 무엇을 할 수 있어야만 하고 또 무엇을 할 수 없어야만 하는지와 관련하여 많은 관심이 교사교육의 맥락에서 제기되어왔기 때문이다. 이것과 관련하여 두 가지 두드러진 담론이 있다. 하나는 부분적으로 정책가로부터 나오기도 하고 부분적으로 교육연구 공동체로부터 나오는 것이기도 한데, 가르침이 증거 기반이 되도록 해야 할 필요성을 강조하는 것이다. 다른 하나는 아마 보다 정책을 통해 추동되는 것으로서 역량이라는 아이디어에 초점을 두는 것이다. 두 접근 모두 근거가 없는 것도 아니고 특정 '상식'에 따르면 최소한 수사적으로는 호소력도 있다. 사실 누가 가르침이 연구 증거를 활용하지 않아야 한다고 하고 교사에게 역량이 없어야만 한다고 주장하고 싶겠는가? 하지만 그럼에도 불구하고 이 두 가지 접근에는 문제가 없지 않다.

증거에 대한 담론의 한 가지 중요한 문제는 이것이 가치보다는 사실에 초점을 두기 때문에, 교육이 항상 목적 그리고 무엇이 좋고 바람직한 교육인지에 대한 관념으로 틀 지어져 있다는 통찰을 포착하는 데 어려움을 낳는다는 점이다. 또한 교육에 대한 증거를 보여준다고 주장하는 많은 연구들이 교육에의 '투입'과 '산출' 간의 인과적 관련을 찾는 경향이 있다는 의미에서 '강한' 용어로 교육을 보는 편견을 가지고 있는데, 그럼으로써 이것은 가르침과 그것이 낳는 효과 간의 관련은 그 성격상 '약한' 관련이라는 것을 잊어버리는 것같이 보인다. 여기서 '약한' 관련이란 인과성을 통해서 성립되는 관련이라기보다는 해석을 통해 성립되는 관련이다. 셋째, 교육에서 증거의 역할에 대한 논의에 가정되어 있는 강한 경향성 중의 하나는 그러한 증거가 실제로 교사의 전문적 판단을 대체하고 또 무효화해야만 한다고 암시한다는 점이다. 그리하여 이것은 교사의 권한을 약화시키고 교육 실증주의 문화를 향해 나아간다는 점이다.

교사 역량에 대한 담론은 이런 점에서 모든 교육과정에서 교사가 하는 결정적 역할을 더 잘 그리고 더 개방적으로 인정할 수 있다. 그러나 최소한 역량이라는 개념이 선정되는 몇 가지 방식에는 문제가 있다. 그것은 가능한 모든 교육결과들을 포괄하려고 하며 그리하여 어리석을 정도로 긴 목록, 교사가 능력을 발휘해야 할 모든 것에 대한 항목을 긴 목록으로 제시함으로써 다시 판단의 역할을 잊어버린다는 것이다. 또한 가르침의 모든 측면을 포괄하려는 야심은 역량 담론을 과거에 초점을 맞추게 한다. 이것은 교육 상황에서 일어날 수 있는 것, 그리고 관련 있는 것에 대해 우리가 지금까지 아는 모든 것을 제공하려고 애쓰는 것이다. 그리하여 그 담론은 미래를 향해 훨씬 덜 개방적으로 된다. 이것이 바로 내가 이 장에서 가르침과 교사교육의 질문에 대해 이들과는 다른 접근을 정당화해 보고자 하는 이유이다. 이 접근은 항상 새롭고 열려 있으며 예측 불가능한 상황에서 판단의 결정적 역할을 강조한다. 그 이유나 근거를 아래에서 보다 자세히 설명할 것이다. 나는 이 접근을 가르침과 교사교육에 대한 '덕 기반' 개념이라고 부른다. 이것은 교육적 지혜에, 그리고 교사교육을 통해 교사가 교육적으로 현명하게 되도록 도울 수 있는 방법들에 초점을 둔다. 그리하여 고도의 교육적 '감식력'의 형성이 교사교육의 핵심임을 제안한다.

뒤처지는 것에 대한 두려움

최근 몇 년간 정책가들과 정치가들은 점차 교사교육에 관심을 보여 왔다. 영국 정부는 최근 잉글랜드 지역의 학교교육을 위한 새로운 정책 틀을 발표했다. 그것은 「가르침의 중요성」[1] 이라

1) www.education.gov.uk/b0068570/the-importance-of-teaching/ (2012.08.02. 마

는 흥미로운 제목의 연구 보고서로서, 국가가 지원하는 학교교육의 의미 있는 변화를 위한 기준들을 설정할 뿐만 아니라 교사교육을 위한 특정 제안들을 포함하고 있다. 스코틀랜드 정부도 최근 스코틀랜드의 교사교육에 대한 검토를 연구에 맡겼다. 「스코틀랜드의 미래를 가르치기」[2]라는 제목의 이 보고서 또한 교사교육과 교사들에 대한 전문성 개발에 대한 구체적인 권고사항들을 제시한다. 이에 더하여 교사교육에 대한 논의는 점차 유럽의 수준에서, 특히 리스본 전략의 맥락에서 개발된 것에 영향을 받고 있다. 2000년에 리스본 전략은 유럽연합을 "세계에서 가장 경쟁력 있고 역동적인 지식 기반 경제권"[3] 에 들어가도록 한다는 목적을 설정했다. 그리고 볼로냐 프로세스 또한 유럽의 고등교육 영역의 창출을 목적으로 하여 1999년에 시작되었다. 교사교육의 현황에 대한 2005 OECD 보고서, 즉 「교사의 중요성: 효과적인 교사 끌어들이기, 개발하기, 보유하기」[4]라고 불리는 보고서에 뒤이어, 유럽위원회는 「교사교육의 질 개선하기」[5]라고 불리는 문서를 2007년에 세상에 내놓았다. 이것은 "유럽연합 구성원 국가 수준에서 취할 수 있는 실행에 대한 공유된 성찰과 더불

지막 접속)

2) www.reviewofteachereducationinscotland.uk/teachingscotlandfuture/index.asp (2012.08.02. 마지막 접속)

3) www.consilium.europa.ed/ucdocs/cms_data/docs/pressdata/ed/ec/00100-rl.en0.htm (2012.08.02. 마지막 접속)

4) www.oecd.org/education/preschoolandschool/48627229.pdf (2012.08.02. 마지막 접속)

5) ec.europa.eu/education/com392_en.pdf (2012.08.02. 마지막 접속)

어 유럽연합이 이것들을 어떻게 지원할 수 있을 것인지"를 제안했다. 이러한 과정의 일부로서 유럽위원회는 또한 일련의 "교사 역량과 자격을 위한 유럽의 공동 원칙들"[6]을 만들었다. 이러한 문서의 어떤 것도 그 자체로 법적 효력을 가지는 것은 아니지만, 유럽연합을 구성하는 국가들 내의 정책 개발에 강력한 영향력을 발휘하는 경향이 있다. 아래에서는 이 점에 대해 집중적으로 논의할 것이다.

정책입안자들과 정치가들이 교사교육에 주목하는 것은 긍정적인 현상으로 이해될 수도 있다. 모든 수준의 교육의 질에 대한 진정한 관심의 표현이자 교사교육의 질이 교육의 전체적인 그림에서 중요한 요소라는 사실을 인정하는 것으로 볼 수 있기 때문이다. 그러나 이것은 또한 부정적으로 해석될 수도 있는데, 지금 많은 국가의 정부들이 교육과정 처방, 시험, 장학, 측정, 순위표를 모두 결합하여 학교에 강한 통제력을 정립해 온 사실을 보자면 그러하다. 그리하여 정부들은 지금 교사교육에 주목함으로써 교육 체제를 전적으로 자신의 통제하에 두고자 하는 것이다. 물론 많은 것은 담론과 정책이 구체적 상황에서 어떻게 펼쳐지거나 이미 펼쳐졌는가에 달려있다. 이런 관점에서 예를 들어 영국 잉글랜드의 상황에서 교수(teaching)는 실천에서 콕 집어 지시할 수 있는 '기술(skill)'로 묘사되고 있는 한편, 스코틀랜드의 논의에

6) ec.europa.eu/education/policies/2010/doc/principles_en.pdf (2012.08.02. 마지막 접속)

서 그것은 '전문직(profession)'으로 위치 지어진다는 사실은 흥미롭다. 그리하여 전자의 경우 교사교육의 책임은 대학교에서 훈련학교로 옮겨갈 수 있다고 간주되는 한편, 후자의 경우 예비교사 교육 및 교사 재교육을 위한 전문성 개발의 관점에서 타당한 교사교육이 요청되는 것이다. 그리하여 '그 근거에서' 여전히 중요한 차이가 있기는 하지만, 동시에 우리는 교수나 가르침과 관련하여 담론과 정책이 점차 상호 **수렴**되어가는 것을 본다. 이것은 다시 교사교육에서 담론과 정책이 상호 **수렴**되는 결과로 나아간다. 이 모든 것에서 등장하는 것같이 보이는 주요 개념은 **역량**의 개념이다(예를 들어, Deakin Crick 2008; Mulder, Weigel, and Collins 2007 참조).

역량은 최소한 두 가지 이유에서 흥미로운 개념이다. 첫째, 앞서 언급된 것처럼 이것은 특정한 수사적 호소력이 있다. 결국 교사가 능력을 가지지 말아야 한다고 주장하기를 원하는 사람이 누가 있겠는가? 둘째, 역량이라는 관념은 교사가 단순히 **알** 필요가 있는 것에 주목하는 것이 아니라 **할 수** 있어야만 하는 것에 논의의 초점을 둔다. 그리하여 역량의 관념은 보다 실천적이고 어떤 의미에서 보다 총체적이다. 왜냐하면 그것은 행위를 지식의 적용 혹은 기술의 실행으로 보기보다는, 지식, 기술, 행위를 하나의 통합된 전체로 포괄하는 것같이 보이기 때문이다. 이것이 과연 그러한지는 우리가 선호하는 역량에 대한 특수한 접근과 그것의 개념에 달려있다. 예를 들어 멀더, 바이겔과 콜린스(Mulder,

Weigel, and Collins 2007)는 역량에 대한 문헌 내에는 세 가지 구분되는 전통이 있다는 것을 보여준다. 행동주의적 전통, 일반적인(generic) 전통, 인지주의적 전통이 그것이다. 이 전통들은 행위와 인지 그리고 가치 간의 '섞임'에 대하여 상이한 강조점을 둔다. 역량에 대한 어떤 정의는 매우 간결하고 간단한데, 기대되는 기준에서 요구하는 과제와 역할을 수행하는 능력과 같은 것으로서 에라우트의 역량에 대한 정의가 그러하다(Eraut 2003, p. 117; Mulder, Weigel, and Collins 2007에 인용됨). 한편, 디킨 크릭의 정의와 같이 다른 정의들도 있다. 이것은 역량을 "지식과 기술, 이해, 가치, 태도, 욕망의 복합적 결합으로서 한 특수한 영역에서의 효과적이고 체현된 인간 행동을 이끄는 것"으로 정의한다(Deakin Crick 2008, p. 313). 이렇듯 역량의 개념은 아주 광범위해서 도대체 역량이라는 관념 속에 포함되지 않는 것이 무엇인지 알기가 어렵다.

그리하여 우리의 염려는 어느 정도 호소력과 잠재력이 있는 역량 개념 자체라기보다는, 이 개념이 교수와 교사교육에 대한 담론을 독점하기 시작한다는 사실 바로 그것이다. 그리하여 우리가 걱정해야 하는 것은 모든 담론이 가르침과 교사교육에 대하여 사고하고 말하는 한 가지 특수한 방식으로 수렴되어 가는 사실에 있다. 결국 대안적 담론이 없다면, 그리고 특수한 아이디어가 단순히 '상식'으로 보인다면, 사람들의 사고를 멈추게 할 위험이 있다. 언급된 것처럼 교수 혹은 가르침과 교사교육에 대한 유럽의 문서들은 **법적** 효력을 가지고 있지 않다. 교육에 대한 결정은 유럽공동체 내 구성원 국가 수준에 굳건히 뿌리내리고 있는 한편, 그 문서는 많은 이들이 지향해 나가기를 원하는 참조점이라는 점에서 중요한 **상징적**이고 **수사적인** 힘을 갖는다. 즉 그 문서에 따라 조정하지 않으면 뒤처지게 될 것이라는 가정을 하곤 한다. 우리는 OECD의 국제학생평가 프로그램인 PISA가 전 세계적으로 많은 나라의 교육에 발휘하는 문제적인 영향력에서도 유사한 논리가 작동하는 것을 목격할 수 있다. 여기서 내가 염두에 두고 있는 것은 PISA가 특수한 '결과'에만 관심을 가진다는 사실이 아니다. 비록 그것도 문제 삼아야 할 중요한 사안이지만, 더 큰 문제는 무엇보다도 PISA나 이와 유사한 시스템은 광범위한 범위의 상이한 교육실천들이 비교 가능**하다**는 환상을 낳고, 그것에 대한 함의로써 이러한 실천들은 비교**되어야만** 하는 것으로 된다는 점이다. 뒤처질 것에 대한 두려움으로 그리고 순위표에서 맨 마지막 바닥에 남게 될 두려움으로 우리는 학교와 학교 시스템들이 PISA와 같은 체제에서 '중요한 것으로 간주되는' 교육의 정의에 맞추어 스스로를 변형시키고 있는 것을 목도할 수 있다. 이것의 결과로 보다 많은 학교와 학교시스템이 동일하게 되기 시작하는 것이다.

그때 특수한 담론이 지배력을 갖게 되는 일이 일어날 수 있다. 즉 특수한 담론이 우리가 교육에 대해 사고하고 말하는 것을 독점하기 시작하는 것이다. 이 담론으로 인해 모든 것이 변화하기 시작한다기보다는 사람들이 그러한 생각으로 자신의 행위와 말을 조정하기 시작한다는 것이다. 그때 이것은 점차 획일성을 낳는데, 다른 방향에서 표현하자면 교육적 사고와 실천에서 다양성이 축소된다. 생물다양성 관점에서의 논변은 그러한 방향으로의 발전은 위험하다고 우리에게 경고한다. 다양성의 감소는 환경 변화에 효과적이고 창의적으로 반응할 수 있는 시스템의 능력을 침식시키기 때문이다. 또한 획일성을 향한 움직임은 자주 두려움에 의해, 즉 다르게 그리고 독립적으로 사고하고 행동하려는 용기의 부족에 의해 추동된다는 사실로 인하여, 그러한 방향으로의 발전은 훨씬 더 염려스러운 것이다. 왜냐하면 두려움은 우리가 의지하기에 좋은 의논 상대자가 아니기 때문이다.

그러나 여기서 문제로 보이는 것은 단순히 획일성의 경향만은 아니다. 역량에 대한 담론, 역량 있는 교사에 대한 담론, 그리고 교사교육에서 교사들 내면에 발전시켜야 할 역량들에 대한 담론을 통하여 교육에 대한 하나의 특수한 견해가 반복되고 촉진되며 **증식되고** 있다는 것이 더 큰 문제이다. 이것은 교사들이 필요로 하는 역량에 대한 아이디어가 자주 어떤 방식으로 제시되고 있는가에 대한 것이 아니다. 그러한 역량은 자주 일반적인 것으로서 제시되는데, 교육에 대한 상이한 관점들에 상대적으로 열려있으며, 상대적으로 중립적일 뿐만 아니라 또한 상대적으로 논쟁적이지 않은 것으로 제시된다. 다시 말하면 그것들은 '상식'으로 제시된다. 그리하여 여기서 내가 해야 할 중요한 한 가지는 교육에 대해, 그리고 교사가 무엇을 할 수 있어야만 되는지에 대해 이와 **다르게** 생각할 수도 있다는 것을 보임으로써 그러한 상식을 우리 눈앞에 열어 보이는 것이다. 이것은 교육에 대한 성찰되지 않은 비성찰적인 상식으로부터 우리가 거리를 두기 위해서이다. 그러나 나는 또한 증식되어 온 교육에 대한 그 특수한 상식이 그 자체로 문제적이라고 주장하고 싶다. 왜냐하면 그것은 교육에 대한 비교육적인 방식의 사유로 불릴 수 있는 것을 촉진하는 경향이 있기 때문이다. 이것은 교사교육에 대한 논의에 더 나은 출발점을 만들기 위해 다루어질 필요가 있는 보다 심오한 문제이다.

교육의 “학습화”

내가 논의를 시작할 수 있는 지점은 많다. 그러나 하나의 사례로서, “교사 역량과 자격화를 위한 유럽의 공통적 원칙”이라고 불리는 〈교육 · 문화 유럽위원회 집행부 총국〉으로부터의 문서에 목록화된 핵심 역량에서부터 시작해 보자.

작동을 위한 원리: 핵심 역량들

가르침과 교육은 지식 사회의 경제적이고 문화적인 측면에 추가되며, 그리하여 그 측면의 사회적 맥락 속에서 이해되어야만 한다. 교사는 다음을 할 수 있어야만 한다.

다른 사람들과 함께 일하기: 미래 교사들은 사회적 포용 및 모든 학습자의 잠재력 함양의 가치에 기초하는 직업 안에서 일한다. 인간 성장과 개발에 관한 지식을 가질 필요가 있고 다른 사람과 함께 참여하는 일에 자신감을 보여야 한다. 개인으로서 학습자들과 함께 일할 수 있어야 할 뿐만 아니라, 그들이 충분히 참여하고 사회의 능동적 구성원으로 성장해 가도록 지원할 수 있어야 한다. 학습자의 집단적 지성을 키우고, 자신의 학습과 가르침을 향상시키기 위하여 동료들과 협업하고 협력할 수 있어야 한다.

지식, 기술, 정보를 가지고 일하기: 미래 교사들은 다양한 유형의 지식을 가지고 일할 수 있어야 한다. 교육과 전문적 개발을 통해 지식에 접근 가능하고 이를 분석하고 검증하며 반성하고 전수할 수 있는 능력을 갖추도록 해야 한다. 그리하여 적절한 곳에서 기술을 효과적으로 사용할 수 있어야 한다. 교육 기술을 통해 학습 환경을 구축하고 관리할 수 있어야 하며 교육의 실행 속에서 선택을 위한 지적 자유가 제공되어야 한다. ICT 사용에 자신감을 가지고 그것을 학습과 가르침에 효과적으로 통합할 수 있어야 한다. 정보가 발견될 수 있고 구축될 수 있는 네트워크 속에서 학습자를 안내하고 지원할 수 있어야 한다. 미래 교사들은 지식 내용을 충분히 이해해야 하며 학습을 평생의 여정으로 바라볼 수 있어야 한다. 그들은 실천적이고 이론적인 기술(技術)을 통하여 그들 자신의 경험으로부터 배울 수 있고 학습자의 필요에 대응할 수 있는 광범위한 범위의 교수와 학습의 전략을 가지고 있어야 한다.

사회와 더불어 사회 속에서 일하기: 미래 교사들은 학습자들이 유럽연합의 시민으로서 자신들의 역할에 전 지구적인 책임을 지도록 준비시켜야 한다. 이들은 유럽 내 이동성과 협력성을 촉진할 수 있어야 하고, 상호 문화적 관점과 이해를 독려할 수 있어야 한다. 그들은 학습자의 문화 다양성을 존중하고 인식하는 것, 그리고 공통의 가치를 확인하는 것 간의 균형을 이해할 수 있어야 한다. 그들은 또한 사회 내에서 사회적 결합과 배제를 낳는 요소를 이해하고 지식 사회의 윤리적 차원을 인식할 필요가 있다. 지역 공동체뿐만 아니라 교육 내 파트너나 이해당사자들, 즉 학부모, 교사교육 기관, 이해대변 집단과도 효과적으로 일할 수 있어야 한다. 그들의 경험과 전문성은 또한 질적 성취를 보장하는 시스템에 기여할 필요가 있다. 모든 영역에서 교사의 작업은 평생학습의 형태로 직업적으로도 연속되도록 구성되어야 한다. 후자는 예비교사 교육, 초기교사 전문성 개발, 재교육을 포함한다. 왜냐하면 교사의 작업은 예비교사 교육만으로는 시대가 필요로 하는 역량을 소유할 것으로 기대할 수 없기 때문이다.[7]

물론 이 문서에 대해 할 말이 많을 수 있다. 이러한 문서들에 대한 조심스럽고 상세한 비판적 분석이 요구된다고도 말할 수 있다. 이 장의 목적을 위해 나는 두 가지 견해만을 제시하고자 한다. 하나는 이 문서에서 학교교육은 모든 종류의 사회적 선을 이행(deliver)할 필요가 있는 도구로서 위치 지어진다는 점이다. 교육은 사회적 결속, 사회적 포용, 지식 사회, 평생학습, 지식 경제, 유럽연합 공동체 시민성, 상호문화적 존중과 이해, 공통의 가치감 등과 같은 것을 만들어 낼 필요가 있다. 그 사안의 관점에서 보자면, 교육에 대한 기능주의적 견해이자 교사가 해야 할 핵심적 과업에 대한 매우 기능주의적인 견해이다. 그것은 사회가 어디에 중요한 사안들을 놓아야 하는지 말하고, 교육이 그러한 사안들의 이행에서 도구로서 이해되어야 하는 큰 그림을 그리고

7) http://ec.europa.edu/education/policies/2010/doc/principles_en.pdf (2012.08.02 마지막 접속)

있다. 물론 여기서 '사회'가 실제로 '누구인지'는 질문의 여지가 있지만 말이다. 이 문서에서 교사에게 주어진 유일한 '지적 자유'는 그 사안을 **어떻게** '이행(deliver)'할 것인가에 대한 것이다. '이행되어야 할' 사안이 무엇으로 가정되어야 하는가는 교사가 고민해야 할 문제가 아닌 것이다. 내가 '이행'이라는 단어에 인용부호를 넣은 것은 애당초 교육에 대해 말하는 은유로서는 매우 부적절하고 도움이 안 되는 표현임을 강조하기 위해서이다. 교육에 대한 이러한 기능주의적이고 도구주의적인 견해는 교육이 다른 관심을 가질 수 있다는 관념을 아예 고려하지 않는 것같이 보인다. 다르게 얘기하자면, 학교는 오히려 '다른 사람들의 문제'를 해결할 필요가 있는 기관으로 주로 사유된다는 것을 말한다.

나의 두 번째 생각은 이 문서에서 교육이 주로 **학습**의 관점에서 묘사된다는 사실과 관련이 있다. 교사는 모든 학습자의 잠재력을 함양하고 학습자들과 개인적으로 작업할 수 있으며, 이들의 집단 지성을 키우는 것을 목적으로 하며 학습 환경을 구축하고 관리할 수 있어야 할 뿐만 아니라, ICT를 교수와 학습에 효과적으로 통합할 수 있도록 기대된다. 이 모든 것은 정보 네트워크 속에서 학습자들을 안내하고 지원하기 위해서이며, 교사의 학습은 평생의 여정으로 이해할 필요가 있다는 것이다. 그리하여 이 문서는 이전 장에서 내가 교육에서 "학습이라는 새로운 언어"의 등장, 그리고 교육 담론의 보다 광범위한 "학습화"로 언급했던 또 하나의 사례이다. 이러한 새로운 등장은 교육실천과 교육정

책, 그리고 교육연구에서 사용된 언어를 통해 행해졌던 다양한 '번역' 속에서 명백하게 보인다. 학생, 제자, 아동, 그리고 성인을 학습자로 부르는 경향 속에서도 볼 수 있다. 가르침을 학습의 촉진 혹은 학습 환경의 관리로 보는 경향에서도 나타난다. 학교를 학습을 위한 장소라든가 학습 환경으로서 언급하는 경향 속에서도 보인다. 성인교육에 대해 더 이상 말하지 않고 평생학습이라고 말하는 데서도 동일한 경향이 보인다.

아마 여기서 이 문제를 강조하는 가장 빠른 방법은 다음과 같이 말하는 것이다. 교육의 목적은 아동과 학생이 단순히 배운다는 사실이 **아니라**, 그들이 **무엇인가를** 배운다는 사실, 그리고 그것도 어떤 특별한 이유와 목적으로 배운다는 사실과 관련이 있다. 그리하여 학습의 언어가 지니는 심각한 (교육적) 문제는 그것이 **과정의** 언어이지 내용과 목적의 언어가 아니라는 사실이다. 교육은 결코 그저 학습에 대한 것이 아니다. 항상 특별한 목적을 위하여 특정한 것을 배우는 것에 대한 것이다. 또한 학습의 언어는 개별주의적 언어이다. 결국 나 혼자 힘으로 할 수 있는 것이다. 그러나 교육의 언어는 **관계적인** 언어이다. 여기서는 항상 다른 사람을 교육하는 어떤 사람의 존재에 대한 관념이 있다. 그리하여 교육에서 학습 언어의 등장이 문제가 되는 것은 다음 세 가지이다. 첫째, 그것은 내용에 대한 질문을 어렵게 만드는 언어이다. 둘째, 목적에 대한 질문을 어렵게 만드는 언어이다. 마지막으로, 교육적 관계에서 교사의 특수한 역할과 책임에 대해 질문하는 것을 어렵게 만드는 언어이다.

그리하여 역량의 아이디어는 그 자체로 필연적으로 나쁜 것은 아니지만, 교육에 대한 특수한 언어를 통해 교육에 대한 하나의 특수한 견해를 증식하는 그 방식 때문에 문제가 된다. 만일 교사교육에 대해 교육적인 어떤 것을 말하고자 한다면, 혹은 학습의 언어를 넘어서고자 한다면, 우리는 보다 적절한 교육적 말하기와 사고하기의 방식에 참여할 필요가 있다. 일단 우리가 이것을 하고자 한다면, 역량이라는 아이디어는 교사교육과 그것의 미래에 대해 사유하는 데 덜 매력적이고 덜 적절한 것이 된다는 것을 알게 될 것이다. 이제 내 논변의 다음 단계로 넘어가 보자. 이것은 교육실천의 성격과 관련된 것이다.

교육은 무엇을 위한 것인가?

짧은 일화를 가지고 시작해보자. 최근까지 스코틀랜드의 경력교사들은 보다 높은 자격을 얻기 위해 특별히 설계된 석사과정 프로그램을 밟을 기회를 가졌다. 성공적으로 이 프로그램을 마친 교사는 '공인된 교사'로 불릴 수 있다. 이것은 예를 들어 공인된 회계사나 공인된 측량사와 같은 것이다. 이 프로그램에서 공부하는 교사들이 해낼 수 있어야 하는 것 중의 하나는 작은 규모의 연구 프로젝트의 수행을 통해 자신의 실천을 **개선할** 수 있음을 보이는 것이다. 이 프로그램의 학생들과 같이 작업하면서 놀랐던 것은 대부분의 학생들이 자신의 실천을 변화시킬 수 있다는 사실에 대해 증거를 제공할 수는 있지만, 그러한 변화가 자신의 실천에 대한 **개선**으로서 왜 중요한지를 설명하는 데 어려움을 겪고 있다는 사실이었다. 아주 자주 그들은, 최소한 처음에는 실천에서의 변화가 자동적으로 개선이라고 생각했다. 매번 실천이 변했을 때 여전히 왜 그러한 실천이 개선이냐고, 즉 왜 그러한 변화가 **바람직한** 변화인지, 왜 그렇게 변화된 상황이 이전보다 **더 나은 것인지** 질문할 수 있다는 사실을 내가 제안할 때까지, 그들은 그것이 개선이라고 그냥 생각한 것이다. 이 질문에 답할 수 있는 오직 한 가지 방법이 있는데, 그것은 바로 교육이 무엇을 **위한 것인지**, 즉 교육의 목적에 대해 질문하는 것을 통해서이다. 결국 무엇을 성취하려고 하는지 분명하게 말할 수 있을 때에야 우리는 비로소 실천에서의 그 변화가 그 목적으로부터 얼마나 가깝거나 멀리 떨어져 있는지에 대해 판단할 수 있는 것이다.

교육의 목적에 대해 질문할 필요가 있다고 주장할 때 나는 교육의 목적이 무엇이 되어야 한다고 정의하려고 하는 것은 아니다. 그러나 목적에 대한 질문에 참여하는 방식에 대해 두 가지만 말하고 싶다. 첫째, 교육실천은 내 생각에 항상 그리고 동시에 한 가지 이상의 목적에 봉사한다. 교육 목적의 다차원성이 정확히 교육을 흥미롭게 만드는 것이다. 이것은 또한 특수한 종류의 판단이 교육에 필요한 이유이기도 하다. 이것이 바로 내가 말하고자 하는 두 번째 논점인데, 이것은 뒤에서 다시 논의하도록 하겠다. 교육의 목적에 대한 질문이 다차원이라고 말할 때, 나는 교육이 상이한 많은 차원에서 기능하거나 작동한다고 말하는 것이다. 그리고 그 각 차원에서 목적에 대한 질문은 제기될 필요가 있다고 본다. 이전 장들에서 내가 이미 말한 것처럼 교육과정과 교육실천은 세 가지 상이한 영역에서 기능하는 경향이 있다. 각 영역에서 목적에 대한 질문이 제기될 필요가 있다(Biesta 2010b와 Biesta 2009 참조). 나는 이 영역들을 **자격화**, **사회화**, **주체화**라고 불렀다. **자격화**는 대체로 어떤 교육이 사람들로 하여금 어떤 것을 할 수 있게 하는 자격을 주는지 그 방식과 관계가 있다. 즉 넓은 의미의 자격으로서 사람들에게 지식과 기술, 그리고 성향을 갖도록 하는 것이다. 이것은 학교교육의 매우 중요한 차원이다. 어떤 이들은 이것이 학교에서 중요하게 취급되어야 할 유일한 차원이라고 말하기도 한다. 그러나 교육을 통해 지식, 기술, 성향을 습득할 뿐만 아니라 이미 존재하는 사회적, 문화적, 정치적 실천과 전통의 일부분이 되는 방식도 중요하다. 이것은 교육의 **사회화** 차원이다. 여기서 우리의 지향성은 보다 일반적으로 새로 오는 자들을 기존의 질서 속에 '끼워넣는' 것이라고 말할 수 있다. 여기서 새로 오는 자들은 모두 어린아이이거나, 한 나라나 문화에서 다른 나라나 문화로 이동하는 자들이다. 우리는 또한 여기서 교육이 특수한 직업적 질서와 문화에 새로 오는 자들을 소개하는 방식에 대해 말할 수도 있다. 언급한 대로 어떤 이들은 교육에 대해 매우 엄격하고 좁은 견해를 취하고, 학교의 유일한 과업은 지식, 기술, 성향에 관심을 가지는 것이라고 주장한다. 다른 한편, 우리는 과거 수십 년에 걸쳐서 사회화 기능이 학교의 목적에 대한 논의의 명시적인 차원을 차지해 왔음을 알 수 있다. 환경 교육, 시민성 교육, 사회/도덕 교육, 성교육 등과 같은, 학교의 교육과정에 추가되어온 일정 범위의 사회적 '이슈들'에서 특별히 이것을 볼 수 있다. 여기에서 교육은 아이들과 학생들에게 사회화의 힘을 발휘해야 할 뿐만 아니라, 교육이 이것을 하는 것은 실제로 바람직하다는 생각이 깔려있다.

어떤 이들은 이것들이야말로 학교교육이 관심을 가져야 할 적절하고 합법적인 두 가지 유일한 차원이라고 주장한다. 그러나 나는 여기에 추가되어야 할 세 번째 차원이 있다고 주장한다. 이것은 바로 **주체화**의 차원으로서, 교육이 피교육자에게 미치는 영향의 방식에 대한 것이다. 여기서 주체화와 사회화는 동일한 것이 아니라는 것을 아는 것이 중요하다. 오늘날 교육에서 중요한 도전 중의 하나는 우리가 어떻게 실제 이 두 가지 사이의 구분을 말로 명료하게 표현할 수 있는가 하는 것이다(Biesta 2006a를 참조). 사회화는 우리가 기존 질서의 일부분이 되는 방식, 그리고 우리가 어떻게 그러한 질서를 자신과 동일시하여 정체성을 획득하느냐의 문제와 관련이 있다. 이에 비해 주체화는 항상 우리가 그러한 질서 '바깥'에 존재할 수 있는 방식에 대한 것이다. 주체화는 상대적으로 '구식'이지만 여전히 결정적으로 중요한 개념인 인간의 자유라는 질문과 관련된다. 물론 이것은 인간의 자유를 어떻게 이해해야 하는가라는 추가적 질문을 제기한다.

교육의 목적에 대한 질문에 참여하는 것은 위 세 가지 차원과의 관계 속에서 논의할 필요가 있다. 우리는 자격화, 사회화, 주체화와의 관계 속에서 교육이 성취해야 할 것이 무엇인지에 대해 생각해 보아야 한다. 목적에 대한 질문에서 위 세 가지 영역을 모두 '포괄'할 필요가 있는 이유는, 교육에서 우리가 하는 모든 것이 잠재적으로 이 세 가지 영역의 하나에 '영향'을 미치기 때문이다. 세 가지 영역 혹은 차원이 서로 **분리되어 있지 않다는** 것을 인정하는 것은 중요하다. 이것이 바로 내가 그것들을 세 가지 서로 겹치는 영역의 벤다이어그램을 통해 묘사하는 이유이다. 상호 겹침은 시너지를 위한 **기회**를 나타내기 때문에 중요하지만, 동시에 상이한 차원 사이의 잠재적 **갈등**을 낳을 수 있기 때문에 중요하기도 하다. 잠재적 시너지의 사례는, 직업 교육에서 특수한 기술을 가르치는 것이 동시에 학생들을 특수한 작업 영역, 즉 직업적 책임감 등과 같은 것에 사회화시키는 한 가지 방식으로 기능할 때 나타난다. 잠재적 갈등의 사례는 검증과 시험의 지속적인 압력이 자격화 영역에서 성취를 자극하는 효과적인 방법일 때 나타난다. 이것이 학생들에게 경쟁은 항상 협력보다 더 좋은 것이라고 가르칠 때 주체화 영역에 부정적인 영향을 미칠 수 있다.

시너지와 갈등의 가능성이 있고, 우리의 교육적 성취가 거의 항상 이 세 가지 영역에서 동시에 '작동'한다면, 교육을 이러한 차원에서 바라보는 것은 교사의 작업에 절대적으로 중요한 어떤 것을 점차 가시화하기 시작한다. 그것은 바로 이 세 가지 차원과의 관계에서 교육적으로 바람직한 것이 무엇인지 상황마다 판단이 필요하다는 점이다. 교사의 작업에 핵심적인 것은 목적을 설정하고 그것을 단순히 실행하는 것이 아니다. 교육은 다차원적이기 때문에 교사는 끊임없이 상이한 차원들 간의 균형을 잡는 방법에 대해 판단할 필요가 있다. 우선순위를 설정할 필요가 있는데, 일반적인 우선순위라는 것은 결코 있을 수 없고 항상 구체적인 학생과의 관계 속에서 그리고 구체적인 상황 속에서 그것이 설정될 필요가 있다. 그리고 교사는 긴장과 갈등을 다룰 필요가 있는데, 시너지의 가능성을 보고 활용할 수 있어야 하는 것이다. 이 모든 것은 '변화'와 '개선' 간의 그 단순한 구분 속에서 작동한다. 그리하여 변화가 개선인지 아닌지 하는 질문에 답하는 것은 한 가지 특수한 목적을 향한 진전에 대한 평가의 문제이다. 그리고 교육의 다차원성 때문에 한 가지 차원에서 얻는 것이 다른 차원에서는 상실일 수도 있다는 가능성을 항상 고려할 필요가 있다.

이러한 노선의 사고로부터 등장하기 시작하는 것은 다음과 같은 것이다. 목적 혹은 교육의 "텔로스"에 대한 질문은 다차원적인 질문이기 때문에 판단, 즉 교육적으로 **바람직한 것**에 대한 판단은 교사가 하는 일에서 절대적으로 중요한 요소로 판명된다.

교육에서 판단과 지혜

지금까지 나의 논의를 모두 종합할 때 한 가지 논점이 출현한다. 교사들이 무엇인가 할 수 있는 모종의 역량을 가지는 것만이 중요한 문제는 아니다. 물론 그들은 무엇인가를 할 수 있는 역량을 가져야 한다. 그러나 무엇인가를 할 수 있는 그 능력은 그 자체로 **결코 충분하지 않다.** 거칠게 말하자면, 필요로 하는 모든 역량을 갖춘 교사지만 이 중 어떤 역량이 발휘될 필요가 있는지를 판단할 수 없는 교사는 쓸모가 없는 교사이다. 무엇이 행해질 필요가 있는지에 대한 판단은 항상 교육의 목적을 참조하면서 내려질 필요가 있다. 이것이 바로 학습의 언어가 별로 도움이 되지 않는 이유이다. 그것은 목적에 대한 질문을 쉽게 제기할 수도, 분명하게 할 수도, 다룰 수도 없는 언어이기 때문이다. 교육의 목적에 대한 질문이 다차원적인 질문이기 때문에 필요한 판단도 다차원적일 필요가 있다. 한 차원에서의 이점이 다른 차원에서는 손실일 수도 있다는 것을 고려하면서 말이다. 그리하여 이득과 손실 간의 올바른 균형과 상쇄에 대한 판단이 필요하다. 그러한 판단의 발휘는 학교의 정책문서 차원에서만 이루어질 수 있는 것이 아니고, 교실에서 일어나는 일, 교사와 학생 간의 관계에서 일어나는 일의 핵심에 있다. 그리고 이것은 계속적으로 다시 또 일어나는 일이다.

그래서 어떤 이는 교사가 교육적 판단의 역량을 가질 필요가 있다고 주장할지도 모르지만, 나는 판단의 능력은 역량과는 다른 것이라고 말하고자 한다. 이것을 위한 나의 논변의 일부는 다음과 같다. 만약 교육적 판단의 능력을 역량으로 본다면 이것은 목록에 있는 역량, 오직 하나의 역량일 수 있다. 그러나 어떤 것을 하는 역량을 갖추어야 한다는 아이디어 안에 합당한 어떤 것이 있는 정도로, 교사는 언제 그것을 하는 것이 적절한지, 그 상위 단계의 판단의 필요성이 늘 동반되는 것이다.

교육적 판단이 지니는 절대적 중요성에 대한 유사한 논변이 또 있다. 이것은 가르침과 교사교육에 대한 논의에서 자주 발견되는 또 하나의 경향성과의 관계 속에서 논의될 수 있다. 그것은 의학이 증거 기반 직업으로 발전되어야 하는 것처럼 가르침도 증거 기반 직업으로 발전되어야 한다는 아이디어이다. 이것은 내가 다른 곳에서 아주 상세하게 논의(Biesta 2007b, 2010c, 2010d 참조)했던 것처럼 아주 크고 복잡한 논의이다. 이 장의 핵심적 논점은 교육이 전문가의 판단에 의존하기보다는 '무엇이 작동하는지'에 대한 강한 과학적 증거에 기반해야만 한다는 생각이 좋은 제안인가 하는 것이다. 그러한 증거는 대규모 실험 연구로부터 생산되고, 여기서 실험 집단은 특별한 '처치'를 받고 통제 집단은 이러한 '처치'를 받지 않은 채 그 '처치'가 어떤 특수한 효과가 있는지 측정하는 것이다. 이렇게 했을 때 처치가 '작동'한다는 증거를 가지게 되고, 그리하여 우리가 무엇을 해야 할지 알려주는 증거에 기반한 결론을 생산하게 되는 것이다.

논의 자체를 위해 그러한 종류의 연구를 수행하는 것이 가능하다고 인정하더라도 그 연구 결과는 두 가지 방식으로 제한적이다. 첫째, 그러한 연구는 기껏해야 과거에 대한 지식을 줄 수 있을 뿐이다. 즉 그것은 과거에 작동했던 것에 대한 지식을 주지만 과거에 작동했던 것이 미래에도 작동할 것이라는 보장은 없다. 최소한 인간 상호작용의 영역에서는 그러하다. 이것은 벌써 그러한 지식이 기껏해야 행위의 규칙이 아니라 행위를 위한 가능성을 제공해 줄 수 있다는 것을 의미한다. 그리하여 그것은 우리 판단에 **정보를 제공할** 가능성은 있지만, 무엇이 취해져야 할 것인지에 대한 우리 판단을 **대체할** 수는 없다. 그리고 판단은 교육의 한 가지 차원에서 작동할 수 있는 어떤 것이 실제로는 다른 차원에서 손실적 효과를 낳을 수 있기 때문에 중요하다.

그래서 역량 그 자체가 가르침에 대한 것을 포착하는 데 충분하지 않은 것처럼, 증거 기반 직업으로서 교육에 대한 생각도 훨씬 더 이치에 맞지 않다. 두 경우 모두에 결여된 것은 바로 교육적 판단이 지닌 절대적으로 중요한 역할이다. 특별히 과학적 증거의 역할에 대한 논의와 관련하여 교육 논의에서 꽤 오랫동안 퍼져있고 지속되어 온 질문으로 되돌아가보자. 그 질문은 바로 가르침이 예술인지 과학인지에 대한 것이다. 매우 간결하게 그리고 매우 확신에 차서 가르침이 과학이라는 아이디어에 반대했던 이가 바로 윌리엄 제임스이다(William James, 1842-1910). 『교사들에게 들려주는 심리학(*Talk to Teachers on Psychology*)』(1899)이라는 자신의 저서에서 그는 다음과 같이 말한다.

> 심리학은 과학이지만 가르침은 예술이다. 과학은 결코 예술을 자체적으로 직접 생성하지 않는다. 매개적인 창의적 마음은 예술의 독창성을 사용함으로써 그것을 적용해야만 한다.
>
> 과학이 할 수 있는 최선은 우리가 잘못 추론하거나 행동하기 시작할 때, 우리 자신의 잘못을 바로잡고 우리가 그것을 스스로 확인하는 것을 돕는다. 즉 우리가 이미 저지른 실수를 보다 명료하게 비판하는 것이다.
>
> 그리하여 심리학적 지식은 좋은 교사 만들기를 결코 보장하지 못한다. 그러한 결과로 나아가기 위해서는 교사에게 완전히 추가적인 재능이 필요한데, 그것은 바로 학생들 앞에 섰을 때 구체적으로 말할 것과 행동할 것을 스스로에게 알려주는 유쾌한 요령과 창발성이다. 학생을 만나고 또 추구할 때의 이 창발성, 그리고 구체적 상황에서의 이 요령은 비록 교사 예술의 알파와 오메가이지만 심리학이 최소 한도로도 도와줄 수 없는 어떤 것이다(James, 1899, pp. 14-15).

제임스는 가르침이 왜 과학으로 이해되어서도 안 되며 이해될 수도 없는지에 대한 설득적인 논변을 제공했다. 즉 그것은 요령이자 창발성이며 내가 여기서 추가하고자 하는 것, 즉 판단이기 때문에 과학으로 이해될 수 없다는 것이다. 다른 한편 그는 그 논변의 긍정적인 결론, 즉 그러므로 교육은 예술로 이해되어야 한다는 주장으로까지는 나아가지 않았다. 이 지점에서 나는 아리스토텔레스에게로 방향을 돌리고자 한다. 왜냐하면 그는 이 질문에 대해 흥미로운 주장을 했고, 보다 중요하게도, 가르침이 과학인지 예술인지에 대한 질문을 넘어서는 곳까지 우리를 안내하기 때문이다. 다시 말하면 그는 가르침이 어떤 종류의 예술인지 우리에게 묻는다.

아리스토텔레스의 논변은 이론적 삶과 실천적 삶을 구분하는 것에서 출발한다. 이론적 삶은 "필연적이고 영원한 것"과 관련되지만(Aristotle 1980, p. 40), 그리하여 그가 과학(episteme)이라고 부르는 종류의 지식과 관련되지만, 실천적 삶은 "변화할 수 있는 것", 즉 변화의 세계와 관련된다(ibid., p. 142). 이것은 바로 우리가 행위하고 있는 세계이고, 우리의 그 행위가 변화를 만들어 내는 세계이다. 이 변화의 세계 속에서 우리의 작동과 관련하여 아리스토텔레스는 두 가지 양태의 행위를 구분하는데, 그것은 바로 **포이에시스**(*poiesis*)와 **프락시스**(*praxis*)이다. 카(Carr 1987)의 번역으로는 "행위를 제작하는 것"과 "행위를 하는 것"이다. 포이에시스는 생산에 관여하고 사물을 만드는 것, 예를 들어 안장이나 배 등을 만드는 것이다. 아리스토텔레스가 말하듯, 그것은 (필연적이고 영원한 것이 아닌 변화할 수 있는 것이라는 의미로) "존재할 수 있거나 존재할 수 없는 것으로서의 어떤 것이 존재하게 되는 방법"에 대한 것이자 "그것의 기원이 (성장이나 발전과 같은 생물학적 현상으로부터 포이에시스를 구분되게 하는 것으로서) 제작자 안에 있는 것이지 만들어진 것 안에 있는 것이 아니다"(Aristotle 1980, p. 141). 요약하자면, **포이에시스**는 이전에 존재하지 않았던 것의 생산에 대한 것이다. **포이에시스**에 필요한 지식의 종류는 보통 '기예(art)'로 번역되는 **테크네**(*techne*)이다. 이것을 좀 더 우리 시대의 어휘로 말하자면 기술적(technological)이고 도구적인 지식, 즉 "사물을 만드는 방법적 지식"(ibid., p. 141)이다. 아리스토텔레스는 **포이에시스**는 "그 자체가 아닌 다른 것을 목적"(ibid., p. 143)으로 가진다고 말한다. **포이에시스**의 목적은 그 수단에 **외재적**이다. 이것은 **테크네**, 즉 사물을 만드는 방법적 지식은 우리가 만들기 원하는 사물의 생산에 필요한 수단의 발견에 대한 것이란 말이다. **테크네**는 그리하여 우리가 함께 작업하는 물질에 대한 지식과, 그러한 물질과 작업할 때 우리가 적용할 수 있는 기술들에 대한 지식을 포괄한다. 그러나 안장을 만드는 것은 단순히 그 제작법을 그저 따르는 것이 결코 아니다. 그것은 제작법에 제시된 일반적 지식을 그 말을 타는 바로 **이** 사람을 위한, 그리고 **그** 말을 위한 가죽의 바로 **그** 조각에 적용하는 판단을 요청한다. 그래서 어떤 것을 만들 때 우리는 그러한 일반적 지식의 적용, 생산, 효과성에 대해 판단을 내린다.

그러나 변화할 수 있는 것의 영역은 사물의 세계에만 국한되는 것이 아니라 사회적 세계, 즉 인간 행위와 상호작용의 세계도 포함한다. 이것이 바로 **프락시스**의 영역이다. 아리스토텔레스가 말하듯이 여기서 지향하는 것은 사물의 생산이 아니라 "좋음(goodness)" 혹은 인간의 행복(*eudamonia*)이다. **프락시스**는 "어떤 종류의 것이 일반적으로 좋은 삶으로 이끄는가"(ibid., p. 142)에 대해 관심이 있다. 여기서 필요한 종류의 판단은 사태나 사물이 **어떻게** 되어 있어야 하는가가 아니라 "**무엇이 행해져야 하는가**"(ibid., 저자의 강조)에 대한 판단이다. 아리스토텔레스는 이러한 종류의 판단을 **프로네시스**라고 이름 붙이는데, 이는 보통 '실천적 지혜'로 번역된다. **프로네시스**는 "인간적 선을 위해 무엇이 행해져야 할 것인가에 대해 추론된 진실한 행위 능력의 상태"(ibid., p. 143)이다.

이것으로부터 두 가지가 따라 나온다. 첫째, 교육의 본질과 관련된 것으로서 아리스토텔레스의 사상과도 연결되는데, 교육은 생산의 과정, 즉 **포이에시스**로만 사유해서는 결코 안 된다는 것이다. 교육이 변화할 수 있는 것의 영역에 분명히 위치 지어져 있지만, 그것은 인간과 물질 세계의 상호작용이 아니라 인간 간의 상호작용에 관심을 갖는 것이다. 다시 말하면 교육은 사회적 예술이다. 그리고 사회적인 것의 미학은 중요한 방식에서 물질적인 것의 미학과 차이가 있다. 이 말은 이 두 영역이 전적으로 분리되어 있다는 것을 의미하는 것은 아니다. 그리고 이것이 교육의 사유에서 **포이에시스**라는 관념을 배제해야 한다는 것을 의미하지도 않는다. 결국 가르침이나 교육과정이 효과가 있어서 학생들이 좋은 시민, 숙련된 전문직업인 그리고 세상에 대한 지식을 갖춘 인간이 되기를 우리는 바라기 때문이다. 이를 위해 우리는 교육의 과정을 **포이에시스**의 관점, 즉 **어떤 것**을 산출하는 관점에서도 생각할 필요가 있다. 그러나 그것이 교육에 대한 모든 것이 되어서는 안 된다. 교육은 항상 그러한 생산, 즉 단지 **포이에시스** 이상의 것이고, 이 책의 전체에 걸쳐 내가 주장해 온 바대로, 궁극적으로 생산/포이에시스에 대한 것이 아니다. 왜냐하면 교사로서 우리는 결국 학생을 생산한다고 주장할 수도 없고 주장해서도 안 되기 때문이다. 우리는 그들을 교육하지만, 그들을 자유 **속에서** 교육하고, 그들의 자유를 **위해서** 교육한다. 이것이 교육에서 중요한 것, 즉 교육을 교육적으로 만드는 것은, **포이에시스**가 아니라 **프락시스** 영역에 속한다고 말하는 이유이다. 다시 말하면 그것은 교육이 왜 궁극적으로 사회적 예술이지 물질적 예술이 아닌지 그 이유를 보여준다. 증거 기반 실천에 대한 논의로부터 파생되는 모든 접근이 왜 교육에 관한 한 잘못된 것인지를 보여주는 것이기도 하다.

내가 지적하고 싶은 두 번째 논지는 실천적 지혜에 대한 것이다. 선, 좋음을 초래하고자 하는 **프락시스**에서 이러한 지혜는 교육적 판단에 대해 내가 논의해 온 것을 꽤 잘 포착한다. 교육적 판단은 결국 무엇이 행해질(to be done) 필요가 있는지에 대한 판단이다. 그것은 기술적 의미로 어떤 것을 생산하려는 것이 아니고, (내가 중첩된 세 가지 영역에서 언급한) 교육적으로 바람직한 것으로 고려되어야 할 것을 초래하고자 하는 것이다. 그리하여 그러한 판단은 기술적 판단이 아니라 가치 판단이다. 아리스토텔레스가 이 그림에 더하는 것은 실천적 지식을 일련의 기술이나 성향이나 역량이 아니라, 그 사람의 특정 자질(quality) 혹은 탁월성(excellence)으로 이해한다는 점이다. 이것은 교사교육에 대한 견해로 발전시키는 데에 특히 중요하다. 영어로 '미덕(virtue)'으로 번역되는 그리스어 'arete'는 교육적 판단을 현명하게 하는 능력으로서, 뭔가 '추가'되는 어떤 것, 즉 인간으로서 우리에게 영향을 미치지 못하는 어떤 것이 아니다. 그것은 오히려 우리가 총체적 질성이라고 부르는 것, 즉 한 사람 전체에 스며들어 있고 그 사람 전체를 특징짓는 어떤 것이다. 미덕이 또한 '성품(character)'으로 자주 번역되는 것처럼, 여기서 우리는 '특징짓다(characterize)'를 꽤 문자 그대로 받아들일 수 있다.

그리하여 질문은 우리가 **프로네시스**를 어떻게 학습하는가가 아니다. 그것은 "우리가 어떻게 프로니모스, 즉 지혜를 가진 사람이 되는가, 어떻게 실천적으로 현명한 **사람**이 되는가, 보다 구체적으로 어떻게 교육적으로 현명한 사람이 되는가"이다. 이제 교사교육에 대한 질문으로 들어가보자.

교육적으로 현명하게 되기

우리는 어떻게 교육적으로 현명하게 되는가? 이 질문에 대하여 아리스토텔레스가 "실천적 지혜를 가진 젊은이는 발견될 수 없다"(ibid., p. 148)라고 말할 때 그는 한 가지 더 흥미로운 점을 지적한다. 여기서 그는 지혜가 나이와 함께 오는 것으로 본다. 즉 지혜는 **경험**과 같이 오는 것이라는 것이다. 이것은 교사교육에 중요한 시사점을 준다. 이와 관련된 것으로서, 실천적으로 현명한 사람이 어떠한 사람인지에 대해 정의를 내리려고 할 때마다 아리스토텔레스는 특정한 특징이나 자질을 추상적으로 묘사하기보다는 실천적 지혜를 보여주는 사람, 예를 들어 페리클레스와 같은 정치가의 실제 사례를 제시한다. 이것은 마치 실천적 지혜에 대해 알고 싶으면, 그리하여 실천적으로 지혜로운 이가 어떤 사람인지 알고 싶으면, 그들이야말로 탁월한 탁월성의 사례이기 때문에 그들을 직접 보라고 말하는 것과 같다. 만약 교사교육이 교육적으로 현명하게 되는 방법에 초점을 둔다면, 아리스토텔레스의 이러한 조언이 교사교육의 접근에 시사하는 것은 무엇일까?

첫 번째 함의는 교사교육이 개인으로서나 직업인으로서가 아니라 **전체 인간의 형성**에 관심을 가져야만 한다는 것이다. 이 관심은 부분적으로는 직업적인 전문적 사회화이지만, 또한 전문적 주체화로 불릴 수 있는 측면을 분명히 지니고 있다. 교사교육은 지식, 기술, 성향의 습득(자격화)에 대한 것일 뿐만 아니라, 다른 교사들이 하는 대로 따라 하는 것(사회화)에 대한 것이며 동시에, 그 사람의 형성과 변형에서부터 시작된다는 것이다. 지식, 기술, 성향에 대한 질문, 가치와 전통에 대한 질문, 역량과 증거에 대한 질문이 등장하기 시작하는 것은 오직 거기에서부터이다. 여기서 우리를 안내하는 원칙은 교육적 지혜, 즉 교육적 판단을 현명하게 하는 능력에 대한 생각이다. 아리스토텔레스를 따라 이것을 우리는 가르침과 교사교육에 대한 덕 기반 접근으로 부를 수 있을 것이다. 여기서 우리가 추구하고 있는 것은 예비교사들을 덕스러운 전문인이 되도록 하는 것인 한편, 덕이라는 관념에 대해서는 다르게 논의해보고자 한다. 즉 교사교육에서 추구해야 하는 것은 현명한 교육적 판단에 대한 일종의 감식력이라고 제안하고자 한다.

교육적 감식력이라는 생각은 교사 형성에 대한 덕 기반 접근의 두 가지 심화된 차원을 우리 앞에 제시한다. 음악가가 자신의 감식력을 발전시키는 방식에 대해 생각해 보자. 이들은 다른 사람의 감식력을 관찰하고 연구하는 것을 통해 자신들의 감식력을 발전시킬 바로 그 실천에 참여한다. 이것은 내가 제안하고자 하는 교사교육 접근의 두 가지 구성요소로 우리를 안내한다.

그리하여 두 번째 요소는 판단을 **연습함**으로써, 즉 가능한 한 광범위한 범위의 교육적 상황에서 그러한 판단을 하는 데 참여함으로써만 현명한 교육적 판단을 위한 감식력을 발전시킬 수 있다는 생각이다. 다시 말하면 그것에 대한 책을 읽음으로써 판단력을 기를 수 있는 것은 아니다. 우리는 그것을 직접 해볼 필요가 있고 해봄으로써 배울 수 있다. 한 가지 수준에서 보자면 해 보는 것을 통해서만 오직 가르침의 예술을 학습할 수 있다는 생각은 매우 독창적인 생각은 아니라고 말할 수 있다. 그러나 이것과 직무에 대해 학습하는 것(직무에 대한 기술을 습득하는 접근) 혹은 반성적 실천 혹은 문제 기반 학습 사이에는 중요한 차이가 있다고 생각한다. 내가 추구하는 것은 **판단 기반 전문성 형성**이라고 부르는 것이다. 그것은 어떤 종류의 경험 혹은 실천 학습이 아니라, 현명한 교육적 판단을 하는 능력을 지속적으로 참조점으로 취하는 것이다. 그것은 세 가지 교육 목적들의 특수한 배열과 관련하여 끊임없이 무엇이 교육적으로 바람직한 것이냐에 대한 질문에 참여하는 것이다.

세 번째 요소는 사례의 역할과 관련된 것이다. 한편으로 우리는 자신의 실천적 판단을 연습하는 것을 통해서만 이 감식력을 발전시킬 수 있다. 그러나 다른 사람의 감식력, 특히 특정 수준의 교육적 감식력에 이른 사람들을 공부함으로써 얻을 수 있는 것도 많다.[8)] 이것은 협력학습 혹은 동료학습의 과정으로 이해되어

8) 여기서 흥미로운 질문은 우리가 교육적 감식력을 예시하는 이들만을 오직 초점에 두고 연구할 것인지, 이러한 감식력을 보이지 않는 이들의 연구를 통해서도 무언가를 얻을 수 있을 것인지에 대한 것이다. 여기서 보다 일반적인 질문은 우리가 어떤 사례로부터, 즉 좋은 사례 혹은 나쁜 사례로부터 더 잘 혹은 가장 잘 배울 수 있는가 하는 것이다. 교육적 감식력에 관한 한 그러한 감식력이 결여된 사람들의 경우를 통해 혜택을 입을 수 있는 경우란, 우리가 이미 그 감식력이 어떠한 것인지에 대한 감을 가

서는 안 된다. 다른 사람의 감식력을 공부한다는 생각은 우리가 갈망하는 바로 그것을 예시하는 이들에 초점을 둔다는 것을 의미한다. 다시 말하면 그 과정은 대칭적이지 않고 비대칭적이다. 다른 교사들의 감식력 연구는 상이한 많은 형태를 띨 수 있다. 교실에서 교사가 직접 수행 중인 판단, 상황에 맞게 체현된 현명한 교육적 판단의 방식을 관찰함으로써 이뤄질 수도 있다. 그러나 그러한 판단은 항상 분명하거나 가시적이지 않을 수 있다는 점을 기억해야 한다. 왜냐하면 감식력은 시간이 걸리며 체현되는 것이기 때문이다. 그래서 거기에는 대화가 필요할지도 모른다. 그들이 왜 그렇게 했는지 알기 위해 그 교사들에게 말을 걸 필요가 있다. 이것은 작은 규모로도 이루어질 수 있는데, 예비교사는 경력교사의 판단과 교육적 감식력에 대해 면담을 할 수도 있기 때문이다. 그러나 이것은 또한 경력교사들의 생애사적 작업과 같이 보다 큰 규모로 이루어질 수도 있다. 이것은 그들의 감식력에 대해서뿐만 아니라 그들 자신의 경력 전체에 걸쳐 그 교육적 감식력을 발전시켜왔던 궤적에 대해 이해할 수 있도록 도울 것이다.

졌을 경우에만 그러하다고 주장하고 싶다.

결론

위에서 언급된 것은 가르침을 경험적 증거나 역량의 관점에서가 아니라 판단 혹은 교육적 판단에 초점을 두고 사유하고자 할 때 따라야 할 교사교육에 대한 세 가지 참조점을 제시한다. 여기서 판단 능력은 기술이나 역량으로서 이해되어서는 안 되고, 교육적 전문성 전체를 특징짓는 자질로서 이해되어야 한다. 그리고 앞의 논의는 이러한 나의 제안을 왜 가르침과 교사교육에 대한 덕 기반 접근으로 이름 붙이는지 그 이유를 제공한다. 여기서 핵심은 교육적 판단에서의 특정 감식력의 개발에 있다. 즉 일련의 기술이나 역량이 아니라 교사가 교육적으로 현명하게 되는 것을 돕는 과정으로서의 판단력이다. 그러한 지혜는 우리의 교육적 행위가 결코 단지 과거에 일어났던 것의 반복이 아니라 미래에 대해 항상 급진적으로 열린 것이 되도록 하는 데에 특히 중요하다. 이러한 개방성에 참여하고, 특히 교육적 방식으로 그렇게 할 수 있기 위해서는, 미리 만들어진 레시피가 아닌 판단이 필요한 것이다.

사건의 페다고지를 위하여

앞선 논의들에서 나는 교육의 약함에 대해 여러 각도에서, 그리고 여러 교육적 '주제'를 통해 성찰해왔다. 여기서 나는 교육이 '작동할' 때의 약한 방식을 보여주려고 했을 뿐만 아니라, 교육이라는 이름에 걸맞은 교육의 중대한 중요성에 대해서도 강조해왔다. 그것은 교육이 자격화와 사회화에 관심이 있을 뿐만 아니라 주체화, 즉 주체성이라는 사건의 가능성 안에서 강한 형이상학적 방식이 아니라 약한 실존적 방식으로만 '작동'할 수 있다는 것이다. 이것이 내가 교육적 창조의 '행위'를, 형이상학적 주조와 같이 존재(being)를 형성해 내는 것이 아니라 (이미 있는) 존재에 생명(life)을 가져다주는 (혹은 존재를 오히려 부르는) 것으로 이해해야 한다고 주장한 이유이다. 또 (A에서 B로 정보가 전달되는 것과 구별되는) 진정한 교육적 소통은 급진적으로 개방적이고 결정되지 않은 과정이며, 그러므로 항상 '해체 속에 있는' 과정이라고 강조한 이유이다. 다시 말해 우리가 의사소통에 관한 이론적 이

해들을 총체화하는 것을 자제하고, 그 이론들을 의사소통 속으로 끌어들임으로써 '위험'을 감수해야 한다는 것이다. 같은 맥락에서 나는 '가르쳐지는' 경험이 교사에 의해 생산될 수 없고, 이러한 의미에서 가르침은 교사가 소유할 수 없는 선물을 주는 것이라고 제안하였다. 이것이 내가 '학습'의 개념을 비자연화시킬(de-naturalize) 필요가 있다고 주장한 이유이며, 그리하여 학습이 우리에게 힘을 행사하는 것을 멈추고, 다시 우리가 힘을 행사할 수 있는 무언가가 되어야 한다고 주장한 이유이다. 또 이 이유로 나는 해방이라는 것을 평등을 가져오기 위해 한 사람이 다른 사람을 자유롭게 하는 강력한 개입에 관한 것으로 이해하지 않고, 처음부터 평등을 전제하고 뭔가를 시작하는 사람들에 의해 그것이 '포획되는' 과정으로 이해하고자 하였다. 아울러 이 이유로 나는 민주주의가 적절한 발달의 궤도 끝에서 도달할 수 있는 심리적 상태를 전제로 하는 것이 아니라, 자유의 모습을 향해 마음을 품는 존재의 양태로서 이해되어야 한다고 주장했다. 그리고 마지막으로 이러한 이유로, 가르침은 매뉴얼을 따르는 문제가 아니라 궁극적으로, 교육적으로 바람직한 것이 무엇인지에 대한 현명하고 적절한 판단을 할 수 있는 사람을 필요로 하는 문제라고 언급했다.

각각의 경우마다 물론 위험이 있다. 교육의 개방성과 예측 불가능성에 뛰어드는 것, 일어날지도 혹은 일어나지 않을지도 모르는 사건을 향해 마음의 지향점을 갖는 것, 진지하게 의사소통하는 것, 교사의 힘이 구조적으로 제한됨을 인정하는 것, 해방과 민주주의가 기계와 같은 방식으로 생산될 수 없다는 것을 인식하고 교육이 포이에시스의 논리로 결코 환원될 수는 없으며 항상 프로네시스의 논리를 필요로 한다는 것을 인정하는 것은 이 위험을 진지하게 받아들이고 실행하는 것을 의미한다. 이것은 위험을 피할 수 없는 것이라고 간주해서가 아니다. 혹은 엄청난 노력을 통해 결국에는 교육으로부터 모든 예측 불가능성을 제거할 수 있다고 믿기 때문도 아니다. 그것은 오히려 위험이 없다면 교육 그 자체가 사라지고, 우리의 존재, 행동, 사고가 이미 존재하는 질서에 그대로 편입되는 사회적 재생산이 그 자리를 대신하게 될 것이기 때문이다. 우리의 지향이 이미 존재하고 있는 것을 재생산하는 것에 있다면 그것은 바람직하겠지만, 교육을 고분고분한 대상들의 재생산이 아닌 자유로운 주체들의 세계 출현에 관심을 가진 과정으로 바라본다면 바람직하지 않을 것이다. 이것을 위해 우리에게는 원인과 결과의 페다고지, 즉 단지 미리 지정한 '학습 결과'를 산출하는 것을 목표로 하는 교육학이 필요한 것이 아니다. 우리는 오히려 사건의 페다고지, 즉 교육의 약함을 적극적으로 지향하는 페다고지가 필요하다. 그리고 이것은 요컨대 교육의 아름다운 위험을 실로 기꺼이 감수하는 페다고지이다.

부록

세계로 오는 것, 유일성, 그리고 교육의 아름다운 위험

필립 윈터(Philip Winter), 거트 비에스타와의 대화

PW: 당신의 작업에 한 가지 교육이론이 있는지요?

GB: 아마도요. 그 이론은 제가 의도적으로 발전시키려고 설정한 어떤 것이기보다는 여러 해에 걸쳐 떠오르기 시작한 어떤 것에 더 가깝다고 말할 수 있지만요. 교육에 대한 이론적, 철학적 질문에 항상 관심이 있었지만, 저의 저서 『학습을 넘어』(Biesta 2006a)를 두고 작업하기 시작할 때에야 비로소 나의 이론이라는 것에 관심이 생긴 것 같습니다. 그 저서에서는 모든 것이 조화롭게 서로 맞아들어가며 교육의 이론이라는 것이 출현했지요. 그때도 이 이론이 무엇인지에 대해서는 그 책을 끝내고 나서야 비로소 말로 표현할 수 있었습니다.

PW: 그것이 어떤 이론인지, 그리고 그것이 어떻게 '작동하는지' 간략하게 말씀해 주실 수 있는지요?

GB: 물론입니다. 개념적으로 그것은 두 가지 개념에 기대고 있습니다. "세계로 오는 것"과 "유일성"입니다. 그러한 개념이 왜 거기에 등장하고 그것이 왜 중요한지를 이해하기 위해서는 이 아이디어들을 발전시킬 때 제가 답하려고 한 사안에 대해 몇 가지 말할 필요가 있습니다. "세계로 오다"라는 개념에 대한 작업은 정체성에 대한 학회에 초청되었던 1990년 후반부터 시작되었습니다. 그 개념에 대해 탐구할 때 많은 것을 깨달았습니다. 하나는 제가 **정체성**(identity)이라는 질문에 진정으로 관심이 없다는 것이었는데, 왜냐하면 그것은 항상 동일시의 질문, 누구에 의한 동일시, 무엇과의 동일시 문제였기 때문입니다. 이것은 항상 3인칭적 관점을 표현했고, 동일성 혹은 정체성은 설명적 용어였습니다. 이와 달리 저는 **주체성**(subjectivity)의 질문에 훨씬 많이 관심을 가졌습니다. 이것은 우리가 행위와 책임의 주체가 되는 방법에 대한 질문입니다. 저에게 그것은 교육적 질문이지만, 정체성은 사회학적 그리고 심리학적 문제로 보였습니다.

그때까지 저는 푸코를 충분히 읽었었고, 많은 사람들이 여전히 그렇게 생각하는 것과 달리, 주체의 죽음에 대한 논의 전체가 주체성, 혹은 주체됨의 바로 그 가능성의 죽음에 대한 것은 아니라고 생각했습니다. 오히려 그것은 주체에 대한 진리를 말하는 것, 즉 주체가 무엇인지를 알고자 하는 주장, 그러한 지식을 가지는 것이 가능하다고 주장하는 관념에 대한 비판을 향해 있다고 생각했습니다. 물론 이것은 전적으로 철학적인 문제로 다루어질 수도 있지만, 인간 주체에 대한 진리를 말하는 것이 가능하다는 아이디어가 실제로 어떻게 '작동하는지'에 저는 관심이 있었습니다. 그 주장이 교육과 정치를 포함하는 다양한 영역에서 행하는 것(doing), 행해 온 것(having been doing)에 관심이 있었습니다.

내가 말하는 교육, 즉 근대교육이 인간의 본성과 운명에 대한 진리에 기반하는 경향이 있다는 것을 깨달은 것은 바로 그 시점에서였습니다. 즉 아동이 무엇이며 무엇이 되어야만 하는지에 대한 진리에 기반하는 경향말입니다. "자율성" 그리고 "합리성"이라는 개념들이 근대의 교육적 사유와 실천에서 중요한 역할을 하고 있습니다. 저는 자율성과 합리성이라는 개념들에 동의하는 한편, 그 두 개념은 모두 문제가 없지 않습니다. 예를 들어 우리가 완전히 자율적인 것은 사실인가? 그것은 실제 어떤 것인가? 합리성과 비합리성 간의 경계는 역사적으로 만들어지는 것 아닌가? 그리고 어떤 의미로 보자면 그 경계는 단순히 '거기에' 본래 있는 것도 아니고, 인간 내면 깊은 곳에서 발견될 수 있는 것도 아니며, 정치적으로 만들어지는 것이 아닌가? 저는 사실 이러한 보다 일반적인 질문 외에도 보다 철학적인 질문으로서, 자율성이나 합리성을 결코 성취할 수 없는 사람들에게 관심을 가졌습니다. 그들은 교육의 범위 너머에 있는가? 그들은 정치적 영역 바깥에 있는가? 그들은 인간이 된다는 의미의 영역 바깥에 있는가? 그리하여 인간에 대한 진리를 말한다는 관념은 나에게 단지 철학적인 문제일 뿐만 아니라 무엇보다도 교육적, 정치적, 실존적인 문제였습니다. 이것이 바로 주체가 **무엇인지**를 분명하게 말하려고 하기보다는 그 주체가 어떻게 **존재하는지** 포착할 수 있는 언어를 발견하려고 제가 애쓴 이유입니다. 어쨌든, 전자의 문제는 하이데거, 레비나스, 푸코, 데리다와 같은 철학자들의 작업 속에서 추구했을 때 불가능한 어떤 것이었습니다.

낭시(Jean Luc Nancy)로부터 내가 가져온 것은 "현전하게 되다

(coming into presence)"라는 관념이었습니다. 이것은 주체에 대해 이야기하는 훨씬 더 실존적인 방식이었고, 본질 혹은 정체성보다는 **사건**을 언급합니다. 이때 사건은 오게 되는 것, 와야 하는 것, 혹은 현전하도록 허용하는 것을 정의하려고 하기보다는, 현전하게 되는 사람에 대한 관심을 표현합니다. 그리하여 '현전하게 되다'라는 아이디어는 아이들이 무엇이 되어야 하는가로부터 출발하지 않고, 새로운 시작, 새로움, 혹은 아렌트의 용어로 탄생성으로서 그 자체를 공언하는 것에 관심을 가지고 그것을 명료하게 표현함으로써, 전통적인 교육적 사유를 거꾸로 뒤집는 것이 되었습니다. '현전하게 되는' 사건에 결정적으로 중요한 것은 이것이 고립 속에서 이루어질 수 있는 것이 아니라는 점입니다. '현전하게 되는 것'은 항상 **타자**의 현전으로 나아갑니다. 그것은 저로 하여금 주체성이라는 사건의 관계적 차원에 대한 탐색으로 이끌었습니다. 이것은 부분적으로 프래그머티즘에 대한 저의 이전 작업에서뿐만 아니라 상호주관성의 관념에서 개념적 자원을 얻었습니다. 그러나 프래그머티즘에는 뭔가 빠진 것이 있다는 생각이 들었고, 그것은 바로 '현전하게 되는 것'의 해체적 성격으로 불리는 것에 대한 인식이었습니다. 즉 누군가가 '현전하기' 위한 가능성의 조건은 동시에 불가능성의 조건이기도 하다는 것입니다. 저는 스위스의 건축가 추미(Bernard Tshumi)의 작업으로부터 영감을 얻었는데, 그는 사람들이 건축물을 사용하면서 이를 통해 그 건축적 프로그램을 방해하는 방식을 포착하고 이를 포

함하는 건축의 개념을 옹호하고 있었습니다. 그러나 저에게 영감을 가장 많이 준 것은 아렌트와 그녀의 '행위' 개념입니다.

아렌트는 우리가 현전하게 되는 것은 항상 우리의 시작이 타자에 의해 취해지는 방식에 의존한다는 것을 보여 주었습니다. 그녀는 또한 모든 이의 시작이 현전하게 되는 세계에 헌신하려고 한다면, 아직 하나의 사실로 실현되지는 않았더라도 정치적으로 존재한다는 것이 무엇을 의미하는지를 분명하게 말로 표현하는 일과 함께 살아갈 필요가 있다는 것(Biesta 2010e), 그리고 다른 사람이 나의 시작을 취하는 방식들은 급진적으로 나의 통제 너머에 있다는 사실과 더불어 살아갈 필요가 있다는 것을 알게 해주었습니다. 나의 '현전하게 됨'을 가능하게 하는 바로 그 조건은 다른 사람이 나의 시작을 취한다는 바로 그 사실이며, 또한 나의 시작의 순수성을 훼방할 수도 있다는 것, 즉 타자는 그 자신의 방식으로 나의 시작을 취할 자유를 가져야만 한다는 것입니다. "복수성은 인간 행위의 조건"이라는 아렌트의 구절은 여전히 이것을 매우 잘 포착합니다. 왜냐하면 유일한 한 개인의 시작이 아니라 **모든 이**의 시작이 현전할 수 있는 것은, 오로지 복수성의 조건하에만 가능하기 때문입니다. 내가 '현전하게 되다'라는 개념으로부터 '세계로 (나)오다'라는 개념으로 옮겨간 것은 바로 이러한 노선의 사유에 따른 것입니다. 이러한 전환의 주요 이유는 제가 보기에 주체성의 사건이 본질적으로 정치적인 성격을 갖는다는 것을 강조하기 위해서입니다. 다시 말하면 주체성의 사건은 복수성과 차이의 세계, 즉 **폴리스** 혹은 정치적 영역에서 일어날 수 있어야만 한다는 사실의 강조입니다. 교육적으로 이 모든 것은 교육자의 책임이 결코 개인들, 개별 아이들과 그들의 '현전하게 됨'을 향해 있을 수만은 없다는 것이고, 아렌트의 용어로 "자유가 출현할 수 있는" 공간의 유지를 지향할 필요가 있다는 것을 의미합니다. 그리하여 교사에게는 이중의 책임이 있습니다. 아이를 위한 책임**과 더불어** 세계를 위한 책임, 보다 구체적으로 세계의 '세계적(worldly)' 질성을 위한 책임입니다.

PW: 그러면 (아이의) 유일성은 어떻게 되는 겁니까?

GB: 우리 인간만이 오직 '세계로 오는 것'의 관념을 가졌다고 한다면, 주체성의 사건이 어떻게 일어나는지에 대한 설명을 우리는 가지고 있을 겁니다. 다시 말하면, 우리는 주체성의 이론은 가지고 있지만, 세계로 오는 각자의 유일한 주체의 주체성이 왜 중요한지를 옹호하는 논변은 가지고 있지 않습니다. 그것이 바로 '세계로 온다'는 관념이 '유일성'의 아이디어에 의해 보완될 필요가 있는 이유입니다. 그러나 유일성이 말로 명시화될 수 있는 두 가지 방법이 있습니다. 한 가지는 정체성의 개념으로 되돌아가서 그 주체의 지식에 대해 묻는 것입니다. 다른 하나는 실존적 논변으로 우리를 이끄는 것입니다. 저의 작업에서 이것은 "차이로서의 유일성"과 "대체 불가능성으로서의 유일성"(Biesta 2010b) 간의 구분으로 명료화됩니다. 그리고 후자적 접근을 위한 영감은 레비나스로부터 나왔습니다. 차이로서의 유일성은 우리의 특징들, 즉 우리가 **가진** 속성들에 초점을 두고 우리 각자가 그 점에서 서로 어떻게 다른지를 명료화합니다. 이것은 다시 3인칭적 관점이라고 말할 수 있지만, 여기서 더 문제가 되는 것은 차이로서의 유일성은 타자와의 도구적 관계에 기초한다는 것입니다. 우리는 그들과 다름을 명시화하기 위해서 타자를 필요로 하지만, 그것은 우리가 타자를 필요로 하는 이유의 전부가 됩니다. 이와 대조적으로 대체 불가능성으로서의 유일성은 다른 질문을 가지고 옵니다. **무엇이** 우리를 유일하고 고유하게 만드는가가 아니라, **언제** 내가 나인 것이 중요하게 되는가라는 질문을 가지고 옵니다. 이 질문에 대한 짧은 대답은 내가 언명될 때 이것이 중요하게 된다는 것입니다. 즉 어떤 이가 나에게 호소하고 그가 나를 소환할 때 중요하게 된다는 것입니다. 그것은 내가 타자에 의해 꼭 집어 선별되는 상황으로서, 그러한 상황에서 우리는 대체 불가능합니다. 그 타자는 사회적 역할 속에서의 나, 즉 나의 정체성을 좇는 것이 아니라 그저 **나를** 좇는 것입니다. 보다 정확하게 말하자면, 타자를 위한 나의 책임에서 나는 대체 불가능합니다. 우리가 그 책임을 떠안을 것인가, 바우만(Zygmunt Baumann)의 표현으로 말하자면, 우리가 우리의 책임을 위한 책임을 받아들일 것인가는 전적으로 나에게 달려있습니다. 우리가 그것을 해야만 한다고 말할 수 있는 이론은 없습니다. 내가 나의 책임을 떠안아야 한다고 명령하는 것은 타자일 수가 없습니다. 이것은 전적으로 나에게 달려있습니다. 그리하여 이러한 의미에서 대체 불가능성으로서 유일성이라는 관념은 1인칭적 관점을 명료하게 표현할 뿐만 아니라, 전적으로 실존적입니다. 그것은 주체가 **무엇인지**에 대해 아무것도 주장하지 않습니다. 그러나 그것은 우리가 스스로를 발견해야 하는 상황, 우리가 문자 그대로 꼭 집어서 선별되는 상황, 우리의 유일성이 중요한 상황에 대해서만 말합니다. 저는 여전히 이것이 주체성의 사건에 참여하는 꽤 강력한 방식, 심지어 아름다운 방식이라고 생각합니다. 그것은 주체성의 이론이 아니라 오히려 "주체성의 윤리"라고 불릴 수 있습니다(Biesta 2008). 주체성의 질문으로서 그리고 주체성의 사건의 질문으로서 그것은 인식론적이거나 존재론적인 용어가 아니라 윤리적 용어로 접근되기 때문에 그러합니다. 그리고 그것은 인간 주체에 대해 알아야 할 것은 아무것도 없다고 말하는 또 하나의 방식이기도 합니다.

PW: 이것은 어떻게 "세계로 (나)오는 것"과 관련됩니까?

GB: 한 가지 의미에서 그것은 유일성이 세계에 올 수 있는 특정 방식을 규정합니다. 유일성은 사건이지 개인이 소유할 수 있거나 소유를 주장할 수 있는 것이 아닙니다. 그것을 안다고 주장할 수도 없지요. 그리하여 하나의 사건으로서 유일성은 항상 위태로운 어떤 것입니다. 거기에는 주체성의 사건이 성취될 수 있을지 없을지에 대한 질문이 항상 있고, 그 사건은 아마 이미 하나의 용어로서 지나치게 능동적입니다.

PW: 교육자들은 이 개념으로 무엇을 할 수 있습니까?

GB: 아마도 거의 아무것도 할 수 없지 않을까 싶네요. 다시 말하면 아리스토텔레스의 **포이에시스**적 의미로 그것을 받아들여, 하는 것(doing)을 생산으로 생각한다면 그렇다는 뜻입니다. 물론 교육은 전통적으로 오랫 동안 그런 방식으로 이해되어왔습니다. 교육은 무엇인가를 생산할 필요가 있는 과정이고 특정 결과를 산출해야 한다는 생각이지요. '학습결과'라는 요즈음 너무나 유행하는 표현에서처럼요. 그러나 우리는 학생을 생산하는 것이 아닙니다. 그들을 가르치기 위해 거기에 있는 것입니다. 우리가 아이들을 만드는 것이 아니라 그들이 우리에게로 태어나는 것입니다. 그리하여 주체성은 정확히 결과가 **아니며** 학습결과는 더더욱 아닙니다. 정확히 그것은 생산될 수 있는 어떤 것이 아니기에 저는 주체성의 **사건**이라는 아이디어를 좋아합니다. 사건으로서의 주체성이라는 표현 말입니다. 그러나 한편으로 제가 주체성의 질문은 가장 중요한 교육적 관심이어야만 한다고 주장하고, 다른 한편으로 교육자가 할 수 있는 것은 아무것도 없다고 논변한다는 의미에서 교육자들에게 모종의 곤경을 가져다줍니다. 그러나 제가 이렇게 논변하는 유일한 사람은 아니고, 오히려 그것은 우리의 긴 교육 전통에 연결되어 있습니다.

이 곤경에 대한 저의 대답은 주체성이 교육을 통해, 혹은 정치를 통해 **생산될 수**는 없지만, 주체성의 사건이 일어나지 못하게 **방해를 받는 것은** 아주 쉽다는 것입니다. 주체성의 사건이 타자에 의해, 그리고 타자의 타자성에 의해 내가 언명될 수 있는 방식과 관련이 있다면, 개인적 수준과 제도적 수준에서 모두, 우리가 언명될 가능성이 잘려 나가서 배제될 가능성이 발생하기란 아주 쉽습니다. 마스켈라인(Jan Masschelein)이 말하는 것처럼, 우리는 타자의 호명으로부터 면제되고, 우리 자신의 울타리를 치고 눈과 귀를 막으며 우리의 가슴조차 얼어있어서, 타자에 의해 방해받는 바로 그 위험을 뿌리째 뽑아 버립니다. 이 위험은 레비나스의 용어로 타자에 의해 언명될 위험이자 타자에 의해 질문을 받을 위험입니다. 그리고 그것은 아마도 교육을 위험 부재의 경험, 더 이상 질문을 제기할 수도 없고 언명될 수도 없으며 접촉될 수도 없고, 그 결과 내가 결코 위태롭지 않을 경험지대로 만드는 일의 가장 큰 문제이기도 합니다. 교육을 100퍼센트 안전하게, 100퍼센트 위험 안전지대로 만든다는 것은, 그리하여 교육이 근본적으로 비교육적으로 된다는 것을 의미합니다. 그것이 바로 교육의 위험, 내가 교육의 아름다운 위험이라고 부르는 것이 매우 중요한 이유입니다. 그러나 교육이 위험해야만 한다는 저의 주장이 그렇게 인기가 없을 것이라는 점을 저는 잘 알고 있습니다.

PW: 그것은 또한 최근 교육연구의 지배적인 특정 경향성에 대한 당신의 비판 뒤에 놓여 있는 것인지요? 예를 들어 저는 여기서 「왜 '잘 작동하는 것'은 작동하지 않을 것인가」(Biesta 2007b)라는 당신의 에세이에 실린 증거 기반 교육에 대한 비판을 말하고 있습니다.

GB: 그렇습니다. 증거 기반 교육이라는 아이디어는 전적으로 위험의 근절 그리고 교육과정에 대한 총체적인 통제 욕망에 기초하고 있습니다. 여기에 많은 사안이 걸려 있습니다. 하나는 교육과정과 교육실천에 대한 가정과 관계가 있습니다. 그 가정은 여기서 촉진되는 연구의 개념에 정보를 주지요. 그 가정이란 교육이 인과적 과정, 생산의 과정으로 이해될 수 있다는 가정입니다. 즉 우리가 필요로 하는 지식은 투입과 산출 사이의 인과적 관계에 대한 것이라는 가정이지요. 교육은 그러한 과정이라고 저는 생각하지 않습니다. 교육은 그러한 과정으로 **이해되어야만** 한다고 생각하지도 않습니다. 심지어 그러한 과정으로 **모델화**되어야 한다고도 생각하지 않습니다. 저는 원칙상 교육을 인과적 과정으로 모델화하는 것, 즉 그것을 인과적으로 작동하도록 만드는 것이 가능하다고 생각하기 때문에, 교육을 그렇게 모델화해서는 안 된다는 저의 주장은 특별히 중요합니다. 이 모델화는 교육과정의 복잡성을 급진적으로 축소시킴으로써만 가능합니다(Biesta 2010a). 그것은 교육적 투입과 교육적 산출 간의 관계에 영향을 미치는 잠재적인 **모든** 요소들을 통제하도록 요청합니다.

그렇게 할 수는 있지만 그것은 엄청한 노력을 요하고 그만한 노력의 가치가 있는 것인지 질문하게 됩니다. 즉 소련은 자신의 시민을 전적으로 통제할 수 없었고 아마도 북한 또한 결국 그렇게 할 수 없을 것입니다. 우리는 또한 그러한 노력이 바람직한 것인지 물을 수도 있습니다. 그러한 노력을 극단으로까지 경주할 때 그것이 궁극적으로 바람직하지 않다는 것은 분명합니다. 그러나 이것은 까다로운 질문입니다. 많은 나라에서 교육은 이런 방향으로 빠르게 움직이고 있고, 교육을 받는 입장의 학생들에게뿐만 아니라 그러한 (억압적) 상황하에서 일할 필요가 있는 교사나 학교의 지도자들, 행정가들에게 더욱더 억압적으로 되어가고 있습니다.

PW: 당신의 주장이 통제냐 자유냐 혹은 인과 관계냐 완전한 개방성이냐와 같은 흑백의 논리를 만들어 낼 위험도 있지 않나요?

GB: 타당한 지적입니다. 그것은 『학습을 넘어』 출간 이후 제가 깨닫게 된 여러 가지 중의 하나와 관련이 있습니다. 바로 주체성의 질문이 매우 중요하고 어떤 의미에서 교육의 본질적이고 근본적인 것이지만, 교육의 모든 것이자 궁극적인 것은 아니라는 것입니다. 그것이 바로 내가 『측정의 시대, 좋은 교육이란 무엇인가』라는 책에서 교육이, 특히 학교교육이 인간의 주체성과 관련하여 기능해야 할 뿐만 아니라 다른 기능도 함께 수행해야 한다고 주장한 이유입니다. 그 책에서 저는 자격화와 사회화 같은 다른 기능을 언급합니다. 자격화는 지식, 기술, 성향의 영역이고 사회화는 교육을 통해 우리가 기존의 '질서', 즉 사회적 질서, 정치적 질서, 문화적 질서, 종교적 질서, 직업적 질서 등의 일부분이 되는 방식으로 정의되는 것입니다. 교육이 이러한 세 가지 영역에서 기능 한다는 것을 인식하는 것은 중요합니다. 그러나 저는 이 세 가지 차원을 교육 목적의 세 가지 차원으로 봅니다. 즉 교육자들이 교육이 기능해야만 하고 영향을 미칠 수 있는 영역으로 주장할 수 있는 것으로서 이 세 가지 영역을 말합니다. 아마도 제가 조심스럽게 말할 필요가 있기는 하지만, 투입과 산출 사이의 관계에 대한 질문, 그리고 교육을 '작동하도록' 만드는 것에 대한 질문은, 교육의 자격화와 사회화 차원에 대한 것일 때 그것의 자리를 갖는다고 봅니다. 결국 학생들이 보잉 999를 운전하거나 두뇌 수술을 수행하는 것과 같은 복잡한 기술을 배우기를 원한다면, 혹은 차 수리기술, 배관기술 등과 같이 기술의 전체 영역에서 배우기를 원한다면, 그들이 그것을 '올바르게' 하도록 확실히 할 필요가 있습니다. 여기서 '올바르게'란, 그것을 올바르게 한다는 것이 무엇을 의미하는지에 대해 판단할 수 있는 것, 그리고 올바르게 하는 것이 필요하지 않은 특수한 상황이나 때를 판단할 수 있는 능력을 항상 포함합니다. 그래서 우리는 교육이 단지 주체의 질문에 대한 것만은 아니라는 것을 염두에 두어야만 합니다. 그러나 동시에 이 차원이 빠진다면, 즉 교육의 장면에서 주체라는 질문의 차원이 사라지고 더 이상 관련된 것으로 여겨지지 않는다면 우리는 **비교육적인** 공간 속에 남게 된다는 점을 말할 필요가 있습니다. 저에게 가르침의 예술은 정확히 이 세 가지 차원 간의 올바른 균형점을 발견하는 문제입니다. 이것은 미리 프로그램화될 수 있거나 연구에 의해 분류될 수 있는 것이 아니라 지속적으로 추구되어야 할 과업입니다.

PW: 이제 마지막 질문입니다. 당신의 교육이론에서 민주주의의 자리는 무엇입니까?

GB: 지금까지 제가 말해온 것에서 **민주주의**라는 단어가 사용된 적은 없지만 제가 교육을 바라보는 방식에는 강한 민주적 '정서(sentiment)'가 분명히 있었기를 바랍니다. 저에게 이것은 사건으로서의 주체성과 그것이 복수성의 조건하에서만 가능하다는 관념 간의 연결로 되돌아갑니다. 어떤 의미에서 그것은 민주적 에토스와 교육적 에토스가 같이 모이는 곳이자 심지어는 일치하는 곳입니다. 민주적인 것이 교육적인 것의 바로 그 핵심에 있는 이유가 바로 여기에 있습니다. 그것은 서로 추가되는 것이 아닙니다. 주체성의 사건이 제가 이제까지 그것에 접근해 온 방식 안에서 발견된다면, 민주적인 것은 그 핵심에 있는 바로 그것입니다.

참고문헌

Andreotti, V. (2011). *Actionable postcolonial theory in education*. New York: Palgrave Macmillan.

Apple, M., and Beane, J. (1995). *Democratic schools*. Alexandria, VA: Association for Supervision and Curriculum Development.

Arendt, H. (1958). *The human condition*. Chicago: University of Chicago Press.

Arendt, H. (1977a). The crisis in education. In H. Arendt, *Between past and future: Eight exercises in political thought*. Harmondsworth: Penguin Books.

Arendt, H. (1977b). What is freedom? In H. Arendt, *Between past and future: Eight exercises in political thought*. Harmondsworth: Penguin Books.

Arendt, H. (1977c). Truth and politics. In H. Arendt, *Between past and future: Eight exercises in political thought*. Harmondsworth: Penguin Books.

Arendt, H. (1982). *Lectures on Kant's political philosophy*. Chicago: University of Chicago Press.

Arendt, H. (1994).Understandingandpolitics(thedifficultiesofunderstand ing). In H. Arendt and J. Kohn (Eds.), *Essays in understanding*

1930-1954. New York: Harcourt, Brace and Company.

Arendt, H. (2003). "What remains? The language remains": A conversation with Günter Gaus. In P. Baher (Ed.), *The portable Hannah Arendt*. New York: Penguin Books.

Aristotle (1980). *The Nicomachean ethics*. Oxford: Oxford University Press.

Aspin, D. N., and Chapman, J. D. (2001). Lifelong learning: Concepts, theories and values. In *Proceedings of the 31st Annual Conference of SCUTREA*. University of East London: SCUTREA.

Barr, R. B., and Tagg, J. (1995). From teaching to learning: A new paradigm for undergraduate education. *Change* (November/December), 13-25.

Bauman, Z. (1993). *Postmodern ethics*. Oxford: Blackwell.

Bauman, Z. (1998). *Leven met veranderlijkheid, verscheidenheid en onzekerheid*. Amsterdam: Boom.

Bennington, G. (2000). *Interrupting Derrida*. London and New York: Routledge.

Biesta, G. J. J. (1994). Pragmatism as a pedagogy of communicative action. *Studies in Philosophy and Education, 13*(3-4), 273-290.

Biesta, G. J. J. (1998). "Say you want a revolution...." Suggestions for the impossible future of critical pedagogy. *Educational Theory, 48*(4), 499-510.

Biesta, G. J. J. (2001). "Preparing for the incalculable": Deconstruction, justice, and the question of education. In G. J. J. Biesta and D. Egéa-Kuehne (Eds.), *Derrida and education*. London and New York: Routledge.

Biesta, G. J. J. (2003). Jacques Derrida: Deconstruction = justice. In M. Peters, M. Olssen, and C. Lankshear (Eds.), *Futures of critical theory: Dreams of difference*. Lanham, MD: Rowman and Littlefield.

Biesta, G. J. J. (2004a). Education after deconstruction. In J. Marshall (Ed.), *Poststructuralism, philosophy, pedagogy*. Dordrecht and Boston: Kluwer Academic Press.

Biesta, G. (2004b). The community of those who have nothing in common: Education and the language of responsibility. *Interchange, 35*(3), 307-324.

Biesta, G. J. J. (2005). What can critical pedagogy learn from postmodernism? Further reflections on the impossible future of critical pedagogy. In I. Gur Ze'ev(Ed.), *Critical theory and critical pedagogy today: Toward a new critical language in education*. Haifa: University of Haifa.

Biesta, G. J. J. (2006a). *Beyond learning: Democratic education for a human future*. Boulder, CO: Paradigm Publishers.

Biesta, G. J. J. (2006b). "Of all affairs, communication is the most wonderful": Educationascommunicativepraxis.InD. T.Hansen(Ed.),*JohnDeweyandour educationalprospect:AcriticalengagementwithDewey's*democracyandeducation. Albany, NY: SUNY Press.

Biesta, G. J. J. (2006c). What's the point of lifelong learning if lifelong learning has no point? On the democratic deficit of policies for lifelong learning. *European Educational Research Journal, 5*(3-4), 169-180.

Biesta, G. J. J. (2007a). Education and the democratic person: Towards a political understanding of democratic education. *Teachers College Record, 109*(3), 740-769.

Biesta, G. J. J. (2007b). Why "what works" won't work: Evidence-based practice and the democratic deficit of educational research. *Educational Theory, 57*(1), 1-22.

Biesta, G. J. J. (2008). Pedagogy with empty hands: Levinas, education, and the question of being human. In D. Egéa-Kuehne (Ed.), *Levinas and education: At the intersection of faith and reason*. London and New York: Routledge.

Biesta, G. J. J. (2009). Good education in an age of measurement: On the need to reconnect with the question of purpose in education. *Educational Assessment, Evaluation, and Accountability, 21*(1), 33-46.

Biesta, G. J. J. (2010a). Five theses on complexity reduction and its politics. In D. C.

Osberg and G. J. J. Biesta (Eds.), *Complexity theory and the politics of education*. Rotterdam: Sense Publishers.

Biesta, G. J. J. (2010b). *Good education in an age of measurement: Ethics, politics, democracy.* Boulder, CO: Paradigm Publishers.

Biesta, G. J. J. (2010c). Why "what works" still won't work: From evidence-based education to value-based education. *Studies in Philosophy and Education, 29*(5), 491-503.

Biesta, G. J. J. (2010d). Evidenz und Werte in Erziehung und Bildung: Drei weitere Defizite evidenzbasierter Praxis. In H.-U. Otto, A. Polutta, and H. Ziegler(Hrsg.), *What works—Welches Wissen braucht die Soziale Arbeit?* Opladen, Germany: Barbara Burdich.

Biesta, G. J. J. (2010e). How to exist politically and learn from it: Hannah Arendt and the problem of democratic education. *Teachers College Record, 112*(2), 558-577.

Biesta, G. J. J. (2011a). Disciplines and theory in the academic study of education: A comparative analysis of the Anglo-American and

Continental construction of the field. *Pedagogy, Culture, and Society, 19*(2), 175-192.

Biesta, G. J. J. (2011b). *Learning democracy in school and society.* Rotterdam/Boston/Taipei: Sense Publishers.

Biesta, G. J. J., and Egéa-Kuehne, D. (Eds.) (2001). *Derrida and education.* London and New York: Routledge.

Biesta,G. J. J., andLawy, R. (2006). Fromteachingcitizenshiptolearningdemocracy. *Cambridge Journal of Education, 36*(1), 63-79.

Bingham, C. (2009). *Authority is relational.* Albany, NY: SUNY Press.

Bingham, C., and Biesta, G. J. J. (2010). *Jacques Rancière: Education, truth, emancipation.* London and New York: Continuum.

Boyne, R. (1990). *FoucaultandDerrida:Theothersideofreason.* London:Routledge.

Brackertz, N. (2007). *Who is hard to reach and why?* Institute of Social Research Working Paper. Melbourne: Swinburne University of Technology.

Britzman, D. (1998). *Lost subjects, contested objects: Toward a psychoanalytic inquiry of learning.* Albany, NY: SUNY Press.

Caputo, J. D. (Ed.). (1997). *Deconstruction in a nutshell. A conversation with Jacques Derrida.* New York: Fordham University Press.

Caputo, J. D. (2006). *The weakness of God: A theology of the event.* Bloomington and Indianapolis: Indiana University Press.

Caputo, J. D. (2007). *How to read Kierkegaard.* London: Granta Books.

Caputo, J. D., and Vattimo, G. (2007). *After the death of God.* New York: Columbia University Press.

Carr, W. (1987). What is an educational practice? *Journal of Philosophy of Education, 21*(2), 163-175.

Critchley, S. (1999). *Ethics-politics-subjectivity: Essays on Derrida, Levinas, and contemporary French thought*. London: Verso.

Deakin Crick, R. (2008). Key competencies for education in a European context. *European Educational Research Journal, 7*(3), 311-318.

Delors, J., et al. (1996). *Learning: The treasure within*. Paris: UNESCO.

Department for Education and Employment(1998).The learning age: A renaissance for a new Britain. London: The Stationery Office.

Derrida, J. (1978). *Writing and difference*. Chicago: University of Chicago Press.

Derrida, J. (1982). *Margins of philosophy*. Chicago: University of Chicago Press.

Derrida, J. (1984).Deconstruction and the other: An interview with Jacques Derrida. In R. Kearney, *Dialogues with contemporary Continental thinkers*. Manchester, UK: Manchester University Press.

Derrida, J. (1991). Letter to a Japanese friend. In P. Kamuf (Ed.), *A Derrida reader: Between the blinds* (pp. 270-276). New York: Columbia University Press.

Derrida, J. (1992a). *Given time: I. Counterfeit money,* trans. Peggy Kamuf. Chicago: University of Chicago Press.

Derrida, J. (1992b).Forceoflaw:The“mysticalfoundationofauthority.”InD. Cornell, M. Rosenfeld, and D. Carlson (Eds.), *Deconstruction and the possibility of justice*. New York and London: Routledge.

Derrida, J. (1994). *Specters of Marx*. New York: Routledge.

Derrida, J. (1997). The Villanova roundtable: A conversation with Jacques Derrida. In J. D. Caputo (Ed.), *Deconstruction in a nutshell: A conversation with Jacques Derrida*. New York: Fordham

University Press.

Derrida, J. (2001). "I have a taste for the secret." In J. Derrida and M. Ferraris, *A taste for the secret*. Cambridge: Polity Press.

Derrida, J., and Ewald, F. (2001). "A certain 'madness' must watch over thinking." Jacques Derrida's interview with François Ewald, trans. Denise Egéa-Kuehne. In G. J. J. Biesta and D. Egéa-Kuehne (Eds.), *Derrida and education*. London and New York: Routledge.

Dewey, J. (1895). *Plan of organization of the university primary school*. In J. A. Boydston (Ed.), *John Dewey, The early works, 1882-1898. Volume 5*. Carbondale and Edwardsville: Southern Illinois University Press.

Dewey, J. (1897). *My pedagogic creed*. In J. A. Boydston (Ed.), *John Dewey, The early works, 1882-1898. Volume 5*. Carbondale and Edwardsville: Southern Illinois University Press.

Dewey, J. (1916).*Democracy and education*. In J. A. Boydston(Ed.), *John Dewey, The middle works, 1899-1924. Volume 9*. Carbondale and Edwardsville: Southern Illinois University Press.

Dewey, J. (1958 [1929]). *Experience and nature. Second edition*. New York: Dover.

Disch, L. J. (1994). *Hannah Arendt and the limits of philosophy*. Ithaca, NY, and London: Cornell University Press.

Eagleton, T. (2007). *Ideology: An introduction. New and updated edition*. London and New York: Verso.

Egéa-Kuehne, D. (Ed.). (2008). *Levinas and education: At the intersection of faith and reason*. London and New York: Routledge.

ELLI Development Team (2008). *European Lifelong Learning*

Indicators: Developing a conceptual framework. Gütersloh, Germany: Bertelsmann Stiftung.

Eraut, M. (2003). National vocational qualifications in England: Description and analysis of an alternative qualification system. In G. Straka (Ed.), *Zertifizierung non-formell und informell erworbener beruflicher Kompetenzen*. Münster/New York: Waxmann.

Faure, E., et al. (1972). *Learning to be: The world of education today and tomorrow*. Paris: UNESCO.

Fejes, A. (2006). *Constructing the adult learner: A governmentality analysis*. Linköping, Sweden: Linköping University.

Festenstein, M. (1997). *Pragmatism and political theory: From Dewey to Rorty*. Chicago: University of Chicago Press.

Field, J. (2000). *Lifelong learning and the new educational order*. Stoke-on-Trent, UK: Trentham.

Forneck, H. J., and Wrana, D. (2005). Transformationen des Feldes der Weiter-bildung. In H. J. Forneck and D. Wrana (Eds.), *Ein parzelliertes Field: Eine Einführung in die Erwachsenenbildung*. Bielefeld, Germany: Bertelsmann.

Foucault, M. (1975). *Discipline and punish: The birth of the prison*. NewYork: Vintage.

Foucault, M. (1977). A preface to transgression. In D. F. Bouchard (Ed.), *Language, counter-memory, practice: Selected essays and an interview by Michel Foucault*. Ithaca, NY: Cornell University Press.

Foucault, M. (1984). What is enlightenment? In P. Rabinow (Ed.), *The Foucault reader*. New York: Pantheon.

Foucault, M. (1991). Questionsofmethod. In G. Burchell, C. Gordon, and

P. Miller (Eds.), *The Foucault effect: Studies in governmentality.* Chicago: University of Chicago Press.

Freire, P. (1972). Pedagogy of the oppressed. London: Penguin Books.

Garrison, J. (1999). John Dewey, Jacques Derrida, and the metaphysics of presence. *Transactions of the Charles S. Peirce Society, 35*(2), 346-372.

Gordon, M. (1999). Hannah Arendt on authority: Conservativism in education reconsidered. *Educational Theory, 49*(2), 161-180.

Gordon, M. (Ed.). (2002). *Hannah Arendt and education: Renewing our common world.* Boulder, CO: Westview Press, 2002.

Gough, N. (2010). Can we escape the program? Inventing possible/impossible futures in/for Australian educational research. *Australian Educational Researcher, 37*(4), 9-32.

Green, B. (2010). The (im) possibility of the project. *Australian Educational Researcher, 37*(3), 1-17.

Gur Ze'ev, I. (Ed.). (2005). *Critical theory and critical pedagogy today: Toward a new critical language in education.* Haifa: University of Haifa.

Habermas, J. (1987). *The theory of communicative action. Volume two: Lifeword and system: A critique of functionalist reason.* Boston: Beacon Press.

Habermas, J. (1990). *The philosophical discourse of modernity.* Cambridge, MA: MIT Press.

Hansen, P. (2005). Hannah Arendt and bearing with strangers. *Contemporary Political Theory, 3,* 3-22.

Heller, Á., and Fehér, F. (1989). *The postmodern political condition.* New York: Columbia University Press.

Henriksen, J.-O. (2010). Thematizing otherness: On ways of

conceptualizing transcendence and God in recent philosophy of religion. *Studia Theologica—Nordic Journal of Theology, 64*(2), 153-176.

James, W. (1899). *Talks to teachers on psychology: And to students on some of life's ideals*. New York: Henry Holt and Company.

Kant, I. (1982). Über Pädagogik [On education]. In I. Kant, *Schriften zur Anthropologie, Geschichtsphilosophie, Politik und Pädagogik*. Frankfurt am Main: Insel Verlag.

Kant, I. (1992 [1784]). An answer to the question "what is enlightenment?" In P.Waugh(Ed.), *Post-modernism:Areader*(pp. 89-95).London: Edward Arnold.

Kerr, D. (2005). Citizenship education in England-listening to young people: New insights from the citizenship education longitudinal study. *International Journal of Citizenship and Teacher Education, 1*(1), 74-96.

Kierkegaard, S. (1985). *Philosophical fragments*. In H. V. Hongand E. H. Hong (Eds. and Trans.), *Kierkegaard's writings VII*. Princeton, NJ: Princeton University Press.

Kierkegaard, S. (1992). *Concluding unscientific postscript to philosophical fragments, Volume 1*. In H. V. Hong and E. H. Hong (Eds. and Trans.), *Kierkegaard's writings XII*. Princeton, NJ: Princeton University Press.

Kierkegaard, S. (1996). *Papers and journals: A selection*. London and New York: Penguin Books.

Lave, J., and Wenger, E. (1991).*Situated learning: Legitimate peripheral participation*. Cambridge: Cambridge University Press.

Leeming, D. A. (2010). *Creation myths of the world. Second edition*. Santa Barbara, CA: ABC-CLIO/Greenwood.

Levinas, E. (1969). *Totality and infinity: An essay on exteriority.* Pittsburgh: Duquesne University Press.

Levinas, E. (1981). *Otherwise than being or beyond essence.* The Hague: Martinus Nijhoff.

Levinas, E. (1985). *Ethics and infinity.* Pittsburgh: Duquesne University Press.

Levinas, E. (1987). Phenomenon and enigma. In E. Levinas, *Collected philosophical papers.* Dordrecht: Nijhoff.

Levinas, E. (1989). Ethics as first philosophy. In S. Hand (Ed.), *The Levinas reader.* Oxford: Blackwell.

Levinas, E. (1998a). *Entre-nous: On thinking-of-the-Other.* New York: Columbia University Press.

Levinas, E. (1998b). *Of God who comes to mind.* Stanford, CA: Stanford University Press.

Lingis, A. (1981). Translator's introduction. In E. Levinas, *Otherwise than being or beyond essence.* The Hague: Martinus Nijhoff.

Lucy, N. (2004). *A Derrida dictionary.* Oxford: Blackwell.

McLaren, P. (1997). *Revolutionary multiculturalism: Pedagogies of dissent for the new millennium.* Boulder, CO: Westview Press.

Meirieu, P. (2007). *Pédagogie: Le devoir de résister.* Issy-les-Moulineaux, France: ESF éditeur.

Meirieu, P. (2008). Le maître, serviteur public. Sur quoi fonder l'autorité des enseignants dans nos sociétés démocratiques? Conférence donnée dans le cadre de l'École d'été de Rosa Sensat, Université de Barcelone, juillet 2008. Retrieved from www.meirieu.com/ARTICLES/maitre_serviteur_public_version2.pdf(June 1, 2012).

Messerschmidt,A.(2011).Weiterbilden?Anmerkungenzumlebenslangen Lernenaus erwachsenenbildnerischer und bildunstheoretischer

Perspektive, in Kommision Sozialpädagogik(Ed.),*BildungdesEffectiveCitizen:SozialpädagogikaufdemWeg zu einem neuen Sozialentwurf.* Weinheim/München: Juventa.

Miedema, S., and Biesta, G. J. J. (2004). Jacques Derrida's religion with/out religion and the im/possibility of religious education. *Religious Education, 99*(1), 23-37.

Mollenhauer, K. (1976). *Erziehung und emanzipation*. München: Juventa.

Mulder, M., Weigel, T., and Collins, K. (2007).The concept of competence concept in the development of vocational education and training in selected EU member states: A critical analysis. *Journal of Vocational Education and Training, 59*(1), 65-85.

Neil, A. S. (1966). *Freedom—Not license!* New York: Hart.

Nola, R., and Irzik, G. (2005). Philosophy, science, education, and culture. Dordrecht: Springer.

O'Bryne, A. (2005). Pedagogy without a project: Arendt and Derrida on teaching, responsibility, and revolution. *Studies in Philosophy and Education, 24*(5), 389-409.

OrganisationforEconomicCo-operationandDevelopment(OECD)(1973). *Recurrent education: A strategy for lifelong learning*. Paris: OECD.

OrganisationforEconomicCo-operationandDevelopment(1997). *Lifelonglearning for all*. Paris: OECD.

Papastephanou, M. (2012). Crossing the divide within Continental philosophy: Reconstruction, deconstruction, dialogue, and education. *Studies in Philosophy and Education, 31*(2), 153-170.

Pelletier, C. (2009). Emancipation, equality, and education: Rancière's critique of Bourdieu and the question of performativity. *Discourse, 30*(2), 137–159.

Pols, W. (2001). Voorbij de pedagogiek van de regel [Beyond the education of the rule]. *Pedagogiek, 21*(3), 195–199.

Rancière, J. (1991a). *The ignorant schoolmaster: Five lessons in intellectual emancipation*. Stanford, CA: Stanford University Press.

Rancière, J. (1991b). *The nights of labor.* Philadelphia: Temple University Press.

Rancière, J. (1995). *On the shores of politics.* London and New York: Verso.

Rancière, J. (1999). *Dis-agreement: Politics and philosophy.* Minneapolis: University of Minnesota Press.

Rancière, J. (2003). *The philosopher and his poor.* Durham, NC, and London: Duke University Press.

Rancière, J. (2004). *The politics of aesthetics.* London: Continuum.

Rancière, J. (2009). A few remarks on the methods of Jacques Rancière. *Parallax, 15*(3), 114–123.

Rancière, J. (2010). On ignorant schoolmasters. In C. Bingham and G. J. J. Biesta, *Jacques Rancière: Education, truth, emancipation*. London and New York: Continuum.

Rancière, J., Panagia, D., and Bowlby, R. (2001). Ten theses on politics. *Theory and Event, 5*(3).

Richardson, V. (2003). Constructivist pedagogy. *Teachers College Record, 105*(9), 1623–1640.

Roth,W.-M.(2011).*Passability:Atthelimitsoftheconstructivistmetaphor.* Dordrecht: Springer.

Ruitenberg, C. (2011). The empty chair: Education in an ethic of hospitality. In R. Kunzman (Ed.), *Philosophy of Education 2011*. Urbana-Champaign, IL: Philosophy of Education Society.

Sæverot, H. (2011). Kierkegaard, seduction, and existential education. *Studies in Philosophy and Education, 30*(6), 557-572.

Schutz, A. (2002). Is political education an oxymoron? Hannah Arendt's resistance to public spaces in schools. Philosophy of Education 2001. Urbana-Champaign, IL: Philosophy of Education Society.

Simons, J. (1995). *Foucault and the political*. London and New York: Routledge.

Simons, M., and Masschelein, J. (2009). Our will to learn and the assemblage of a learning apparatus. In A. Fejes and K. Nicoll (Eds.), *Foucault and lifelong learning*. London and New York: Routledge.

Sleeper, R. W. (1986). *The necessity of pragmatism*. New Haven, CT: Yale University Press.

Stengel, B., and Weems, L. (2010). Questioning safe space: An introduction. *Studies in Philosophy and Education, 29*(6), 505-507.

Tenorth, H. -E. (2008[2003]). *Geschichte der Erziehung: Einführung in die Grundzüge ihrer neuzeitlichen Entwicklung*. Munchen: Weinheim.

Todd, S. (2003). *Learning from the other.* Albany, NY: SUNY Press.

Vanderstraeten,R.,andBiesta,G.J.J.(2001).Howiseducationpossible?*Educational Philosophy and Theory, 33*(1), 7-21.

Vanderstraeten, R., and Biesta, G. J. J. (2006). How is education possible? Apragmatist account of communication and the social organisation of education. *British Journal of Educational Studies, 54*(2), 160-174.

Westphal, M. (2008). *Levinas and Kierkegaard in dialogue*. Bloomington and India-napolis: Indiana University Press.

Winter, P. (2011). Coming into the world, uniqueness, and the beautiful risk of education: An interview with Gert Biesta by Philip Winter. *Studies in Philosophy and Education, 30*(5): 537-542.

Yang, J., and Valdés-Cotera, R. (Eds.) (2011). *Conceptual evolution and policy developments in lifelong learning*. Hamburg: UNESCO Institute for Lifelong Learning.

Yeaxlee, B. A. (1929). *Lifelong education*. London: Casell.

찾아보기

ㅅ

ㅇ

ㅊ

ㅋ

ㅌ

ㅍ

ㅎ

♠ 저자 소개

거트 비에스타(Gert J. J. Biesta)

거트 비에스타(www.gertbiesta.com)는 아일랜드 메이누스 대학교 교육연구센터(the Center for Public Education and Pedagogy)의 교수이자 스코틀랜드 에딘버러 대학교 교육대학(the Moray House School of Education and Sport)의 교수이기도 하다. 두 학술지 *the British Educational Research Journal*, *the Asia-Pacific Journal of Teacher Education*의 공동 편집자이면서, *Educational Theory*의 부편집장이다. 2020년부터 네덜란드 정부 교육부 산하의 과학 교육과정 위원회 위원이기도 하다. 현재 교육과 민주주의, 민주화에 초점을 둔 교육이론에 대해 집필 중이며, 최근의 저서로는 *Educational Research: An Unorthodox Introduction*(Bloomsbury 2020)과 *World Centered Education: A View for the Present*(Routledge 2022)가 있다.

♠ 역자 소개

곽덕주

현재 서울대학교 교육학과 교수이자 2021년에서 2022년까지 한국교육철학학회 회장을 역임했다. 미국 컬럼비아 대학교 Teachers college에서 박사학위를 받았으며, 주요 관심사는 동서양 비교교육철학, 교사교육철학, 예술교육철학 등이다. 주요 저서로는 『교육적 관계와 가르침의 존재론』(2022), 『미적체험과 예술교육』(2013, 공저), *Confucian Perspectives on Learning and Self-transformation: International and Cross-cultural Approaches*(2020, 공동편집자), 『코로나 이후 교육을 말하다』(2021, 공저) 등이 있다.

박은주

서울대학교 대학원에서 교육철학 전공으로 박사학위를 받았고, 현재 청주교육대학교 조교수로 재직하고 있다. 주요 관심 분야는 교육사상사, 교육철학, 인문적 교사교육 등이다. 주요 저서로는 『한나 아렌트, 교육의 위기를 말하다』(2021), 『포스트휴머니즘과 교육학』(2021, 공저), 『학습자 주도성, 미래교육의 거대한 착각』(2021, 공저) 등이 있고, 번역서로는 『학습을 넘어』(2022), 『가르침의 재발견』(2024, 공역) 등이 있다.

최진

현재 대구교육대학교 조교수이다. 서울대학교 대학원에서 교육철학 전공으로 박사학위를 받았고, 주요 관심 분야는 예술교육철학, 미적교육 등이다. 주요 저서로는 『교육과 가치』(2022, 공저), 『교사와 함께 성장하는 학생주도성』(2023, 공역) 등이 있다.

교육의 아름다운 위험
The Beautiful Risk of Education

2024년 7월 15일 1판 1쇄 발행
2025년 9월 30일 1판 2쇄 발행

지은이 • Gert J. J. Biesta
옮긴이 • 곽덕주 · 박은주 · 최진
펴낸이 • 한정주
펴낸곳 • 교육과학사

경기도 파주시 광인사길 71
전화 • 031)955-6956~8 / 팩스 031)955-6037
Home-page • http://www.kyoyookbook.co.kr
E-mail • kyoyookbook@daum.net
등록 • 1970년 5월 18일 제2-73호

정가 20,000원
ISBN 978-89-254-1897-1

낙장 · 파본은 교환해 드립니다.
Printed in Korea.